호모
엠파티쿠스가
온다

●일러두기
도서명은《 》로, 영화, 가사, 논문 제목 등은〈 〉로 표기했습니다.

HOMO
EMPATHICUS

호모
엠파티쿠스가
온다

최배근 지음

초연결 시대를 이끌
공감형 인간

21세기북스

우리는 현재
어디에 있는가

달빛도 없는 그믐날 밤, 누군가가 당신의 눈을 가린 채 어딘가로 데려다 놓았는데, (깊은 산 숲속이다 보니) 가린 눈을 풀어주었음에도 어디에 있는지, 심지어 한 걸음 앞이 어떤 곳인지조차 알 수 없는 막막한 상황에 처했다고 상상해보라. 어떤 느낌일까? 한 걸음 잘못 내디딘 곳이 절벽일 수도 있고, 늪일 수도 있는데 어떻게 움직일 수 있을까?

이처럼 지금 우리가 살아가는 시대가 어디를 향하는지, 어떤 일이 기다리고 있는지를 알 수 없다면 우리의 미래는 얼마나 불안할까? 우리는 내일(미래)에 대한 대비를 하고 있는가? 문제는 내일 어떤 일이 일어날지 모른다면 대비를 할 수조차 없을 것이라는 점이다. 이런 상황에서 우리는 삶을 요행(운)에 맡기고 살아간다. 그러나 요행에 맡기고 살아가는 삶은 너무 위험해서 도박을 하는 것이나 마찬가지다.

　우리가 살아가는 시대는 크게 두 가지 유형, 즉 작은 변화가 진행되는 시대와 근본적인 변화가 진행되는 시대로 구분할 수 있다. 전자의 경우라면 과거의 경험은 미래를 판단하는 데 큰 도움이 된다. 그러나 후자의 경우라면 과거의 경험을 토대로 미래를 준비할 때 큰 낭패를 볼 수 있다. 이전에 결코 겪은 적이 없는 새로운 현상, 즉 '새로운 처음'에 맞닥뜨리기 때문이다. 실제로 '새로운 처음'을 겪는 일이 빈번하게 발생하고 있다. (20세기에 겪어보지 못한 위기이기에 '새로운 처음'이라고 표현한 것이다.) '새로운 처음'의 빈번한 발생은 근본적 변화가 진행되는 시대, 이른바 시대 이행기의 특징이다. '이행기'란 이전 시대의 현상들이 약화되고, 다음 시대의 새로운 현상들이 증가하는 시기를 의미한다. 이행기에는 새로운 현상들에 기초한 법과 제도 등이 현실에 뿌리를 내리지 못한 반면 여전히 사고와 행동 방식은 과거의 기준으로 작동한다. 이런 시대에는 혼란이나 불안 같은 불확실성이 일상화된다. 세상을 해석하는 판단의 조건들이 달라졌기 때문이다. 조건들에 영향을 미치는 요인들로는 기술이나 인구 변화 등을 들 수 있다. 판단의 조건이 달라지면 기존의 경험이나 패러다임은 도움이 되지 않거나 작동하지 않는다. 여기서 패러다임은 '한 시대의 사회 전체가 공유하는 이론이나 방법, 문제의식 등의 체계'를 뜻한다.

예를 들어, 천동설이 진리로 받아들여지던 시기에 모든 천문 현상은 천동설의 테두리에서 설명되었다. 지구는 자전하고 있지만, 우리는 그것을 느낄 수 없었기 때문이다. 지동설을 포함한 새로운 과학 이론들은 봉건 시대를 붕괴시키는 데 결정적인 역할을 했다. 2020년 코로나19^{COVID19}의 확산도 서구 산업문명이나 매뉴얼 사회 일본의 민낯을 드러내고 있다. 현 시대가 산업문명으로 대처할 수 없는 단계에 이른 것이다. 이는 과거의 경험에 기초한 매뉴얼이 '새로운 처음'에 무기력할 수밖에 없음을 보여준다.

　　패러다임의 급격한 변화를 거론하지 않더라도 자산시장의 붕괴나 금융위기를 겪은 경험은 사람들의 사고방식에 근본적인 영향을 미친다. 왜냐하면 우리의 이성체계로 붕괴나 위기를 예상하지 못했기 때문이다. 예를 들어, 일본의 주거용 부동산 가격은 1991년부터 2012년까지 지속적으로 하락했다. 그러나 1990년까지는 장기간 상승세가 지속되었다. 수십 년간 집값이 상승하는 것을 경험한 사람들은 1991년 이후 20여 년간 부동산이 장기 하락할 것이라고는 전혀 예상하지 못했을 것이다. 특히 주거용 부동산 가격이 두 배 이상 증가했던 80년대 부동산 불패 신화를 좇아 80년대 말 부동산 시장에 뛰어들었던 사람들은 커다란 낭패를 보았을 것이다. 미국 금융위기도 마찬가지 충격을 미쳤다. 금융위기 같은 충격을 겪고 나면 대부분의 사람들은 트라우마로 인해 상당 기간 주식이나 부동산 투자 등을 피하는 경향이 있다.

외국뿐 아니라 국내에서도 변화의 흐름을 이해하지 못한 수많은 사람이 커다란 고통을 겪었다. 외환위기가 대표적인 경우이다. 외환위기는 수많은 가정을 해체시켰고, 거리의 노숙자는 이때부터 출현하기 시작했다. 외환위기는 세계화, 특히 선진국에서 80년대 이후 본격적으로 진행된 '금융화'에 대한 우리나라 엘리트들의 이해 부족에서 비롯되었다. 여기서 '금융화'란 금융과 금융적 사고방식이 기업과 경제의 모든 측면을 구석구석 지배하게 되어, 사회의 모든 것을 금융 가치로 재구성하는 현상을 일컫는다. 금융화된 세계에서는 기업경영을 포함해 전체 경제활동을 금융이 지배하기 시작하고, 나아가 사회 전체를 금융이 통제하게 된다.

세계 금융시장의 급격한 변화는 70년대부터 진행되기 시작했다. 금융자본의 이해관계 때문에 사회질서와 세계질서는 재편되었고, 그러한 흐름에서 우리나라도 예외가 될 수 없었다. 70년대 이후 급격한 변화가 진행되었음에도 당시 국내 전문가들은 누구도 변화의 흐름을 제대로 이해하지 못했다.

90년대부터 대학에서 학생을 가르치는 동안 외환위기를 겪으면서, 외환위기는 우리 사회 엘리트들의 실력이 부족했기 때문이라는 결론을 내렸다. 쉬운 예를 들어보겠다. 1992년부터 성장률이 급감해 집권 초기부터 경제적인 어려움에 직면한 김영삼 정부는 해외자본 유치로 투자율과 성장률을 끌어올리기로 한다. 그래서 세계화를 국정 목표로 하고 OECD 가입을 추진하며 자본시장 개방을 가속화한다. 그런데 1993년 이후 경상수지 적자 폭이 증가하는 상황에서 자본시장을 개방하자, 외국인 자본의 유입이 급증하고 (원/달러) 환율이 하락하면서 경상수지 적자 폭은 외환위기 직전까지 급증했다. 이러한 상황에서 관련 분야의 최고 전문가들이 내린 처방은 어처구니가 없는 정도가 아니라 지면으로 전달하기도 부끄러울 정도였다. 달러 유입이 너무 많아 환율이 수출 경쟁력에 부정적으로 작용하자, 내국인의 달러 유출(해외 여행비나 송금액 등)에 대한 제한을 푸는 것을 대안이라고 제시한 것이다. 국가 외채를 흥청망청 쓰도록 조장하는 정책을 대안이라고 제시하자, 외환위기 이후 한 외신은 한국인들이 너무 일찍 샴페인을 터뜨렸다고 조롱하기까지 했다.

금융 전문가는 아니었지만, 외환위기의 참상을 보면서 한국의 지식인으로서 너무 자괴감이 들어 금융, 특히 국제 금융을 4~5년간 독학했다. 배울 것이 있으면 담당 교수에게 양해를 구하고 학부 수업에 들어가서라도 배우는 것을 마다하지 않는 성격이지만, 외환위기를 경험하면서 적어도 국내 금융 전문가들에게는 배울 게 없다는 결론을 내렸기 때문이다. 전 세계 70여 개 주요 연구기관들에서 매주 쏟아져 나오는 연구물들을 중심으로 약 5년간 공부한 후 한국의 외환위기가 월가와 미국 정치권의 합작품이라는 사실을 알게 되었다. 80년대 말부터 미국의 주요 컨설팅 회사들이 한국 기업들에 대해 컨설팅을 해주면서 정부조차 제대로 파악하지 못한 한국 기업들의 약점을 월가가 꿰뚫게 된 것이다. 스위스, 스웨덴, 벨기에 등 유럽의 작은 나라들이 주변 강대국들에 둘러싸여 있으면서도 독립과 번영을 이루는 이유는 그 나라 엘리트들의 실력 덕분이라는 사실도 알게 되었다. 그들은 월가 및 이들과 연관된 미국 정치권의 생각이나 의도를 정확히 읽고 있었다. 이처럼 변화의 흐름을 이해하지 못해 위기에 적절히 대응하지 못하면 개인이나 기업, 국가 등은 큰 피해를 보거나 재앙을 겪을 수 있다.

수십 년을 공부해온 결과, 우리는 현재 근본적인 변화가 진행되는 시대에 살고 있다는 결론을 내렸다. 물론 현재가 근본적인 변화가 진행되는 이행기라는 생각에 동의하지 않는 사람들도 있을 것이다. 이들은 그동안 진행된 IT 혁명이나 데이터 혁명 등도 기존 기술진보의 연속선상에 있다고 본다. 그러나 역사의 진행과정에서 '혁명(단절성)'을 부정하고 기존 흐름의 연속선상에 있다고 보는 주장들도 나중에 장기적인 관점에서 평가할 때 본질의 변화를 부정하지는 않을 것이다.

예를 들어, 물의 온도가 계속 상승하다가 임계점에 해당하는 100℃가 넘기 시작하면 기화되기 시작한다. 임계점에 도달하기 이전의 상태(90℃에서 99℃의 변화)나 임계점 이후의 상태(100℃에서 109℃의 변화)는 온도의 변화량은 같지만 물질의 성질이 달라졌다는 점에서 연속성을 지닌다고 보기 어렵다.

자본주의 맹아, 즉 자본주의의 싹은 봉건제하에서 발생했다. 농

촌이라는 공간을 중심으로 농업과 토지 등 자연경제와 결합한 분권적인 정치체제(봉건제) 덕분에 상공업과 화폐경제가 독립적으로 발전할 수 있는 '자치도시'가 생겨났고, 자치도시의 성장과 더불어 봉건제가 막을 내렸기 때문이다.

마찬가지로 현재 진행 중에 있는 데이터 혁명 역시 자본주의 제도하에서 발생했다. 탈공업화에 대한 출구를 '금융화'에서 찾았던 (영미형) 자본주의가 컴퓨터 등 정보통신기술^{ICT}의 발달을 수반했고, IT 기술은 데이터 혁명의 기술적 토대로 작용했기 때문이다. 이에 대해서는 뒤에서 좀 더 자세히 설명할 것이다. 이처럼 새로운 '싹'은 기존 생명체의 태내에서 자라난다. 이는 누에가 번데기로, 다시 번데기가 나방으로 형태가 변화하는 과정에 비유된다. 나방이 낳은 알은 누에가 되지만 그 나방의 원천인 누에와 알은 다른 존재이듯이, 기존 사회질서(봉건제 등) 내에서 생겨난 새로운 사회질서의 '싹(자본주의 맹아)'은 기존 사회질서와는 성질이 다를 수밖에 없다. 따라서 이행기를 살아가는 현대인이 자신이 살아갈 세상의 변화를 이해하기 위해서는 기존 사회질서와는 근본적으로 성질이 다른 새로운 사회질서의 특성을 먼저 이해해야 한다. 과거의 패러다임에 머물러 있는 한, 새로 도래하는 사회에 적응할 수 없기 때문이다.

14

PART 1

초연결 세계의 문이 열리다

연결되었으나
연결되지 않은 세계

'새로운 처음'에 직면하다

2000년은 새로운 천년과 새로운 세기의 출발점이라는 숫자의 상
징성도 있지만 20세기에 나타난 '새로운 처음'이 가속화되는 분기점
이기도 했다. 혹자는 21세기를 '대사건의 시대'라고 부르기도 한다.
대사건은 사전적 의미로 볼 때 하나여야 하지만, 밀레니엄 이후 대
사건에 견줄 만한 굵직한 사건들이 너무 자주 발생하고 있다. 몇 가
지 기억나는 대사건을 떠올려보자.

2001년 9월 11일 화요일 아침, 사람들은 TV 화면에 비치는 믿을
수 없는 광경에 경악했다. 약 3,000명(2,996명)이 목숨을 잃고 최소
6,000명 이상의 부상자가 발생하면서 미국은 순식간에 전쟁의 공포

에 빠져들었다. 두 대의 대형 여객기가 뉴욕 맨해튼에 있는 세계무역센터 빌딩에 충돌하여 거대한 쌍둥이 빌딩이 화염에 휩싸였다. 1시간 후 높이 100여 층의 빌딩은 마치 거짓말처럼, 거대한 흙먼지와 함께 천천히 위로부터 무너져 내렸다. 같은 시각 버지니아 알링턴에 있는 미 국방부 건물에도 여객기 한 대가 충돌하여 아비규환의 혼란이 벌어졌다. 또 다른 여객기 한 대는 펜실베이니아주 남쪽의 산지에 추락했다. 방향으로 보아 이 여객기는 수도 워싱턴에 있는 백악관이나 국회의사당을 향하고 있었음이 분명했다. 이후 이라크 전쟁, 빈 라덴 사살, 아프가니스탄 전쟁 등 '피의 보복'이 뒤따랐다.

이처럼 사상 최악의 테러로 기록된 9·11 테러는 이슬람 무장 세력이 일으킨 '폭력'적인 행동이었지만, 미국은 폭력에 '폭력'으로 대응했다. 미국 사회도 무슬림 및 소수 인종에 대한 차별 강화, 타인에 대한 야수적 공격으로 반응했다. 그런데 폭력에 의한 폭력의 응징으로 미국 사회와 인류 세계가 과연 안전해졌는가? 게다가 타인을 적으로 규정하는 방식으로는 미국 시민들이 평화를 누릴 수 없었다. 폭력은 승자와 패자 모두에게 상처를 남길 수밖에 없기 때문이다. 이 때문에 9·11 테러의 주요 원인 중 하나인 갈등과 분쟁은 오히려 심화되었다.

이렇게 시작된 21세기는 그 후에도 대사건으로 불러도 전혀 이상하지 않을 대형 재난들이 잇따랐다. 2007~08년 글로벌 금융위기,

2011년 일본 동북부 대지진과 후쿠시마 방사능 유출 피해, 2019년 9월부터 장장 6개월간 지속된 호주 산불 사태, 2020년 코로나19 재난 등 모든 사건의 공통점은 일어날 확률이 거의 제로에 가까운 일들이 발생했다는 점이다. 일어날 확률이 매우 낮고, 심지어 처음 겪는 일이다 보니 개인은 물론이고 기업과 시민사회, 국가 등은 재난 앞에 무력감을 드러냈다.

21세기에 일어난 대형 재난을 구체적으로 살펴보자. 첫째, 2007년 8월 6~10일 사이에 골드만삭스가 운영하던 20억 달러 규모의 한 헤지펀드Global Equity Opportunities에서 30%가 넘는 손실이 발생했다. 당시 골드만삭스의 최고재무책임자CFO, Chief Financial Officer였던 데이비드 비니아르David Viniar는 이런 대규모 손실이 발생할 확률을 계산해보니 25 시그마(표준편차) 사건이라고 말했다.[1] 영란은행의 앤디 홀데인Andy Haldane 집행이사는 25 시그마(σ) 확률의 사건은 6×10^{124}의 우주 생명에 한 번 일어날 상황에 해당하는 값이라고 계산했다.[2] 발생 가능성이 사실상 0이라는 얘기다.

둘째, 2011년 3월 11일 일본 동북부 지방을 관통한 대규모 지진과 그로 인한 쓰나미로 후쿠시마현에 있던 원자력발전소에서 원전 3기가 동시에 녹아 방사능이 누출된 사고인 '일본 후쿠시마 원전 사태'는 1천만분의 1을 세 번 곱한 10^{-21}의 확률인데 일어났다. 사실상 0에 가까운 확률인데 발생한 것이다. 적어도 지난 100년간 9.0 규모의 진앙지 지진이 수반한 쓰나미를 경험한 적이 없었기 때문에 일본은 이에 대한 대비를 하지 못했다.

셋째, 2019년 10월 말, 호주 뉴사우스웨일스의 고퍼스 산에서 번개가 부서지기 쉬운 땅을 강타했다. 수년간 겨울에 비가 거의 내리지 않아 땅이 너무 건조해진 상태에서 마른 나무의 잔해에 불이 붙으면서 동물 약 12억 5,000여 마리를 희생시킨 '호주 산불 사태'가 시작됐다. 전문가들은 인도양 쌍극화 현상, 이른바 '다이폴Dipole(서로 대응하는 극이 둘 있는 것) 현상'이 산불에 영향을 미쳤다고 분석한다. 다이폴 현상이란 인도양의 서부는 수온의 이상 고온 현상이 나타나고, 동부는 수온이 지나치게 낮아지는 현상을 뜻한다. 최근 지구온난화 등으로 다이폴 현상이 더 기승을 부리고 있다는 분석이다. 이러한 현상이 일어나면 인도양 동부는 강수량이 적어져 폭염과 가뭄 등이 발생하고, 서부 지역인 동아프리카에서는 폭우나 홍수가 발생하게 된다. 2020년 다이폴 현상이 60년 만에 가장 심각하다고 하는데, 호주의 경우 2019년 12월 일부 지역에서는 역대 최고 기온인 섭씨 48.9°C를 기록하기도 했다. 건조함과 타는 듯한 더위가 합쳐지면서, 화재를 유발하는 일종의 뇌우인 '산불적란운'이 생성된 것이다. 60년 만에 가장 심각한 피해를 끼친 다이폴 현상의 근본적인 원인은 지구온난화로 인한 기후변화 때문이다. 기후변화에 대한 대책 없이는 피할 수 없는 재앙이었던 것이다.

마지막으로 근대 물질문명의 본산지인 유럽과 미국 시민들의 생필품 사재기 현상을 초래한 코로나19 재난 역시 확률이 거의 0인 사건이다. 공포와 불안으로 인해 휴지와 손세정제는 물론이고 생필품까지 사재기하는 모습은 이들이 정말로 물질문명을 발전시켜 근대화를 선도한 국가의 국민인지 의구심이 들 정도이다. 게다가 코로나19에 대한 불안과 공포를 동양인에 대한 차별과 폭력으로 돌리는 이들 사회가 과연 문명사회인지 회의가 든다. 순식간에 사회 공동체의 기초가 무너지고, 서양이 야만적인 사회로 회귀해 인류 문명의 초라함과 민낯을 드러낸 이유도 코로나19 재난이 확률이 거의 0인 '새로운 처음'이었기 때문이다. 즉 코로나19 재난은 적어도 지난 100년간 겪어보지 못한 팬데믹으로, 현대 의료체계의 범위를 벗어나 있다. 그 결과 의료체계가 붕괴한 것이다. 문제는 '비용과 효율성을 고려할 때 코로나19 재난에 대응할 수 있는 의료체계로 변경이 가능한가'이다. 게다가 비말 전염의 특성을 고려하여 자신의 입에서 나가는 바이러스로부터 타인을 보호하는 마스크 착용에 대해서도 서구인들, 특히 미국인들은 별의별 희한한 이유를 들어 반대한다.

선택의 자유를 이야기할 때, 우리는 타인의 권익을 해치지 않는 선에서 우리가 가진 자유의 정도를 조정한다. 그런데 미국 사회에서는 이러한 자유의 조정이 잘 이루어지지 않는다. 무엇 때문에 그런 것일까?

왜 우리는 위기 앞에 무기력한가?

앞에서 언급한 것처럼 대형 재난을 수반하는 '새로운 처음'은 곳곳에서 빈번하게 발생하고 있다. '새로운 처음'이 왜 이렇게 자주 일어날까? 이 문제를 이해하는 핵심 키워드는 '연결(네트워크화)'에 있다. 산업사회가 막을 내린 70년대부터 인류 사회는 '연결의 세계'로 이동하기 시작했다. 경제적으로는 시장 통합을 명분으로 자본시장이 개방(금융자유화)되고 무역자유화가 추진되었으며, 세계화와 경제의 네트워크화가 진행되었다. 그리고 3차 산업혁명과 4차 산업혁명 이후 세상은 물론이고 인간 간 연결이 강화되고 있다. 심지어 인간이 자연을 파괴하면서 인간과 동물 간 경계가 무너졌다. 연결의 세계는 분리된 세계와 달리 통합 효과(이득)와 전염 효과(피해)라는 새로운 효과를 수반한다. 그리고 연결이 강화될수록 통합 효과뿐 아니라 전염 효과도 커지므로, 전염 효과의 피해도 규모가 커질 수밖에 없다. 금융위기, 코로나19 재난, 기후위기형 재난 등은 모두 전염 효과의 대규모 피해를 보여준다. 예를 들어, 금융위기는 (세계가 금융을 매개로 촘촘히 연결된) '금융네트워크'의 산물이다. (투자은행은 헤지펀드를, 상업은행은 투자은행을 모방하는 등) 개별 금융회사는 분산투자를 했지만, 모든 금융회사가 같은 자산 보유 구조를 가지고 있기 때문에 하나의 자산에 손실이 발생할 경우 모든 금융회사가 손실을 보는 결과를 초래한 것이다.

인간이 동물의 세계를 파괴할수록 코로나바이러스도 전염 효과가 큰 바이러스로 진화했다. 코로나19는 기존 코로나바이러스 중가장 전파력이 높은 바이러스로, 인간과 동물 간 경계 약화, 즉 인간과 동물의 연결이 강화되면서 전염 효과가 커진 결과이다. 산업문명을 이룩한 주요국들이 최고의 의료체계와 의료기술을 갖고 있음에도 불구하고 의료체계가 붕괴 위협을 받는 등 코로나19의 확산에무력했던 이유는 무엇인가? 원인은 코로나19가 지난 100년 동안 일어난 적이 없는 재난이라는 점에 있다. 그렇다 보니 현대의 의료체계는 코로나19 같은 재난에 준비할 필요성을 느끼지 않은 것이다.일어날 가능성이 거의 없는, 즉 발생 확률이 매우 낮은 재난을 준비하는 것은 비용과 효율성의 문제를 초래하기 때문이다. '새로운 처음' 현상을 기준으로 시스템들을 재설계한다면 비용은 감당하기 어려울 정도로 증가할 것이다. '새로운 처음'에 대한 산업문명의 대응방식은 한계를 맞이한 것이다. 따라서 코로나19의 발생 요인을 제거하는 것, 즉 동물(자연)과 인간의 공생이 최선의 대응 방안일 것이다.

한 걸음 더 나아가 2000년 이후 우리가 경험한 제조업의 쇠퇴(탈공업화), 9·11 테러, 글로벌 금융위기, 일본 동북부 대지진과 후쿠시마 방사능 피해, 호주 산불 사태나 코로나19 재난 등은 서로 관련성이 없을까? 탈공업화와 금융위기는 밀접한 연관성을 갖고 있고, 양쪽을 매개하는 중요한 요인 중 하나가 소득 불평등의 심화인데, 소득 불평등은 9·11 테러나 코로나19 재난 등과도 깊은 관련이 있다. (국가 내, 국가 간) 소득 불평등의 심화는 인간의 생태계 개입을 증대시킨다. 땔감을 구하기 위한 나무 훼손, 경지 확보를 위한 방화, 더 저렴한 자원을 확보하려는 자본의 논리, 개도국의 개발 정책 등은 생태계를 파괴하고, 그 결과 서식지를 잃은 야생동물로부터 사람에게로 인수공통감염병이 전파될 '개연성'을 높인다. 예를 들어, 아프리카 일부 지역에서 단백질 부족을 해결하기 위한 야생동물고기의 소비는 포식자-먹이 균형을 파괴함으로써 새로운 형태의 에이즈바이러스가 출현할 가능성을 높이고 있다. 에이즈바이러스나 코로나바이러스 등은 이른바 인수공통감염병이다. 자연 파괴로 서식지를 잃은 동물이 인간에게 바이러스를 옮긴 결과이다.

또한 (기후변화와 코로나19 같은 인수공통감염병의 인과관계가 아직 과학적으로 증명되지 않았지만) 코로나19 재난은 자연 파괴의 결과이고, 자연 파괴와 기후변화의 상관성을 고려할 때 기후변화와 코로나19 재난 역시 무관하지 않다. 즉 기후변화는 가뭄·홍수·태풍·지진 등으로 자연에 영향을 미치고, 자연 재난은 생태계뿐만 아니라 다시 기후변화에 영향을 미친다. 예를 들어, 산불·가뭄·홍수 등의 이상기후로 숲이 파괴되면서, 야생동물의 서식지가 훼손돼 이들을 숙주로 하는 바이러스가 인간에게 옮아왔고, 또 숲이 줄어들면서 숲이 저장할 수 있는 이산화탄소가 대기 중에 더 많이 배출되어 기후위기가 심각해지는 악순환에 빠진다.

이처럼 금융위기나 코로나19 재난은 인간뿐만 아니라 자연의 모든 것이 연결되어 있고 한 사람이나 사회 혹은 자연에 미치는 영향이 다른 사람이나 사회 혹은 자연에도 영향을 미친다는 사실을 보여준다. 서로 간의 상호작용이나 관련성이 커짐에 따라 정규분포의 평균치 근처가 아닌 양극단에서 빈번하게 발생한다. '큰 현상이 일어날 확률이 낮지만, 작은 현상이 일어날 확률은 크다'는 것을 설명하는 팻테일Fat Tail, 롱테일Long Tail, 블랙스완Black Swan 등이 회자되는 배경이다. 연결이 강화되면서 대규모 피해나 재난 같은 '새로운 처음' 현상이 자주 발생하는 것이다. 이러한 '새로운 처음'을 우연이라고 생각하면 앞으로 우리는 계속 '새로운 처음'에 맞닥뜨릴 수밖에 없을 것이고, 그때마다 천문학적인 비용을 지불해야 할 것이다. 이것은 인류 사회가 '변화'할 때이며, 그에 따라 근본적인 변화가 진행될 것임을 의미한다.

'연결'로 인해 발생하는 전염 효과에 각국은 왜 속수무책으로 당하고 대규모 피해가 일어나는 것일까? 예측을 할 수도 없고 해결책도 없기 때문이다. 다시 말해 근대 산업문명의 패러다임이 연결의 세계에 부합하지 않기 때문이다. 아무리 과거의 경험(데이터)에 기초해 해석과 예측을 하고, 또 해결책을 만들었어도 문제는 근대 산업문명이 오늘날처럼 연결의 세계가 아닌, 경계와 구분이 있고 더구나 상대와의 관계조차 (일방향 관계인) 중심주의에 기반을 두고 있다는 데 있다. 즉 모든 것이 연결된 세계로 바뀌었음에도 불구하고 모든 것이 분리되어 있고 독립적인 운영이 가능하다고 보는 과거의 사고방식으로 대응한 결과 천문학적 피해와 비용이 들어가게 되는 것이다.

예를 들어, 코로나19 재난으로 사회경제적 연결성이 약화되면 '소비 – 유통 – 생산 – 유통 – 소비'로 이어지는 경제 연결망이 파괴된다. 경제의 기본 연결망에서 활동하는 경제주체가 활력을 잃으면 기본 연결망과 상호작용하는 보조 연결망인 금융 부문도 시들어간다. 다시 말해 소비가 위축되면 기업의 수입과 수익이 감소하여 부실해지고, 이는 금융 부실로 이어진다. 그리고 금융 부실은 실물 부문의 어려움을 가중시킨다. 기업과 금융이 쓰러지지 않도록 주요국 중앙은행이 무제한 자금 지원으로 대응했지만 실물 경제가 복구되지 않듯이 돈의 공급은 근본적인 해결책이 될 수 없다.

코로나19 치료제 개발 등 방역 해결이 경제 연결망 정상화의 근본적인 해결책이지만 보건 문제가 해결되기 전까지 경제 연결망이 붕괴하지 않도록 국가의 지원이나 국가 간 협력이 필요하다. 대부분 국가는 코로나19 재난을 국가 단위에서 접근하고 있지만 정작 바이러스는 국경을 인식하지 않기에 개별 국가의 노력만으로는 한계가 있다. 모든 것이 연결된 세상에서 신체적, 물리적 거리 두기Physical Distancing가 필요한 것이지 사회경제적 연결성Socio-economic Connectivity은 최대한 유지할 필요가 있기 때문이다. 주요 외신들이 경제활동을 중단하지 않고도 코로나19를 억제하는 것이 가능함을 보였던, 즉 사람들의 이동을 차단하지 않았던 한국의 사례에 주목한 이유다.[3] '새로운 처음' 앞에 사회 운영은 물론이고 국가 간 관계 등 모든 면에서 기존의 대응방식들은 효과를 보지 못하고 있다. 더 중요한 문제는 백신 개발이 근본 대책이 될 수 없다는 것이다. 제2의 코로나19, 제3의 코로나19 등이 대기하고 있기 때문이다. 즉 '새로운 처음'은 우리의 사고와 행동방식의 변화를 촉구하고 있다. 감염병 대유행과 같은 '새로운 처음'은 근본적으로 '근대 산업 문명의 조종'을 알리고 있음을 의미한다.

초연결 세계 변화의 시작

제조업의 몰락과 플랫폼 기업의 부상

이처럼 거대한 변화가 쓰나미처럼 눈앞에 몰려오고 있으나 인류
세계는 여전히 과거에 머물러 있다. 이로 인해 '재앙이 일상화'되었
다. 변화가 불가피하다면 무엇보다 변화의 방향과 내용을 정확히
이해할 필요가 있다. 변화의 방향을 구체적으로 제시하는 것이 이
책의 주요 목표 중 하나다. 예를 들어, '육체적 거리두기' 속에서도
사회경제적 연결망을 유지하려면 생태계는 오프라인에서 디지털로
이동할 수밖에 없다. 이는 생태계의 이동을 의미한다. 사전적으로
'생태계Ecosystem'는 상호작용 및 상호의존하는 유기체(생명체)들과,
또 그들과 서로 영향을 주고받는 주변의 비생물적 환경이 유기적인

집합을 이룬 완전히 독립된 체계를 의미한다. 1935년 아서 탠슬리 Arthur Tansley가 '생태계'를 생물 군집과 그 군집이 접한 비생물적 환경(물리적·화학적 환경)으로 정의한 것에서 유래한다. 즉 하나의 전체로서 간주되는 '생태계'는 상호의존성과 완결성이 필수요소이다.

많은 이들이 코로나19 팬데믹(세계적 대유행)이 끝나더라도 세계가 그 이전과는 전혀 같지 않을 것이라고 주장하고 있다. 그런데 어떻게 다를 것인지에 대해서는 깊이 있는 논의가 전개되지 못하고 있다. 그저 넌컨택트Non-contact● 트렌드의 심화, 보호주의의 강화 등 단기적 현상에 주목할 뿐이다. 사실, 보호주의 강화는 경제 붕괴에 대해 각자도생식으로 대응한 것이지 근본적인 대안이라고 볼 수는 없다. 게다가 넌컨택트 트렌드는 이미 코로나19 이전부터 진행되어 왔다. 예를 들어, 코로나19 이전에도 이미 사람들은 연결에서 오는 불필요한 갈등과 오해, 감정 소모, 피로에 대한 거부감 때문에 타인과 직접 말을 주고받거나 접촉하는 걸 꺼리는 경향이 커지고 있었다. 코로나19가 넌컨택트 트렌드를 가속화하는, 즉 넌컨택트의 티핑포인트Tipping Point(어떠한 현상이 서서히 진행되다가 작은 요인으로 한순간 폭발하는 것)로 작용했을 뿐이다.

따라서 코로나19 이후 지속 가능성을 갖는 '대안의 세계'를 먼저 이해해야 한다. 그래야만 이행기의 혼란을 끝낼 수 있다. 그 출발점

● '언택' 혹은 '언컨택트'는 부정확한 표현으로 일종의 콩글리시이다.

은 산업사회의 쇠퇴와 더불어 진행된 새로운 변화에서 실마리를 찾아야 한다. 새로운 질서는 기존 질서의 태내에서 만들어지기 때문이다. 이와 관련하여 (제조업 종사자가 줄어드는) 탈공업화 현상 등 제조업의 역할이 쇠퇴하면서 진행된 금융화, 금융화가 수반한 3차 산업혁명, 그리고 3차 산업혁명이 발달함에 따라 나타난 새로운 세계에 주목할 필요가 있다. 금융화는 경제통합으로 이어졌으며, 3차 기술혁명은 컴퓨터 혁명에서 출발하여 인터넷 혁명으로 이어졌다. 모두 세계의 연결을 촉진했다. 특히 IT 혁명은 구분·분리된 세계와 달리 온라인상에서 세계를 기술적으로 연결했다. 이른바 '디지털 생태계'의 물리적 토대가 만들어진 것이다. 그리고 3차 산업혁명의 결과물인 데이터 혁명을 매개로 4차 산업혁명으로 이어지면서 '디지털 생태계'는 진화하고 있다. 즉 3차 및 4차 산업혁명의 발전으로 생겨난 디지털 생태계는 '연결의 세계'다. 오늘날 사람들은 인터넷과 모바일 기기 등으로 연결된 사회에서 살고 있다. 물리적 제약에서 벗어나 더 많은 사람 및 더 많은 기회와 연결되어 있는 것이다. 그런 점에서 넌컨택트 트렌드는 단절과 고립을 의미하는 것이 아니라 오프라인 생태계에서 온라인 생태계로의 이동을 의미하는 새로운 차원의 연결을 의미한다.

문제는 오프라인 생태계와 디지털 생태계는 전혀 다른 원리에 의해 작동한다는 점이다. 디지털 생태계는 기존의 제조업 생태계와는 전혀 다른 생태계다. 디지털 생태계에서 살아갈 생명체와 비생물적 환경이 제조업 생태계의 그것들과 다르다. 제조업 생태계가 요구하는 인간형, 법과 제도, 규범 등이 농업 생태계의 그것들과 다르듯이 말이다. 따라서 디지털 생태계가 요구하는 새로운 인간형, 새로운 규범, 새로운 정치·경제 및 국제질서로 이행하지 않으면, 기술과 사회의 불일치Mismatch는 새로운, 그리고 차원이 다른 문제들을 야기할 것이다. 예를 들어, 오프라인 성범죄에 대한 기존의 대응방식과 기준으로는 디지털 성범죄를 해결할 수 없을 뿐 아니라 디지털 성범죄에 대한 여성의 불안감을 달래줄 수 없다. 문제는 거대한 전환이 진행되는 상황에서 새로운 세계에 대한 청사진을 가지고 대응하는 국가는 보이지 않는다는 점이다. 그 결과 개인의 안정적 삶이 위협받는 상황이 일상화되고 있다.

사실, 거대한 전환은 오래전부터 진행됐지만 2000년을 넘어서면서 속도가 더 빨라지고 있다. 몇 가지 주요 변화를 살펴보자. 첫째, 21세기는 2000년 3월부터 닷컴 버블이 붕괴되면서 전개된 경제 침체와 함께 시작되었다. 닷컴 버블은 90년대 후반부터 닷컴 기업모델로 구체화한 IT 혁명과 깊은 관련이 있다. 산업화가 진행됨에 따라 수천 년간 지속되었던 농업사회와는 전혀 다른 새로운 세상이 열렸다. 그런데 산업화 이후의 근대 사회는 제2차 세계대전 전후로 탈근대Post-modernism의 도전을 받기 시작했다. 그러나 경제 영역은 60년대까지 탈근대의 흐름에서 예외적인 분야로 남아 있었다.

경제 영역에서 탈근대는 근대의 핵심 산업인 제조업의 역할이 쇠퇴하면서 시작되었다. (대부분의 사람이 임금 노동으로 살아가야 하는) 자본주의 사회에서 가장 중요한 것은 일자리이고, 산업적으로 일자리 공급의 중심에 제조업이 있었다. 일자리에서 제조업 역할의 쇠퇴(탈공업화)는 두 단계로 진행된다. 전체 일자리 중 제조업 종사자의 비중이 먼저 감소하고, 뒤이어 제조업 종사자의 절대적 규모가 감소했다.

이러한 변화는 기본적으로 IT 혁명이라는 기술 진보와 글로벌화 등에서 비롯한 것이다. 뒤에서 설명하겠지만 글로벌화는 기술 진보와 밀접한 관련이 있다. 90년대 후반부터 본격화한 IT 혁명으로 탈공업화는 새로운 국면을 맞는다. 새로운 산업이 부상했고 새로운 가치창출 방식(사업모델)이 등장했기 때문이다. 일부에서는 이를 (과거 경제 경험과 다르다는 점에서) '신경제'라고 부르기도 했다. 즉 IT 혁명으로 발생한 닷컴 사업모델이 하나의 구원투수로 인식되면서 전 세계가 IT 열풍에 휩싸였다. 닷컴 버블의 붕괴 후 일부에서 닷컴 사업모델이 신기루였다는 평가를 받았지만, 역설적으로 탈공업화는 이때부터 가속화되고 산업체계에 지각 변동이 본격화되었다. 미국 제조업 종사자의 규모가 정점에 달했던 1979년 5월부터 구글이 설립된 1998년 9월까지 188만 5,000명, 즉 연 9만 9,000명이 감소했는데, 그 이후 금융위기 직전인 2007년 5월까지는 369만 5,000명, 즉 연 41만 1,000명이 감소했다. 탈공업화가 4배 이상이나 빠르게 진행된 것이다.

이처럼 미국에서 제조업은 2000년 이후 더 이상 미국 경제를 상징하는 산업이 될 수 없었다. 미국 제조업을 상징하는 GE의 주가는 2000년 9월 초 60달러 근처까지 치솟았으나 그 후 장기 하락 추세가 지속되었고, 코로나19 사태가 발발하기 이전 미국 주가가 최고 기록을 갈아치울 때도 10달러 밑을 벗어나지 못했다. 다우지수가 2000년 이후 20년간 약 152% 상승한 것에 비교하면 대폭락한 것이다. GE와 더불어 다우지수에서 탈락한 GM이나 알코아 등 다른 제조업체의 주가도 마찬가지다.

2000년 이후 미국을 대표하는 제조업 기업들이 몰락한 것은 플랫폼 사업모델의 부상과 대비된다. 디지털 생태계의 핵심 플레이어인 플랫폼 기업의 등장을 이해하려면 그 이전의 닷컴 사업모델과 플랫폼 사업모델의 차이를 먼저 이해해야 한다.

닷컴 사업모델에서 플랫폼 사업모델로의 진화 과정을 보면 진화의 성공 여부는 디지털 생태계에 대한 이해의 폭에서 결정되었다. 생태계가 구축되지 않는 한 가치가 지속적으로 창출되기 어렵기 때문이다. 인터넷이 세상을 기술적으로 연결했지만, 사람을 연결하지 못하는 한 온라인상에서 생태계를 구축하는 것은 불가능하다. 사람을 연결해야만 생태계 구축과 가치창출이 가능함을 이해했던 닷컴 기업은 플랫폼 기업으로 진화할 수 있었다. 사람이 연결되면 데이터가 창출되고, 서로가 보유한 자원들(아이디어, 자동차, 집 등)이 연결됨으로써 가치창출에 기여한다. 사람을 연결하려면 이익을 공유해야만 가능하다. 데이터 확보의 중요성에 대한 인식, 그리고 데이터를 확보하기 위해 상대와 편익을 나누는 방식 등이 진화의 원천이었던 것이다. 데이터의 중요성에 대한 인식은 구글 모델이 잘 보여준다. 검색서비스나 콘텐츠 등을 제공함으로써 자신들이 확보한 방대한 규모의 데이터베이스에 누구나 쉽게 접근하여 이용할 수 있도록 하고, 이를 바탕으로 새로운 데이터를 수집 및 체계화했다. 이는 구글 검색 엔진의 독보적 경쟁력의 원천이 되는 데이터 확보의 선순환 구조를 만들어냈다. (빅)데이터의 중요성에 대한 인식이 확산하면서 (이른바 '빅데이터 4대 천왕'으로 불리는 구글, 아마존, 페이스북, 애플 등과 같은) 글로벌 선도기업들은 핵심서비스를 무료 또는 저렴한 가격에 제공하면서 방대한 데이터를 모으는 데 주력했다. 합법적으로 (빅)데이터를 수집하고 그 가치를 높이려는 '데이터 혁명'과 '데이터 경제'의 시대가 열린 것이다. 그리고 데이터 확보에 머물지 않고 온라인상에서 다양한 사람이 연결됨으로써 가치를 창출하는 디지털 생태계가 등장했다. 독립적으로 가치를 창출했던 제조업 중심의 산업사회 생태계가 연결을 통해 가치를 창출하는 '디지털 생태계(플랫폼)'로 이동하기 시작한 것이다.

대표적 플랫폼 기업인 구글의 주가는 2004년 상장할 당시 약 54달러였으나 코로나19 재난이 본격화되기 전(2020년 2월 11일)에는 1,519달러에 달했다. 아마존의 경우 1997년 5월 1.73달러에서 2020년 7월 31일 3,164.68달러로 치솟았다. 이는 산업의 지각 변동이 일어나고 있음을 보여주는 사례이다. 특히 금융위기 이후 미국 기업들의 주가는 대폭락했다. 다우지수 기준 금융위기 이전 14,198.10(2007년 10월 11일, 장중 기록)에서 6,469.95(2009년 3월 6일, 장중 기록)까지 54%나 폭락했다. 폭락했던 주가는 천문학적인 양적 완화 등의 정책을 시행한 덕분에 4년 후인 2013년 3월 5일 14,253.77(종가 기준)로 금융위기 이전 수준을 완전히 회복했다. 그후 2018년 10월 3일 26,828.39(종가 기준)까지 치솟는다. 5년 6개월 만에 88% 이상 상승한 것이다. 그런데 비슷한 시기에 플랫폼 기업인 페이스북은 약 750%, 애플은 약 360%, 아마존은 735%, 넷플릭스는 1,580%, 구글(알파벳)은 300% 상승했다. 2000년대, 심지어 금융위기 이후 미국 경제는 플랫폼 기업 중심으로 재편되고 있다.

서비스 산업은 왜 대안이 아닌가?

그동안 경제학계에서는 제조업 종사자의 감소를 '경제의 서비스화'에 따른 자연스러운 현상으로 이해했다. 그러나 서비스 부문이 제조업의 대안이 될 수 없다는 점에서 '경제의 서비스화'는 탈공업화의 출구가 될 수 없다. 예를 들어, 탈공업화가 빠르게 진행된 2000년 이후 서비스 부문 종사자는 1,426만 3,000명, 즉 연간 158만

5,000명이 증가했다. 그런데 미국 중간 가구의 실질소득은 1999년 6만 1,526달러에서 2007년 6만 985달러로 오히려 감소했다. 일반적인 통념과 달리 '경제의 서비스화'는 왜 일반 국민의 일자리와 소득에 도움이 되지 못했을까?

서비스업은 크게 두 가지로 구분된다. 제조업과 관련된 사업서비스(제조 제품의 개념 설계나 디자인 등)가 하나이고, 다른 하나는 경제 활동을 보조하는 지원서비스(금융·법률·교육·의료 등)이다. 그런데 고부가가치인 사업서비스는 제조 제품의 수요에 의해 기본적으로 제약을 받는다. 반면 지원서비스는 일정 수준의 사회적 수요에 의해 제약을 받기에 서비스업이 제조업의 공백을 대체하는 것은 한계가 있다. 예를 들어, 금융위기 이후 IMF나 국제결제은행 등은 금융이 과도하게 성장하면 생산성을 저해하는 등 부정적으로 작용한다는 입장으로 바뀌었다.[4]

마찬가지로 교육서비스나 법률서비스, 의료서비스 시장이 성장하면 그 자체로 GDP는 증가할지 모르지만, 가계의 사교육비가 증가하거나 법률 소송비용이 증가하면 가계의 후생을 오히려 낮출 뿐만 아니라 가계의 가용소득과 소비지출을 축소함으로써 경제성장에도 부정적으로 작용한다.

의료서비스 부문의 성장도 마찬가지다. 코로나19 재난은 미국의 민낯을 드러냈다. 잘 알려져 있듯이 미국의 의료산업 규모와 의료진은 세계 최고다. GDP 대비 미국의 의료서비스 시장 규모가 1970년

6.9%에서 2016년에는 17.9%로 성장했지만, 세계 최고 수준의 미국인 의료비 지출[5]이 (기대수명이 OECD 국가 중 최하위 그룹[6]에 속할 정도로) 미국인의 건강 증대로 연결되지는 않는다. 미국 내 코로나19 확진자와 사망자가 가파르게 늘고 있는 가운데 대통령이란 사람은 코로나19로 10만 명이 사망한다면 "매우 잘한 일(Very good job)"이라고 말해 구설에 오를 정도다. 워싱턴, 캘리포니아, 뉴욕, 뉴저지주 등에서 마스크와 인공호흡기 지급을 연방정부에 독촉하고 있는데, 인공호흡기 3만 개를 원하는 뉴욕주에 400개밖에 지급하지 못하는 실정이다.

2020년 코로나바이러스 감염증(코로나19)으로 전 세계적인 우려가 커져가는 상황에서 또 하나 시선을 끌었던 것이 미국 독감 사망자 수였다. 미국 질병통제예방센터[CDC]에 따르면 미국에서 매해 3만 명 이상이 독감으로 사망하고 있는데, 2020년에는 이를 넘길 것으로 전망했다. 2017~18년 독감 시즌에는 6만 1,000명이 숨지고 4,500만 명이 감염되기도 했다. '독감'은 '코로나19'와는 달리 이미 백신이 개발되어 예방할 수 있음에도, 미국에서 독감으로 매해 수만 명이 죽어가고 있다는 소식에 많은 사람이 의아해하곤 한다. 하지만 미국의 열악한 의료시스템을 아는 사람에게는 그리 놀라운 일이 아니다. 미국은 의료보험이 민간보험사에 맡겨져 있고, 보험료가 비싸 저소득층은 의료보험에 가입하기 힘들다. 대부분의 젊은이들은 의료 혜택을 제대로 받을 수 없다. 설령 보험이 있다 해도 본인 부담금이 많게 책정된 경우 병원 문턱을 넘어서기가 힘든 것은 매한가지다. 비싼 의료비로 인해 독감 예방접종을 쉽게 받을 수 없다는 것도 문제다. 특히 질병 취약 연령대인 65세 이상 인구의 독감 예방 백신 접종률은 낮아지는 추세다. 2017~18년 독감 시즌 기간 18세 이상 성인의 독감 예방접종률이 37.1%로 2016~17년보다 6.2% 포인트나 낮아졌다. 65세 이상 인구의 독감 예방 백신 접종률 역시 59.6%로 다른 나라들에 비해 저조한 수치다. 반면 한국에서는 65세 이상 고령자에게는 무료 독감 예방접종을 시행하고 있으며, 2017년 기준 독감 예방접종률이 82.7%였다.[7] 이처럼 미국 의료산업의 사례는 의료산업 규모와 국민의 의료서비스 혜택 간의 상관성이 낮음을 보여준다.

국제 경제질서, 무질서 상황으로

또 다른 주요 변화는 국제 경제질서의 붕괴다. 국제 경제질서에서 '규칙'은 실종되고 '정글의 법칙'만 남았다. 문제는 자연 세계에서의 '정글의 법칙'은 생물 종 다양성의 유지를 전제로 하지만, 인간 세계에서 '정글의 법칙'은 제로섬 게임이 된다는 점에서 건강한 생태계를 유지하기 어렵다는 점이다. 달러를 기축통화로 사용하면서 변동환율제를 도입한 결과 환율 안정성(통화주권)이 상시로 위협받고 외환위기 가능성을 우려할 수밖에 없는 신흥시장국의 경우 경상수지 흑자 및 외환보유고 확보에 운명을 걸 수밖에 없게 되었다. 반면, 해외로 유출된 달러가 재유입되면서 통화정책의 효과가 약화될 수밖에 없는 미국의 경우 주요 교역국들의 대규모 경상수지 흑자를 용납할 수 없게 되었다. 이에 따라 금융위기 이후 미국은 자국의 무역적자(경상수지 적자)를 축소하기 위해 모든 수단을 동원했다. 정권 말기에 금융위기가 본격적으로 터지자, 부시 정부는 '글로벌 불균형'●을 해결할 목적으로 (세계적 규모의 문제들에 대한 국제 사회의 협동관리를 의미하는) 글로벌 거버넌스의 새로운 형태로서 'G20 정상회담'을 개최한다.

2010년 G20 서울 정상회담을 통해 미국이 제안한 것은 (각국의 경상수지 흑자 또는 적자 규모를 국내총생산 대비 4% 이내로 제한하자는) '경상수지 목표제'였다. 그러나 인위적인 수치 설정에 (독일, 일본, 중국 등) 주요국들이 반대하면서 미국의 목표는 관철되지 못했다. 이에 오바마 정부는 무역보복을 위한 법을 강화해 통화전쟁도 불사할 각오를 내비쳤다. 이른바 '2015년 무역강화 및 무역촉진법Trade Facilitation and Trade Enforcement Act of 2015'이 그것이다.

2015년 법안의 제7장, 즉 환율조작 부분을 지칭하는 (환율 분야의 '슈퍼 301조'로도 불리는) '베넷 – 해치 – 카퍼Bennet–Hatch–Carper, BHC' 수정법안은 글로벌 금융위기 이후 늘어나는 미국의 경상수지 적자를 줄

● 미국과 중국, 한국, 일본 및 중동 산유국들 간의 심각한 국제수지 불균형을 일컫는다.

이기 위해 만들어진 것으로, 미국 정부가 환율조작국에 직접 제재를 가할 수 있는 법적 근거를 담고 있다. 미국 재무부는 매년 4월과 10월에 '주요 교역 대상국의 환율정책보고서'를 의회에 제출하는데, 이 법안에 따라 2016년 보고서부터 환율조작 의심국도 포함하여 발표했다. 미국 재무부가 '환율조작국'으로 분류하는 '심층분석 대상국'의 요건은 1) 미국을 상대로 무역흑자 200억 달러 이상을 내고 있고, 2) 국내총생산^{GDP} 대비 경상수지 흑자 비율이 3% 이상이면서, 3) 달러를 연간 국내총생산 대비 2% 초과 순매수 또는 12개월 중 8개월 이상 순매수한 경우 등 3가지다. 이 3가지 요건 중 2가지를 충족하면 '관찰대상국'으로, 3가지 요건을 모두 충족하면 '심층분석 대상국'으로 지정된다. 관찰대상국으로 지정되면 미국 재무부의 감시 대상이 되며 '심층분석 대상국'으로 지정되면 미국 정부의 직접적인 제재를 받게 된다.

이처럼 경상수지 흑자 규모는 국내총생산 대비 4% 이상에서 3% 이상으로 고무줄처럼 늘어났다. 나머지 기준인 무역흑자 200억 달러 이상이나 국내총생산 대비 2%를 초과하는 달러 매수 규모 등도 이론적 근거가 없다. 트럼프는 이러한 조치도 효과가 없다며 한 걸음 더 나아간다. 직접 무역보복을 하고 2019년부터는 경상수지 흑자 규모를 국내총생산 대비 3% 이상에서 2% 이상으로 다시 강화한다. 그리고 3가지 기준 중 1가지만 위반한 중국을 2019년에는 환율조작국으로 지정한다. 국제 경제질서에서 '규칙^{Rule}'은 사라진 것이다.

'규칙'을 만든 미국이 자신이 만든 '규칙'을 부정하고 있는 셈이다.

주요 시스템들이 망가지면서 시스템의 설계도에 해당하는 '가치'와 '신념' 등을 담고 있는 이데올로기도 흔들리고 있다. 즉 앵글로색슨 보수주의자들이 자신들의 뿌리이자 자유시장의 이상을 복원시켰던 레이건과 대처를 매장[8]시키고 있다. 트럼프는 레이건을 존경한다면서 자유무역과 사람의 자유로운 이동을 부정하고 있고, 브렉시트 후폭풍으로 등장한 영국의 보수당 지도자들(테레사 메이 등)은 사람의 자유로운 이동은 물론이고 자유시장이나 이기적 개인주의에 대한 추종을 거부하고 있다. 자유시장과 자유무역, 사람들이 자유롭게 이동하면서 얻을 수 있는 이득에 대한 자신감이 앵글로색슨 자본주의에서 사라지고 있는 것이다. 글로벌 사고의 후퇴와 부족화 경향은 코로나19로 더욱 강화되고 있다. 서구 산업문명의 사상적 기초가 만들어낸 자유 세계의 질서가 근본적으로 흔들리고 있는 것이다.

이러한 주요 변화들을 이해해야만 금융위기 이후 천문학적 규모의 돈을 풀어도 경제적 활력은 회복되지 않고 저성장이 지속되며, 불확실성이 일상화되는 이유를 알 수 있다. 무엇보다 이러한 대변화를 이해하려면 변화의 내용이 현재 주요 제도들의 뿌리인 산업사회와 어떤 차이가 있는지를 파악해야 한다. 그 출발점으로 산업문명을 이룩한 영미 자본주의와 영국-미국이 주도한 세계 체제에 탈공업화가 어떠한 영향을 미쳤는가를 살펴보자.

산업사회의 해체 속에
시작된 IT 혁명

탈공업화가 야기한 일자리 양극화

1960년대 말부터 미국을 필두로 탈공업화가 진행되었다. (미국 통계국에 따르면) 한때 거의 30%에 달했던 제조업 종사자 비중이 2018년에는 (자영업자를 포함한) 전체 일자리 대비 약 7.9%, 그리고 임금근로자 대비 약 8.5%에 불과할 정도로 축소되었다. 제조업 종사자의 절대적 규모도 1979년 6월 정점(1,955만 3,000명)을 기록한 이후 줄어들기 시작했다. 탈공업화는 개인과 국가 경제에 부정적인 영향을 미친다. 일자리 증가율이 감소하고 (중간 임금 일자리가 줄어드는) '일자리 양극화' 등이 진행되면서 (총소득 중) 노동소득의 비중이 하락하고 소득 불평등을 심화시키기 때문이다. 미국의 민간 일자리 증가율은 70년대 연 2.4%에서 2000년대(2000~19년)에는 연 0.8%로 1/3 수준으로 하락했다. (0에 가까울수록 평등을, 1에 가까울수록 불평등을 나타내는) 지니계수도 탈공업화가 진행되기 직전인 1968년에 0.348에서 금융위기 직전인 2007년에 0.432까지 상승했고, 금융위기 이후 10년이 지난 2018년에는 0.452까지 상승했다. 노동소득 비중의 하락과 소득 불평등의 심화 등은 내수 약화와 성장률 둔화로 이어진다. 1961~69년 연평균 성장률은 4.7%였는데, 70년대(1970~79년)에는 연평균 1.7%로 둔화한다. 그 결과 새로운 성장동력을 필요로 하게 되었다.

한편, 기술 진보와 더불어 자본의 수익률이 하락함에 따라 미국의 탈공업화가 진행되었다. 제조업에 고용되는 노동력이 축소될 뿐 아니라 자본도 제조업을 떠나기 시작했다. 제조업에서 이탈한 자본이 주목한 곳은 금융 부문이었다. 제조업에서는 밀어내고, 금융 부문에서는 끌어당겼다. 금융이 자본을 끌어당길 수 있었던 것은 상대적으로 고수익의 기회를 제공할 수 있게 되었기 때문이다. 이러한 변화는 서로 관련 있는 요인들이 복합적으로 작용한 결과였다.

첫째, 미국 제조업을 필두로 60년대 후반부터 자본 수익률이 하락하기 시작한다. 50년대 이후 서유럽 및 일본 제조업의 생산능력이 커지면서 미국 제조업과의 경쟁력 격차가 축소된다. 미국이 60년대 후반부터 일본이나 독일(서독) 등에 비해 무역적자를 기록하기 시작했고, 급기야 1971년부터는 무역적자 국가로 전락한 배경이다.

주요국의 제조업 생산능력이 커짐에 따라 제조업 시장은 (상대적) 공급과잉에 직면하며 수익률이 하락하기 시작한다. 이처럼 제조업의 자본 수익률 하락은 미국 경제력의 상대적 약화와 산업화의 확산, 그에 따른 제조업의 공급과잉과 관련이 있다.

둘째, 그 결과 미국 경제의 절대적 경쟁력에 기초해 만들어진 제2차 세계대전 이후의 국제 금융시스템 및 국제 통화시스템이 흔들리기 시작한다. 달러 가치의 안정성을 전제로 만들어진 (달러를 금으로 교환해주는) 금태환제와 고정환율제 등은 (미국의 금 보유액을 초과하는) 달러의 대규모 해외 유출로 불가능해졌기 때문이다. 미국 대통령 닉슨이 1971년 8월 15일 금태환 정지를 선언(이른바 닉슨 독트린)한 배경이다. 달러 가치의 폭락 속에 고정환율제를 방어하려는 노력도 실패로 끝나고 결국 시장에서 결정되는 변동환율제로 이동한다. 즉 달러 가치의 폭락은 '유가 및 원자재 가격의 급등과 인플레이션 급등 → 금리(의 변동성) 급등 → 채권 가격 및 주가의 하락'과 같은 기초금융상품 가격의 변동성 증가로 이어졌다. 그에 따라 한편으로는 단기 운용 자금의 수익성과 유동성을 충족시키는 머니마켓펀드MMF가 등장하면서 펀드 시장이 성장했다. 다른 한편으로는 기초금융상품의 가격 변농성 리스크를 회피(헤지)하고 변동성을 이용해 (고)수익을 추구할 수 있는 파생금융상품 시장이 성장했다.

파생금융상품의 가치를 계산하기 위해 금융공학과 수학이 발전하기 시작한 것도 이러한 금융환경의 변화가 배경을 이룬다. 금융공학의 효시로 알려진 '블랙-숄즈 모형Black-Scholes Model'이 발표된 것이 1973년(옵션과 기업 채무의 평가The Pricing of Options and Corporate Liabilities)이다. 블랙-숄즈 모형은 숄즈에게 노벨상의 영광을 안겨주었을 뿐 아니라, 발표 후 불과 수개월 만에 금융시장에서 이 방정식을 이용한 옵션의 가치 평가가 이루어질 정도로 파급 효과가 컸다. (금융 및 경제 현상에서 일어나는 문제들을 수학 및 통계이론의 접목을 통해 해결하는) 금융공학 덕분에 진화한 파생금융상품은 말도 안 되는 방식으로 서브프라임 모기지Subprime Mortgage의 질을 높여, 리스크를 낮추어 판매할 수 있도록 만든 부채담보부증권CDO, Collateralized Debt Obligation에서 절정을 이룬다. 참고로 부채담보부증권은 금융위기를 일으킨 핵심 파생금융상품이었다. 또한 (일부에서 오늘날 자본주의를 '펀드 자본주의Fund Capitalism' 혹은 '화폐관리자 자본주의Money Manager Capitalism'라 부르게 된 배경인) 펀드 시장의 성장은 금리 규제 완화 등 금융시장 자유화로 이어진다. 금융 경쟁력을 활용하여 금융을 새로운 성장동력으로 삼으려는 미국과 영국 등을 중심으로 금융시장과 자본시장 자유화가 추진된 것이다.

탈공업화의 종착점, 금융화

이처럼 탈공업화 이후 제조업의 공백을 메울 새로운 산업의 등장이 지체되는 상황에서 자본은 금융에서 새로운 수익을 창출했다. 80년대 미국 레이건 행정부가 금융을 새로운 동력 산업으로 삼고 이른바 '금융화'를 진행한 것이다. 예를 들어, 미국에서 펀드의 주식 소유 비중은 1985년 6%에서 2007년에는 30%까지 증가할 정도로 펀드의 급성장은 기업에 대한 금융의 영향력 확대로 이어졌다. 펀드들이 기업 인수·합병M&A 시장에 개입해 투자 영역을 확대함으로써 기업경영권을 획득하고 개입하는 일이 늘어났다. 80년대 중반 이후 경기침체가 주로 신용위기 때문에 발생했는데, 신용위기의 중심에 펀드들이 있을 정도로 펀드의 영향력은 확대되었다.

기업에 있어서 금융업의 '사고방식'은 기업경영에서 '재무적 투자(기업의 재테크)'의 중요성이 증가한 점에서도 확인할 수 있다. 새로운 수익원을 발굴하는 데 어려움이 따르고 기업 이윤이 증가함에 따라 세계적 기업들의 현금 혹은 현금성 자산이 증가했다. 비금융 기업의 자본지출이 감소하고 기업 이윤을 저축하는 방식으로 전환되면서 기업이 순차입자에서 순저축자로 바뀐 것이다. 그리하여 수많은 대기업은 금융 거래, 헤지, 조세 회피, 금융서비스 판매 등 돈을 이리저리 굴리는 방법만으로도 엄청난 돈을 벌고 있다. 게다가 금융자본에서 이익을 내기 위해 기업은 투자를 위해 차입을 하는 것이 아니라 (주가를 끌어올리는 효과가 있는) 자사주매입Stock Buy Back을 위해 차입을 할 정도다.[9] 미국 기업의 자사주매입 규모는 2019년 여름까지 1조 달러에 육박했다.[10] 금리를 인하하여 차입 비용을 낮추어도 차입이 투자로 이어지지 않으니 통화정책은 갈수록 효과가 떨어진다. 반면 금리 인하로 인해 신용등급이 낮은 고수익 자산의 투자 매력이 증가하는 등 사람들이 리스크를 추구하는 경향이 커지고, 신용이 증가하면서 금융 취약성과 금융위기 가능성이 커진다. 이처럼 금융화는 금융 리스크를 키울 뿐 아니라 장기 투자보다 단기실적주의Shortermism에 기초한 기업경영으로 이어져, 산업체계가 전환하는 데 장애로 작용하고 있다.

금융화로 인한 '정치 – 경제 – 사회'의 변화는 기본적으로 금융자본의 수익을 극대화하려는 목표에 따라 이루어진 것으로, 모든 것을 금융의 기준으로 재구성한다. 첫째, 산업자본과 달리 금융자본의 수익은 기본적으로 위험(리스크)과 같이 움직인다. 즉 금융자본에서 고수익을 얻으려면 높은 리스크를 감수(고위험 추구)할 수밖에 없다. 그런데 높은 리스크 때문에 금융 부문이 파산하게 되면 실물 부문의 파산에 비해 사회 전체에 미치는 영향이 커서, 과도하게 리스크를 추구하지 못하도록 규제와 감독을 받게 된다. 따라서 금융자본에서 고수익을 얻기 위해서는 규제를 제거해야만 하고, 월가의 로비를 받은 정치인과 지식인, 언론 등이 규제 해체에 앞장서야 한다. 80년대 이후 미국 재무부 장관이 월가 출신으로 채워진 배경이다. 금융자본의 수익성 추구 논리가 금융시장의 규제 해체로 이어지면서 (전통적인 은행과 사실상 같은 임무를 수행하지만, 은행들과 달리 규제를 받지 않는) '그림자금융Shadow Banking'이 급성장하게 된다. 90년대 이후에는 전통적 은행의 자산 규모를 넘어섰다. 금융위기가 발생한 후 미국 행정부와 연준이 (자산 규모 5위인 베어스턴스는 구제, 4위 리먼 브라더스는 파산, 3위 메릴린치는 구제 등) 오락가락한 이유도 그림자금 융의 부실자산 규모를 정확히 추정할 수 없었기 때문이다.

둘째, '금융의 탈구Dislocation, 脱臼'는 사회와 경제 전반으로 (정상 범위에서 이탈하는) '탈구'를 확산시켰다. 정부 역할을 축소시키고 사회 전반으로 시장 논리를 확장시킨 신자유주의가 그것이다. 대내적으로 감세, 긴축, 공기업 민영화, 노동시장의 유연화, 탈규제 등이, 대외적으로는 시장 개방과 자본이동의 자유화 현상 등이 나타났다. '레이거노믹스(레이건의 미국)'와 '대처리즘(대처의 영국)'이 주도한 이러한 체제는 복지시스템과 사회보장시스템의 '탈구'로 이어졌다. 또한 '노동시장 유연화'로 고용과 해고가 쉬워졌음에도 불구하고 소득 불평등의 확대와 노동소득 비중의 하락 등으로 내수가 취약해지면서 90년대부터는 '고용 없는 성장'이 출현하는 등 고용시스템의 '탈구'로 이어졌다. 임금노동자에 기초하는 자본주의에서 임금노동자의 고용 안정성이 약화되면서 자본주의 체제도 약화될 수밖에 없었다.

실제로 경기가 회복됐음에도 불구하고 고용이 회복되지 않자, 이른바 안정적인 직장이 없거나 소득이 낮은 집 없는 시민들이 주택을 구입할 수 있도록 주택금융을 지원하는 부채주도성장이 도입된다. 그러나 미래소득을 당겨쓰는 부채에 의존한 소비와 성장은 고용 안정성이 뒷받침되지 않는 한 지속되기 어렵다. 즉 고용시스템의 탈구가 진행되는 상황에서 부채주도성장의 파산은 예고된 것이었다. 레이건-부시가 공화당을 12년(1981~92년) 동안 집권하면서 주요 시스템들의 탈구가 진행되어 1991년 경기가 침체된 덕분(?)에, 클린턴의 민주당 정부(It's the economy, stupid!)에서조차 친월가 정책과 금융화가 가속화될 수 있었다.

시티그룹 회장 출신인 루빈을 재무장관에 앉힌 클린턴 행정부는 금융 부문에 대한 탈규제를 가속화했다. 80년대 말 파산 위기에 직면한 수백 개의 저축대부조합S&L이 구제되는 과정에서 형성된 '대마불사(대기업은 망하지 않는다)' 인식은 은행의 대형화(1994년 리글-닐 주간은행업무 효율화 법안)에 불을 질렀다. 대형화 덕분에 리스크(수익) 추구가 쉬워지면서 (은행-증권-보험 간 장벽을 제거한) 금융시장의 대통합(1999년 그램-리치-블라일리 금융서비스 현대화 법안)이 이루어졌다.

탈규제가 가속화됨에 따라 '그림자금융'은 비약적으로 성장했다. '그림자금융'의 부채(자산) 규모는 클린턴 행정부 시절 전통 은행들의 부채(자산) 규모를 초과하기 시작했다. 탈규제는 장외파생상품의 거래를 규제에서 제외한 '2000년 상품선물현대화 법안'에서 절정에 이르고, 새로 만들어진 파생상품들(부채담보증권들)은 금융위기의 주요 원인이 되었다. 즉 주택시장에 금융이 투입되면서 얼마 동안은 금융회사들의 돈벌이가 증가해서, 주택소유자나 신규 매입자들은 주택가격이 상승해서, 그리고 정부는 (자산가치 상승에 따른 소비 증가 현상인) 자산효과로 경기 회복에 도움이 되어서 행복했다. 그러나 신용이 급증하고 주택시장의 거품이 형성되자 금융위기(서브프라임 모기지 사태)가 일어났다. 경기 회복과 부동산 가격 상승 등이 만들어낸 환호(This time is different!)는 고용시스템이 망가진 상태에서 '빚'으로 만든 모래성이었고, 신기루였다. 이처럼 탈공업화의 결과는 영미 자본주의의 파국으로 이어졌다.

19세기와 20세기의 세계 체제를 영미 자본주의가 주도했다는 점에서 탈공업화가 세계 체제의 '탈구'로 이어진 것은 자연스러운 일이었다. 변동환율제가 도입되고 자본이동이 자유화되는 등 국제 통화시스템이 '탈구'되고, 서유럽과 일본, 동아시아 신흥국 등으로 탈공업화가 확산됨에 따라 미국의 대규모 경상수지 적자로 이어지는 '글로벌 불균형' 현상이 일어날 수밖에 없었다. 변동환율제와 자본이동의 자유화로 미국 이외의 국가들에서 '은행위기 리스크'가 언제든 '외환위기 리스크'로 발전할 수 있었다. 다시 말해 금융위기가 구조화되었다. 그 결과 미국 이외의 국가들은 자기보험 차원에서 경상수지 흑자를 통해 달러보유를 축적할 수밖에 없었고, 이로 인해 (상대적으로 제조업 경쟁력이 약화된) 미국은 대규모 경상수지 적자국으로 전락할 수밖에 없었다. 금융위기로 '글로벌 불균형'은 방치할 수 없는 이슈로 부상했다. 해외로 유출된 달러로 인해 미국 통화정책의 독립성(통화주권)이 훼손되면서 미국조차 금융위기에서 벗어날 수 없었고, 그에 대한 대응이 (앞에서 소개한) 주요 교역국과의 무역전쟁이다. 그러나 (미국이 주요 교역국에 요구하는) 미국에 대한 무역혹자의 축소나 경상수지 흑자의 축소, 환율 경쟁력(외환시장 개입) 포기 등은 미국 이외의 국가들이 외환위기를 맞을 가능성을 높이기에 미국의 요구를 수용하기는 어렵다. 이처럼 탈공업화는 영미 자본주의를 파국으로 몰았을 뿐만 아니라 세계 체제의 안정성도 근본적으로 훼손했다.

문제는 금융화조차 '새로운 처음'으로 인해 구조적 위기에 직면했다는 점이다. (글로벌 금융위기조차 진정시켰던) 미국의 절대 경쟁력, '달러 찍어내기'는 코로나19 재난에 효과가 없었다. 연준은 거의 모든 금융상품을 매입해줌으로써 금융위기로 망가진 금융시장을 복원시켰다. 그런데 모든 것을 금융 가치로 재구성할 수 있음을 전제로 만들어진 '금융화의 세계'는 '사건이 발생했을 때 그 사건이 미치는 경제적 충격이나 사회적·정치적 영향의 가치를 측정할 수 있다'는 믿음을 전제로 하고 있다. 이 믿음은 해석(측정)의 원료가 돼줄 수 있는 과거의 유사 사건(데이터)을 활용할 수 있다는 가정에 기초한다. 문제는 과거에 겪어본 일이 없는 '새로운 처음'은 금융 가치의 재조정을 근본적으로 불가능하게 한다는 점이다. 따라서 금융시장은 불확실성이 가득한, 혼돈의 상태에 빠지게 된다.

세 번째 주요 변화는 주거시스템의 탈구였다. 대공황 이후 미국 사회에 정착한 주거시스템은 중화학공업 혁명과 밀접한 관련을 맺고 있다. 오늘날 미국의 모기지(주택담보대출금) 방식인 장기간 원리금 균등 분할 상환방식은 대공황을 계기로 확립되었다. 그 이전에는 만기(예: 5년 후)에 원금을 일시에 상환하는 방식이었다. 대공황이나 90년대 일본, 2007년 미국 금융위기 등에서 알 수 있듯이, 만기에 원금을 일시상환하는 방식은 만기 때 주택가격이 원금 수준 밑으로 급락할 경우 주택시장의 경착륙(활황세이던 경기가 갑자기 냉각되면서 주가가 폭락하는 것)으로 이어질 수 있다. 대공황 당시 미국은 한국의 주택금융공사 같은 준정부기관을 만들어 은행의 주택담보대출금을 인수한 후 2~30년간 원리금 분할 상환방식으로 전환했다. 장기 원리금 분할 상환은 장기간 안정적인 고용 보장을 전제로 하는 방식이다. 대공황 당시 미국에서는 중화학공업이 폭발적으로 성장하고 있었다. 미국 제조업 일자리는 1939년 1월 907만 7,000명에서 1943년 11월(1,659만 8,000명)까지 5년도 안 되어 752만 1,000명이 증가했다. 게다가 (숙련을 중요시하는) 중화학공업은 장기 고용을 선호하기에 중화학공업 중심으로 산업구조가 재편되면서 종신고용 체제가 정착되기 시작했다. 장기간 안정적인 고용시스템을 전제로 주택담보대출금의 장기 분할 상환방식이 가능했던 것이다.

그런데 80년대 이후 노동시장이 유연화되고 IT 혁명 이후 고용 안정성이 약화해, 90년대부터는 '고용 없는 성장'이 나타나면서 장기 분할 상환방식의 조건(장기간 고용 안정성)을 확보할 수 없게 되었다. (돈놀이 대상의 확대를 원하는) 금융자본의 이해관계 때문에 직업과 소득 수준에서 주택금융의 접근 기회가 제한되었던 취약계층을 정책적으로 지원해주고 (규제가 완화된) 파생금융상품 기법이 적용되면서 주택금융은 폭발적으로 성장했다. 금융위기를 떠올리면 보통 연상되는 서브프라임 모기지, 즉 주택가격이 무한히 오르지 않는 이상 대출을 회수하기 어려운 사람들에게까지 대출이 가능한 배경이었다. 무주택자가 주택을 소유할 수 있게 지원해주는 클린턴 정부의 '국민주택 보유 증대 전략'이나 부시 정부의 '소유자 사회'론Loan, 그리고 새로운 파생금융상품에 대한 규제 해체 덕분에 무서류 대출 혹은 소득도 없고 일자리도 없고 자산도 없는 사람들에게도 대출해주는 이른바 '닌자대출NINJA; No Income, No Job & No Asset'이 출현할 수 있었다. 계약금 등의 초기자금 없이 주택가격의 100%에 수수료까지 대출해주는 상품인 피기백Piggyback이라는 엽기적인 대출까지 등장했다.

주택금융이 성장함에 따라 주택가격이 지속적으로 상승하는 한 사회 구성원 대부분은 환호한다. 금융 부문은 수익 사업의 확대로, 주택소유자는 자산가치의 상승으로, 정부는 경기부양 효과 등으로 이어진다. 그러나 주택대출금은 기본적으로 부채이다. 부채는 미래소득을 당겨쓰는 것인데, 미래소득 당겨쓰기는 고용이 안정적이고 좋은 일자리가 공급될 때 지속 가능하다. 즉 주택금융의 공급은 '증권MBS의 재증권화CDO'로 가능했다. 신용등급이 매우 낮아서 은행에서 대출받기 어렵던 사람들에 대한 주택담보대출금을 기초로 만든 증권은 시장에서 거래될 수 없기에, 이러한 증권들을 모아 신용등급이 높아지도록 조작하여 거래했다. 주택 수요가 꺾이면서 주택가격 상승이 멈추거나 하락하자 주택담보대출금을 증권화한 증권 MBS의 가격도 하락하고, 이 증권들로 재증권화한 증권(예: CDO)의 가치도 폭락했다. 결국 이 증권들을 보유한 금융회사들의 부실로 이어졌다. 이처럼 고용시스템의 약화에 따른 모기지 제도의 기반 약화를 잘못된 처방으로 접근하면 금융위기라는 참혹한 대가를 치를 수밖에 없다.

IT 혁명, 세계를 연결하다

산업사회와 세계 체제가 해체되는 과정에서 포스트 산업사회의 맹아(시초)로 등장한 것이 IT 혁명이다. 그럼 이제부터 IT 혁명이 왜 그리고 어떻게 새로운 사회질서의 맹아가 되었는지 살펴보자.

IT 혁명은 크게 두 단계로 진행되었다. 첫 단계는 탈공업화의 종착점인 금융화에서 진행된다. 즉 구시대의 마지막 단계인 금융화는 역설적으로 새로운 시대의 출발점으로 작용했다. 탈공업화로 금융화가 시작된 1970년대는 3차 기술혁명, 즉 정보기술IT 혁명이 시작된 시기로 불린다. 정보기술혁명의 상징인 반도체 혁명의 역사가

'금융화'와 맥을 같이하고 있기 때문이다. 예를 들어, 인텔은 1971년 세계 최초로 4004 마이크로프로세서를 개발해 초창기의 집채만 한 크기의 컴퓨터 에니악^{Eniac}과 맞먹는 컴퓨팅 능력을 손톱 크기에 집적할 수 있게 되었다. 이어서 1978년에 8비트의 8086 마이크로프로세서를, 1979년에 8088 마이크로프로세서를 개발 및 생산함으로써 소형 컴퓨터 혁명의 길을 열어놓았다.

이러한 컴퓨터 혁명 없이는 자본이 실시간으로 움직이고, 전 지구적으로 통합된 금융시장에서 24시간 관리되며, 천문학적 규모의 거래가 지구 구석구석까지 전자회로에 의해 초단위로 이루어지는 오늘날의 금융이 존재할 수 없다는 사실은 쉽게 이해할 수 있다. 정보통신기술^{ICT}은 무엇보다 통신과 자료 송신의 속도를 높이고 비용을 하락시켰을 뿐만 아니라 지리적 거리를 소멸시킴으로써 경쟁의 공간적 장애물을 제거했다. 금융공학과 위험관리기법의 발전 역시 IT 혁명 없이는 상상할 수 없다. 이저럼 **글로벌 자본시장의 통합**은 IT 혁명 없이는 불가능한 일이었다. IT 혁명은 은행으로부터 연기금(연금을 지급하는 원천이 되는 기금), 증권시장, 외환시장 등을 전 세계적으로 상호 연결하고, 자본 흐름의 규모와 속도, 복잡성, 연결성을 극적으로 증가시켰다. 게다가 자본시장과 통화 간의 상호의존성이 커짐에 따라 통화정책 및 신용 증가율 등도 상호의존적이 되어 '세계경제의 네트워크화'가 이루어졌다. 글로벌 자본시장의 통합과 더불어 **글로벌 공급 사슬**의 형성도 '세계경제의 네트워크화'의 주요 요인으로 작용했다. 그 결과 성장률, 인플레이션, GDP 대비 무역액의 비중, GDP 대비 공공재정의 비중 등에서 '글로벌 동조화'가 진행되고 있다. 국민경제 간의 경계가 모호해지고 구분이 무의미해진 것이다. 이처럼 경계의 불분명과 구분의 모호함을 특징으로 하는 '포스트모던'의 바람이 경제에도 대두했다.

문제는 국민경제 간의 경계가 해체되었음에도 각국은 경제정책의 독립적 운용이 가능하다고 믿고, 초국가 협력을 외면했다는 점이다. 기본적으로 (일정한 영토와 그곳에 사는 국민으로 구성된 독립된 정치조직인) 국민국가(민족국가)는 산업문명의 발원지인 근대 유럽의 발명품이다. 국민국가에 대응하는 경제 운용 단위가 국민경제다. 국민국가와 국민경제라는 개념은 국가와 국민의 이익 극대화를 위해 다른 국가들로부터 간섭(영향)받지 않고 정치와 경제를 독립적으로 운용할 수 있다는 견해에 기초한다. 실제로 글로벌화가 진행되기 전까지 정치와 경제는 개별 국가별로 운용이 가능했다. 그렇기에 경제학 교과서에서도 통화정책의 독립적 운용이 가능하다고 가정한다. 그러나 자본이동이 자유화되면서 통화정책의 독립적 운용은 거의 불가능해졌다.

이처럼 경제의 네트워크화에 따라 초국가 협력의 필요성이 구조적으로 커졌지만, 현실적으로 초국가 협력의 리더십은 매우 빈곤한 상황이다. 그 이유는 국민국가를 넘어 초국가 단위에서 발생하는 '집단행동의 딜레마'에 대한 해법이 부재하기 때문이다. '집단행동의 딜레마'란 집단 간의 협력이 이루어지지 않아 공통의 이해관계가 걸려 있는 문제를 자체적인 노력으로 해결하지 못하는 상황을 일컫는다. 물론 국민국가 내에서 발생하는 집단행동의 딜레마를 해결할 수 있는 방법이 있긴 하다. 예를 들어, 집단 전체를 위한 공공재의 생산과 공급을 위해 자신의 '시간 – 노력 – 비용' 등을 투입하지 않으려고 하는 일부 구성원들의 무임승차 성향을 통제하기 위해 정부가 직접 개입 혹은 규제를 할 수 있다. 그러나 초국가 협력이 필요한 상황에서 개별 국가의 자발적 협력이 부족할 때, 혹은 책임을 수행하지 않을 때 제재할 수 있는 수단 같은 마땅한 해법이 없는 것이 현실이다.

두 번째 단계는 인터넷이 상용화되면서 시작되었다. 이 시기는 산업사회의 고용시스템이 망가지기 시작한 시점과 일치한다. 일반인에게 인터넷이 상용화되기 시작한 것은 1994년이지만 인터넷은 미국에서 탈공업화가 시작된 1969년부터 등장했다. 즉 1969년 미국 국방부 산하 고등기술연구소가 핵 공격에 대비하여 정보교류망 구축과 이에 관련된 연구 및 기술 개발을 시작하면서 인터넷이 등장했다. ARPANET이라는 통신망이 그것이다. ARPANET은 1972년 10월 일반에 공개되어 전 세계 컴퓨터를 연결하는 중심 역할을 하게 되었다. 또한 1980년대 초반에는 ARPANET망에 약 40개 기관의 컴퓨터 200여 대가 연결되었다. 이에 따라 비군사적인 목적으로 사용되는 비율이 점점 증가하게 되어 1983년에는 ARPANET에서 군

사용 네트워크인 MILNET을 분리한 후 인터넷이라는 정식 명칭이 붙었다.

'전 세계를 하나로 연결하는 정보의 바다'라는 명칭에서 알 수 있듯이 인터넷의 등장으로 온라인에서 모든 것이 기술적으로 연결이 가능해졌다. 기존 생태계와 다른 새로운 생태계, '디지털 생태계'의 출현 가능성을 보여준 것이다. 산업사회 생태계에서 디지털 생태계로의 전환 과정에 인터넷이 있다는 점에서 컴퓨터 혁명부터 인터넷 혁명까지 진행된 결과를 평가할 필요가 있다. '계산기'라는 뜻을 갖는 컴퓨터가 인터넷으로 발전하게 된 과정의 중심에 '데이터'가 있다. 단순히 계산을 빠르게 처리하기 위한 기계, 그 이상도 이하도 아니었던 컴퓨터의 용도가 다양해지면서 컴퓨터는 단순한 계산기에서 벗어나 종합적인 정보 단말기로 거듭나기 시작했다. 컴퓨터가 처리하는 데이터가 다양해지고 용량이 커지면서 한 대의 컴퓨터로는 이를 모두 처리할 수 없는 상황에 이르렀다. 이 문제를 해결하기 위해 거리의 제한을 받지 않으면서도 많은 수의 컴퓨터와 데이터를 교환할 수 있는 수단의 확보 차원에서 시작된 것이 인터넷이다. 인터넷은 처음부터 산업사회의 중앙집중(위계) 시스템과는 다른 '분산 시스템'이었다. 뒤에서 기술할 예정이지만, 이는 산업사회와 다른 사회 질서의 재구성을 의미한다.

따라서 산업사회와는 전혀 다른 속성을 갖는 인터넷과 이에 기반을 둔 닷컴 기업모델들은 새로운 비즈니스 생태계를 지향할 수밖에 없었다. 그러나 닷컴 기업모델들이 새로운 생태계를 만들어내는 과정은 '새로운 실험'이었기에 순탄하지 않았다. 초기 닷컴 기업모델의 대표적 예로 아마존과 야후를 들 수 있다. 그런데 두 닷컴 기업은 서로 다른 운명의 길을 걷는다. 1994년 전자상거래를 기반으로 출발한 닷컴 기업인 아마존은 '지구에서 가장 고객 중심적인 회사'를 미션과 비전으로 내걸었다. 즉 많은 상품을 취급해 고객의 선택지를 늘려 고객 만족도를 높이고, 그 결과 트래픽이 증가하고 사람이 모이면 판매자가 모여들었다. 그렇게 되면 다시 선택지가 늘어나고 고객 만족도가 높아져 아마존도 성장하는 방식을 추구했다. 사람이 많이 모일 수 있는 매력적인 플랫폼을 만들어 고속 성장했다. 반면, 1995년 검색서비스를 기반으로 출발해 2017년 버라이즌커뮤니케이션스에 매각된 닷컴 기업 야후는 검색서비스(프리미엄 다큐먼트 서치)의 유료화(2002년), 이메일 서비스(2GB)의 유료화(2004년) 등으로 매력이 떨어져 많은 고객이 이탈했다. 1996년 기업공개[IPO]로 13달러에 형성되었던 주가가 수직으로 상승하며 2000년 초 475달러까지 상승했던 검색서비스 부문의 거인 야후는 구글이 출현하면서 급속히 위축되었다. 2010년 이후 전 세계 검색서비스에서 구글은 90%를 차지하고 야후는 3%대까지 떨어졌다.

아마존과 야후의 차이는 구글 모델에서 더욱 확실해졌다. 구글은 검색서비스와 콘텐츠 등을 제공해 자신들이 확보한 방대한 규모의 데이터베이스에 누구나 쉽게 접근하여 이용할 수 있도록 했다. 이를 바탕으로 새로운 데이터를 수집 및 체계화했는데, 이는 구글 검색 엔진의 독보적 경쟁력의 원천이 되는 데이터 확보의 선순환 구조를 만들어냈다. (빅)데이터의 중요성에 대한 인식이 확산하면서 (이른바 '빅데이터 4대 천왕'으로 불리는 구글, 아마존, 페이스북, 애플 등과 같은) 글로벌 선도기업들은 핵심 서비스를 무료 또는 저렴한 가격에 제공하며 방대한 데이터를 모으는 데 주력하고 있다. 합법적으로 (빅)데이터를 수집하고 그 가치를 높이려는 '데이터 혁명'과 '데이터 경제'의 시대가 열리고 있다. 그리고 확보한 데이터의 가치를 높이려는 과정에서 '이익 공유'를 통해 '연결'이 이루어지고, '연결'을 통해 가치를 창출하는 새로운 방식이 등장했다. 제조업 중심의 산업 사회 생태계와는 기본적으로 다른 '디지털 생태계(플랫폼)'가 본격적으로 모습을 드러낸 것이다. 플랫폼 경제를 '공유 경제'와 동의어로 사용하는 이유도 플랫폼 경제의 핵심 속성이 '이익 공유'이기 때문이다.

(기차를 타고 내리는 정거장을 의미하는) '플랫폼'은 특정 장치나 시스템 등에서 이를 구성하는 기초가 되는 틀 또는 골격을 지칭하는 용어로, 컴퓨터 시스템·자동차 등 다양한 분야에서 사용된다. 예를 들어, 컴퓨터 시스템의 경우 소프트웨어가 구동될 수 있는 하드웨어 아키텍처Architecture나 소프트웨어 프레임워크Framework를 지칭한다. 마이크로소프트 윈도우MS-Windows상에서 동작하는 응용 소프트웨어에 대해서는 마이크로소프트 윈도우가 플랫폼이 된다. 그러나 플랫

폼에 대한 이러한 이해방식은 생태계를 비생물적 환경을 중심으로 이해하는 것으로, 생물 군집이 포함되어 있지 않다. 구글 회장 에릭 슈미트$^{Eric\ Schmidt}$는 21세기에 두각을 나타내고 있는 기업들인 애플, 구글, 아마존, 페이스북 등의 성공 비결이 자기만의 강력한 플랫폼을 갖고 있기 때문이라고 말한다. 이들 기업에서는 하드웨어 아키텍처^{Architecture}나 소프트웨어 프레임워크^{Framework}를 넘어, 새로운 가치창출 모델을 매개로 기업 내부와 외부가 상호의존적으로 작용하기 때문이다. 가치창출에서 '연결'이 키워드로 등장한 것이다. 인터넷의 상용화와 더불어 90년대 후반 등장한 닷컴 기업 중 상당수가 지속적으로 성장하지 못하고 쇠퇴한 원인도 매력적인 플랫폼(디지털 생태계)을 구축하지 못했기 때문이다. 즉 디지털 생태계가 요구하는 새로운 패러다임을 이해하지 못하고 산업사회의 패러다임에 구속된 결과다.

PART 2

공감, 초연결 세계의 가치가 되다

초연결 세계,
새로운 가치관의 탄생

일반적으로 기술이 비약적으로 변화하면 그에 상응하는 규모로 사회도 변화한다는 사실을 부인하는 이는 없다. 즉 기술 혁신과 사회 혁신의 관계는 단선적·일방적이 아닌 역동적·상호적인 관계로, 기술 변화와 사회 변화는 서로를 전제로 한다. 그렇다면 기술이 사회와 연결되는 구체적 연결고리가 필요하다. 이 연결고리는 기술을 물질적 기술과 사회적 기술로 구분할 때 시야에 들어온다. 기술을 '무엇인가를 이루는 방법$^{Ways of Doing Things}$'으로 이해할 때, 여기에는 어떤 것들을 어떻게 결합하여 어떻게 운영하면 어떠한 결과가 나온다는 것을 기술하는 '레시피'의 측면이 있다. 또한 이를 실행하기 위하여 사람들을 어떻게 노동 분업으로 배치하고, 레시피의 과정들을 모두 실현하기 위해서는 어떠한 장치와 환경이 필요한가 등을 검토

하는 사회적 측면이 있다. 전자가 '물질적 기술들'이고, 후자가 '사회적 기술들'이다. 구체적으로 사회적 기술들에는 사회경제 조직과 더불어 다양한 제도들이 있다.

이처럼 기술과 사회의 상호작용은 생태계의 변화 혹은 새로운 생태계의 생성으로 이어질 수 있다. 기술 혁신으로 인해 사회 구성원들의 상호작용 방식이 변화하고 새로운 제도들이 생겨날 수밖에 없기 때문이다. 그렇다면 과거의 기술 혁신들은 사회경제 생태계에 어떠한 변화를 수반했는가를 간단히 살펴보고, 현재 진행되는 기술 혁신에 필요한 변화들을 살펴보도록 하자.

산업사회, 수명을 다하다

1차 산업혁명은 1770년대에 본격적으로 등장한 증기력이라는 새로운 동력과 방직기·방적기와 같은 기계가 도입되면서 시작하여 1830년대의 철도 혁명까지 진행된 기술 혁신을 일컫는다. 이러한 기술 혁신들은 그 자체적으로 새로운 산업을 출현시켰을 뿐만 아니라 노동 방식, 노동 분업화 등 인간관계에 광범위한 영향을 미쳤다. 동력과 기계를 사용할 수 없었던 중세 봉건제 농업사회에서는 집단적인 인간 노동이 중요한 역할을 한 반면, 1770년대에는 동력과 기계의 도입으로 집단적인 인간 노동이 불필요해졌다. 이에 따라 자연과 인간은 이러한 기계적 과정에 들어가는 단순한 투입물로 전락했다. 인간의 개별화가 진행되고, 이를 전제로 개개인 쌍방 간 자유계약이 새로운 사회관계의 원리가 되었다. 이른바 자유방임 자본주의라는 새로운 세계가 출현한 것이다. 이후 자유방임 자본주의에 부합하는 자유노동시장, 금본위제, 자유무역 체제, 그리고 (부르주아지의 의회 권력 장악을 제도화한) 대의민주주의를 견고화하는 제도적 장치들이 생겨났다. 농업사회 생태계와는 전혀 다른 사회경제 생태계가 등장한 것이다. 물론 1770년대부터 전개된 기술 혁신들은 우연의 산물이 아니다. 자치도시와 상업의 발달, 르네상스와 대학의 등장, 그리고 시민혁명 등의 결과물이다.

1차 산업혁명이 기존과는 전혀 다른 사회경제 생태계를 불러온 데 반해, 2차 산업혁명은 근본적으로 다른 사회경제 생태계를 만들어냈다기보다는 1차 산업혁명이 이끈 사회경제 생태계의 진화로 이해하는 것이 더 적절하다. 1875년 카네기가 베세머^{Bessemer} 공법(용광로에서 나온 선철에 공기를 주입해 강철을 만드는 것)을 미국에 들여와 철강 생산이 발전하면서 시작된 2차 산업혁명은 1880년대 이후 미국과 독일 등에서 중화학공업의 발생과 팽창으로 이어졌다. 자연적 대상을 물리적·화학적 과정으로 분해하여 원하는 방향으로 재구성하는 중화학공업은 '대량생산체제를 확립'해 규모와 범위의 경제, 특히 규모의 경제 효과로 상징되었다. 대량생산은 자연스럽게 대량소비로 이어졌고, 그 결과 수요 관리가 중요한 과제로 부상했다. 이 시기를 상징하는 인물이 자동차 왕으로 불리는 '포드'의 창설자 헨리 포드^Henry Ford이다.

대내적으로 생산방법의 효율화에 따른 생산성 증가로 실질 임금이 인상되고 소득 재분배 정책이 확장되었으며, 대외적으로 식민지 개발 등을 통해 해외 시장을 개척할 필요성이 커졌다. 이에 따라 분배시스템이 일정하게 변화하고 제국주의가 노골적으로 진행되었다. 다른 한편, 중화학공업으로 대규모 자본이 확보되어 (개인 자본의 범위를 넘어 일반 대중에게 자금을 조달하는 방식인) 주식회사의 전면화로 이어졌고, 이에 따른 합병을 통한 금융자본의 대형화, 작업장의 대형화 및 산업별 조직노동 등을 등장시켰다. 생산능력이 비약적으로 성장한 2차 산업혁명으로 인해 자유방임주의는 더 이상 효과적인 '이념'이 될 수 없었고 계획과 관리의 필요성이 커졌다. 자유시장이 더 이상 자본주의의 안정적 관리를 보장하지 못했기 때문이다. 이에 '보이지 않는 손(시장)'의 불완전성이 '보이는 손(기업경영)'에 의해 보완되었다. 계획과 관리를 할 수 없는 가족 중심의 소규모 기업이 생산 및 유통 과정, 상품 흐름 조절 기능, 자금과 인력 분배 기능 등 경제활동을 조율하고 스스로 자원을 배분할 수 있는 대기업으로 진화한 배경이다. 그 결과 현대적 대기업은 3차 및 4차 산업혁명이 전개되기 이전까지 자본주의 경제에서 가장 강력한 제도를 가진 집단이 되었다.[11]

이처럼 공업화의 관점에서 볼 때 1차와 2차 산업혁명은 제조업을 중심으로 한 새로운 산업 생태계가 완성되어 가는 연속적인 과정이었다. 1차 산업혁명의 기술 혁신들은 소비재 부문(경공업) 중심의 산업을 만들어냈다는 점에서 미완성의 제조업 생태계였다. 그런데 2차 산업혁명의 기술 혁신으로 생산재 부문(중화학공업)이 생겼을 뿐 아니라, 이를 통해 생산재 부문과 소비재 부문의 상호작용을 강화함으로써 제조업 생태계를 완성시켰다. 제조업 생태계는 2차 산업혁명의 기술 혁신이 만들어낸 인간형, 경제조직, 제도 등이 구성요소가 된다.

예를 들어, 산업사회의 인간은 명시적 혹은 암묵적 명령에 따라 일사불란하게 움직이는 인간 군집이자 조직의 가치에 지배당하고 조직의 목적을 달성하기 위한 수단으로 전락한 개인이다. 다시 말해 '조직 인간The Organizational Man, 1956'은 (제품의 표준화를 전제로 한) 대량생산과 대량소비에 부응하는 인간형이다. 그 속에서 소수의 엘리트나 전문가에 의한 지배가 자연스럽게 받아들여졌고, 관료제의 논리와 위계 구조가 사회 전체를 지배했다. 이러한 사회 구조에서 인간의 자율성은 불필요했을 뿐 아니라 사치스러운 도덕률에 불과했다.

앞에서 보았듯이 제조업 생태계는 1960년대 후반부터 분기점을 맞이했다. 제조업 생태계가 완성된 덕분에 제조업의 발상지인 서구 사회는 제2차 세계대전 이후부터 1970년 이전까지, 특히 1950년대 중반부터 60년대 중반까지 황금기를 맞이했다. 이 시기는 로마 오현세 시기와 더불어 서양사에서 황금시대로 불리는 유일한 시대다. 이 시기 미국, 일본, 서유럽 등에서 중화학공업이 발전하면서 생산능력의 비약적 발전, 완전고용 달성, 자본과 노동의 타협, 좌파와 우파의 정책적 수렴, 현대 복지국가의 출현 등을 이루어냈다.

그러나 대내외적 위계 구조와 생산과 소비의 구조적 불균형 등은 (영미) 자본주의에 기반을 둔 제조업 생태계의 취약점이었다. 1차 산업혁명은 영국 중심의 세계질서를, 2차 산업혁명은 미국 중심의 세계질서와 관련이 있듯이 제조업 생태계는 위계적인 국제질서를 만들어냈다.

예를 들어, (앞에서 언급했듯이) 제2차 세계대전 이후 세계질서는 철저하게 미국의 제조업 경쟁력에 기반을 둔 것이었기에 미국 제조업 경쟁력의 상대적 약화는 필연적으로 세계질서의 불안정성으로 이어질 수밖에 없었다. 브레튼우즈 체제의 붕괴가 그것이고, 붕괴 후 대안보다는 땜질식 처방이었던 포스트 브레트우즈 체제의 결과물이 금융위기였다. 그리고 제조업 생태계의 확산과 발달이 전 세계적으로 진행될수록 역설적으로 탈공업화가 진행되고 제조업 생태계가 약화되었다. 약화된 제조업 생태계 태내에서 (IT 혁명이라는) 새로운 생태계의 싹이 자라나기 시작한 것이다.

디지털 생태계의 도래

흔히 4차 산업혁명은 정보통신기술의 융합으로 이뤄지는 차세대 산업혁명으로, '초연결'과 '초융합', '초지능' 등으로 대표된다. 앞에서 살펴보았듯이 글로벌화와 인터넷 혁명 등으로 '연결'은 혁신과 새로운 생태계를 이해하는 키워드가 되었다. 그렇다면 '연결'은 어떻게 '초연결'과 '초융합', 그리고 '초지능'으로 진화할 수 있었는가?

첫째, 연결의 중요성이 확산하면서 모든 것이 실시간으로 연결되는 '초연결'의 시대가 전개된다. 즉 이동 시에도 연결될 수 있고, 모든 사물이 연결되며, 모든 공간이 연결된다. (이동전화기나 자동차 등) 모빌리티의 스마트화(스마트폰, 스마트카), 사물의 스마트화(사물인터넷, IoT), 작업장의 스마트화(스마트 공장), 도시의 스마트화(스마트 도시) 등이 진행된 배경이다. 그 결과 데이터의 생성이 폭발적으로 증가하고 있다. 우리의 일상생활을 살펴보면, 스마트폰에 의해 사용자의 위치 정보나 길 찾기 기록, 쇼핑을 위한 검색 및 구매 기록, 모바일 금융거래 기록 등은 물론 스마트 워치·밴드와 같은 웨어러블 디바이스에 의한 운동·건강 기록 등 개인의 일거수일투족이 데이터로 생성된다.

여기에 더해 사물인터넷은 그동안 데이터화하지 못했던 사실이나 현상을 포함한 각종 이벤트를 데이터로 생성하고 있다. 예를 들어, 건물이나 주택의 현관에 설치된 사물인터넷이 적용된 단순 출입 인식 장치는 사용자나 관리자에게 보안 상태를 알려주는 동시에 출입 횟수와 시간, 빈도 등에 대한 데이터를 생성한다. 사물인터넷이 적용된 자동차는 운전자의 동선에 대한 정보는 물론 가속·감속 페달의 작동과 정지·운행 상태, 노면으로부터의 차량 충격감지 내용 등 도로·교통 상태를 파악할 수 있는 무수히 많은 데이터를 생성한다. 그 외에 사물인터넷이 적용된 스마트 공장에서는 작업 상태에 대한 모든 기록부터 원재료, 부품 등의 재고상태 및 주문, 설비의 감가상각 상태에 대한 모니터링 기록, 제품의 판매·재고 정보 등 생산-판매와 관련된 모든 데이터가 생성된다. 이 밖에도 기하급수적으로 증가하는 산업 데이터, 기술 데이터, 공공 데이터를 추가할 수 있다.[12]

예를 들어, 유럽연합[EU] 집행위원회가 2020년 2월 19일 공개한 인공지능[AI]과 데이터 분야를 아우른 유럽연합의 '디지털 시대 전략'에 따르면 글로벌 데이터양은 2018년 33제타바이트(1제타바이트=1조 1,000억 기가바이트)●에서 2025년에는 약 5배 증가한 175제타바이트가 되고, 연결대상의 스마트화는 20%에서 80%로 증가할 것으로 예상된다. 또한 유럽연합에서 데이터 경제의 가치는 3,010억 유로(EU GDP의 2.4%), 8,290억 유로(EU GDP의 5.8%)로 증가하고, 데이터 전문가도 570만 명에서 1,090만 명으로 증가할 것으로 내다보

● 이는 512GB 태블릿에 저장하면 달에 닿는 탑을 이루는 양이다.

고 있다.[13] 데이터가 중요한 생산요소가 되는 데이터 경제가 대두한 배경이다. 제조업 중심의 산업사회에서 3대 생산요소는 노동, 자본, 토지였으나 디지털 생태계에서는 데이터가 중요한 생산요소로 부상한 것이다. 그 결과 가치창출 방식이 자본 집약적에서 데이터 집약적으로 변화하고 있다.

둘째, IT 혁명이나 인터넷 혁명 등으로 모든 것을 연결하는 게 기술적으로 가능해진 상황에서 인류는 '연결'의 가치에 주목하기 시작했다. '연결'은 데이터 창출부터 사람들이 가진 자원의 활용에 이르기까지 새로운 가치창출 가능성을 보여주었다. 예를 들어, (빅)데이터는 AI 기술 개발의 연료이자 새로운 사업을 만들어낼 원료다. 이동하는 순간까지 연결이 가능한 데이터의 폭발적 증가로 AI 기술은 비약적으로 발전했다. 2010년경 AI 열풍이 일어난 배경도 머신러닝 혹은 딥러닝에 접근하는 데 필요한 빅데이터를 활용할 수 있게 되었기 때문이다. 사실 AI 연구는 80년대에도 잠시 열풍이 불었지만 얼마 가지 못했다. 데이터가 뒷받침되지 않았기 때문이다. 그러나 2000년대에는 빅데이터의 공급으로 AI의 실수율을 크게 낮출 수 있게 되었다. 그 결과 AI 분야 스타트업에 대한 벤처자본의 투자도 급증했다. 예를 들어, 이미지 인식 오류율은 2010년 이후 28.5%에서 2.5% 이하로 떨어졌고, 마침내 2014년은 AI의 시각 인식 변곡점의 해로 기록되고 있다. 인간보다 더 정확해졌기 때문이다.[14]

포털 이용자에게 검색서비스를 제공해 (빅)데이터를 확보한 구글은 AI 기술과 자율주행차 기술 등을 발전시킬 수 있었다. 아마존이나 넷플릭스 등도 AI 기술로 기존 사업체들과의 경쟁에서 우위를 확보할 수 있었다. 플랫폼 사업모델과 '초연결'의 확산으로 빅데이터가 안정적으로 확보되면서 AI 기술은 만개하고 '초지능'의 세계가 열렸다. 즉 AI 기술의 발전은 '사물의 지능화'를 가능케 함으로써 사람과 사물뿐만 아니라 사물과 사물의 연결이 가능해진 초연결 시대를 열고 있다(IoT → IoE). 인간 세상을 구성하는 거의 모든 요소가 연결망의 세계로 들어와 붐비는 실시간 '초연결 사회'가 도래하고 있고, 이는 다시 데이터의 폭발적 증가를 가속화하는 데이터의 선순환 구조를 만들고 있다. 이처럼 초지능의 세계 역시 데이터 혁명으로 가능해진 것이다.

연결의 중요성은 데이터에서 머물지 않고 서로가 보유한 모든 자원의 연결로 확산되고 있다. 아이디어의 연결로 가치를 창출한 앱스토어App Store 모델, 아이디어와 상대가 가진 차량이나 주택을 연결해 가치를 창출한 차량공유, 숙박공유 모델, 그리고 아이디어와 다양한 노동력을 연결해 가치를 창출하는 앱 기반 사업모델 등이 그것이다. 이처럼 연결 자체가 가치창출의 필요조건이기에 초연결 시대는 가속화될 수밖에 없다.

요약하면, 4차 산업혁명은 3차 산업혁명이 진화한 결과다. 3차 산업혁명부터 기술과 사회가 서로 상호작용하면서 형성된 것이 새로운 디지털 생태계다. 3차 산업혁명이라고 불리는 IT 혁명과 4차 산업혁명을 연속적 개념으로 보는 이유다. 문제는 현재의 변화를 4차 산업혁명을 중심으로 이해하느냐, 아니면 '디지털 생태계'의 관점으로 이해하느냐에 따라 현재 변화를 이해하는 방식과 대응방식이 모두 다를 수밖에 없다는 점이다. 예를 들어, 4차 산업혁명을 중심으로 이해할 경우 우리는 데이터 혁명이나 AI형 자동화에 따른 일자리 위기 등의 현상을 여전히 자본주의나 시장경제의 연장선상에서 사고한다. 그러나 새로운 디지털 생태계의 관점에서 이해할 경우 우리는 기존의 오프라인 생태계에서와는 다른 구성요인들을 이야기할 수밖에 없다. 이익 공유와 협력을 통해 가치창출 방식이 변화함에 따라 인간형, 기업조직, 사회규범, 의사결정 방식, 교육방식, 분배시스템 등이 변화하기 때문이다.

초연결 시대를 위한 새로운 가치

3차 산업혁명과 그 연장선상에 있는 4차 산업혁명의 세계는 '연결의 세계'다. 앞에서 지적했듯이 연결의 세계는 '통합 효과'라는 이득과 '전염 효과'라는 비용을 수반한다. 따라서 통합 효과를 극대화하고 전염 효과를 차단 혹은 최소화해야 한다.

산업문명을 주도한 서구 국가들이 코로나19에 적절히 대처하지 못한 이유는 무엇인가? 연결된 세계를 무리하게 차단 혹은 봉쇄해

경제 생태계의 연결망이 파괴되었기 때문이다. 근본적으로는 산업 문명의 사회질서와 국제질서 운영원리가 경쟁에 기반한 것이기 때문이다. 즉 이들은 자신(자국)의 이익을 극대화하기 위해 극단적으로는 상대의 존재마저 부정 혹은 파괴한다. 그러나 연결의 세계에서 자신과 연결된 상대(파트너)가 파괴되면 자신도 존재할 수 없게 된다.

금융위기 이후에도 주요국들은 연결망(네트워크)의 세계에서 자신은 상대에게 영향을 줄 뿐 상대로부터 영향을 받지는 않는다고 착각했다. 모두가 멸망할 수 있다는 기후위기론자의 경고에 눈을 감은 이유다. 그런데 코로나19는 연결의 세계에서는 모두가 괜찮거나 괜찮지 않을 수 있음을 보여주었다. 연결의 파괴는 대안이 아님을 보여준 것이다. 연결망이 유지되기 위해서는 연결고리에 있는 노드Node 사이에 반드시 협력이 이루어져야 한다. 협력이 지속되려면 상호 신뢰와 투명한 운영(관리)은 전제조건이고, 신뢰가 구축되기 위해서는 연결망의 마디 역할을 하는 개별 주체나 국가의 자기 책임성(자율성의 원리)과 더불어 (하나로 연결되어 있기에 공동책임이 필요하다는) 연대Solidarity의 원칙이 필요하다.

여기서 '자율성Autonomy'은 어원적으로 그리스어 아우토스Autos와 노모스Nomos에서 유래한 용어로, "자신이 받아들인 법에 따라 살아갈 자유"를 의미한다. 연결망(네트워크)에 참여하는 모든 개체가 합의 및 공유한 법을 각자가 스스로 지키며 살아갈 자유인 것이다. 따라서 '자율적 인간^{Homo Autonomous}'이란 운명을 스스로 결정하는 인간을 의미한다.

사실, 자율성은 협력과 동전의 앞뒷면을 구성한다. 연결의 세계에서는 협력이 절대적 조건이지만 협력을 훼손시키는 '무임승차 문제'나 '집단행동의 딜레마' 등을 해결할 수 있는 절대적 규범이 '자율성'이기 때문이다. 오프라인 생태계와 다른 디지털 생태계에서 개인정보와 사생활 침해에 대한 우려, 공유경제가 범죄에 악용되는 문제, 소프트웨어 개발자의 윤리적 책임 문제 등에 대한 최고의 해법 역시 '자율성'이다.

금융위기나 유로존 위기 등을 겪고 나서도 인류는 연결망(네트워크)에 대한 이해 부족을 드러냈다. 금융위기나 유로존 위기는 왜 발생했는가? 기본적으로 금융위기를 일으킨 미국이나 유로존 위기의 당사국들인 주변국들^{GIPSI}의 책임감이 결여됐기 때문이다. 미국에서는 지속 불가능한 금융 거품이 발생하면서 금융 부문이 갈수록 취약해졌고, (불완전한 통합 속에서) 유로존 주변국들은 경상수지 적자가 갖는 위험성을 외면했다. 게다가 위기가 발생한 후에도 자국(이익) 우선주의 방식으로 대응해 연결망에 대한 이해가 부족함을 드러냈다. (앞에서 지적했듯이) 미국은 자국이 해외 국가들에 영향을 미칠 수 있지만, 그들로부터 영향을 받지는 않는다는 '중심주의 세계관'에서 벗어나지 못하고 있다.

자국 중심주의와 패권주의적 태도가 초국가 협력의 장애가 되면서 국제 통화와 국제 금융시스템을 불안정하게 만드는 최대 위협요인이 되고 있다. 미국이 세계 다른 나라들의 동의에 기초하고 있는 기축통화국의 지위를 남용하고 있는 것이다. 또한 유로존 위기를 해결하는 과정에서 주변국 문제와 주변국의 책임을 과도하게 지적하는 중심국의 태도로 인해 유로존 침체가 장기화되고 있다. 주변국의 책임감 결여와 연대 부족이 핵심 원인이다.

유로존 위기로부터 아직 회복되지 않은 상황에서 코로나19는 유럽 경제를 최악으로 내몰고 있다. 교황까지 나서서 유럽연합^{EU}의 화합과 단결을 촉구할 정도로 전 세계를 분열의 위기로 내몰고 있다. 각국이 코로나19의 경제적 충격 완화 방안을 놓고 심각한 갈등을 빚고 있기 때문이다. 이탈리아를 비롯해 프랑스, 스페인, 포르투갈, 그리스 등 국가 재정이 열악하고 부채가 많은 남유럽 국가들은 1조 유로 이상의 공동 채권을 발행(연대)해줄 것을 요구하고 있으나, 독일과 네덜란드 등 상대적으로 경제 기초가 탄탄한 북유럽 국가들은 유럽판 구제금융시스템인 유럽안정화기구^{ESM} 내에서의 지원을 고수하며 대립하고 있다. 코로나19라는 재난이 발생하자 초기에는 유로존 위기 때처럼 중심국 논리(자기 책임성)와 주변국 논리(연대)가 다시 충돌했다. 즉 유럽연합은 코로나로 피해를 입은 국가들에게 대출금 혹은 보조금의 형태로 재정 지원을 해주기 위해 대규모 경제 회생 기금을 설치하기로 합의했다. 그런데 대출금이 아닌 보조금으로 지급되면 혜택을 받은 나라들은 나중에 돈을 갚지 않아도

되기에 재정이 건전한 일부 유로존 국가들이 (유로존 위기 처리 과정에 서처럼) 반대했다. 그러나 공멸의 위기감이 고조되면서 독일이 태도를 바꾸었다. 팽팽한 대치 상황에서 독일의 메르켈 총리는 "유럽의 미래가 위태"롭고, "남부 유럽이 파산하면 결국 유럽 전체가 망하게 될 것"이라며 보조금 지원을 반대하는 정상들을 설득했다. '하나로 연결된 유럽'이 생존을 위해서는 뒤늦게 '연대'가 필수 조건임을 받아들인 것이다. 역설적으로 코로나19 재난이 유럽연합의 공통적인 위기 대응방식을 진화시킨 것이다. 물론, 연대는 회원국의 자기 책임성을 전제로 하는 것이다. 프랑스는 민주주의의 기본 원칙과 언론의 자유, 평등권을 존중하지 않는 회원국에게 재정적인 연대를 할 수 없다며 기본권을 침해하는 회원국에 경제회복기금을 차등 지급해야 한다는 입장을 밝혔다. 이처럼 금융위기나 유로존 위기에 대한 엄청난 비용(대가)을 치렀음에도 세계는 '초국가 협력이 공생의 필수조건'이라는 교훈을 얻지 못했던 세계는 '코로나19 재난'으로 국가 간 및 국가 내 협력을 강요받고 있다. 코로나19 재난은 협력 없이는, 그리고 연결의 세계를 이해하지 못하면 모두가 공멸할 수 있다는 점을 드러냈다. 무엇보다 코로나19와 경제도 연결되어 있다는 점을 보여주었다. 그런데 인류는 세상을 독립적으로 이해할 수 있다는 기계론적 세계관에서 벗어나지 못해, 비경제적 요인(코로나19)이 경제를 붕괴시킬 수 있다는 사실을 이해하지 못한다. 그리고 (주변국은 중심국에 영향을 미칠 수 없고 중심국은 경제 문제를 스스로 해결할 수단을 갖고 있다는) 중심주의 세계관에서 벗어나지 못해 주변국으로부터의 전염에 의한 경제 붕괴는 상상도 못 했을 것이다.

또한 코로나19는 가난한 사람들과 부유한 사람들이 서로 연결되어 있기에 부유한 사람들만 홀로 살 수 없다는 것을 보여주었다. 코로나19의 '글로벌 팬데믹'을 막거나 그 피해를 최소화하는 데 필요한 건 봉쇄와 차단이 아니라 '연대'인 것이다. 국가 간 인적·물적·문화적 교류가 활발한 글로벌 시대에, 여행의 제한 같은 국가 간 인구의 이동을 막는 방법이 감염병의 확산을 막는 데 의학적으로 효과가 있다는 근거도 미약하다. 글로벌 시대에는 이웃 국가의 감염병 유행을 막지 못하면 우리 자신도 위험하다는 사실을 인식해야 한다. 유행이 심한 지역의 의료시스템 붕괴를 막기 위해 각 지역의 인적·물적 자원을 지원하고, 피해를 본 이들에게 지지와 격려로 정신적인 연대감을 나누도록 하자. 지역 간·국가 간 협력과 연대가 심각한 재난을 막는 최고의 해법이다.

5
Chapter

스마트 모빌리티 솔루션

초연결Hyperconnectivity과 초지능Superintelligence을 특징으로 하는 4차 산업혁명은 3차 산업혁명의 창조물이라고 할 수 있다. 그런데 3차 산업혁명은 역설적으로 금융화와 밀접한 관련을 맺고 있다. 3차와 4차 산업혁명이 새로운 경제 생태계를 지향한다는 점에서 금융화는 산업사회에서 디지털 사회로 이행하는 데 큰 전환점(혁명의 맹아)이 되었다. 금융화와 3차 및 4차 산업혁명을 관통하는 키워드는 '연결' 이다. '단일 시장을 형성'한 세계화(글로벌화)를 이끈 것이 바로 금융화였다. 세계화는 시장이 통합되고, 세계가 경제적으로 '연결'되었음을 의미한다. 경제적 연결을 주도한 것이 금융이었다. 금융거래의 속성상 '실시간 연결'과 데이터 및 정보의 신속한 활용은 필수이다. IT는 기술의 힘으로 세상을 실시간으로 연결한 것이다.

기술로 연결된 세계에서 남은 과제는 사람을 연결, 즉 네트워크화하는 것이다. 사람(생명체)이 없는 기술은 기존 경제 생태계에 단순히 특정 산업(정보통신업)이 하나 추가되는 것에 불과하다. 사람이 연결되어야만 기술과 산업은 확장되고 독립성과 완결성을 갖는 하나의 생태계로 발전한다. 즉 사람(노동력과 아이디어 등)이 연결됨으로써 데이터라는 새로운 자원과 가치가 만들어지고, 확보한 (빅)데이터로 AI 기술을 발전시켜 새로운 사업을 추구할 수 있다.

그런데 (개인이든 기업이든) 자신의 자원이나 역량을 활용하여 자신의 이익만 극대화하면 되는, 즉 각자가 독립적으로 경제적 목적을 추구할 수 있었던 산업사회와 달리, 사람들을 연결시킴으로써 새로운 가치와 사업 등이 만들어지다 보니 사회와 경제의 운영원리가 달라질 수밖에 없다. 어떤 차이를 갖는지 구체적으로 살펴보자.

공감, 야후와 구글의 운명을 바꾸다

현재 4차 산업혁명의 진화 방향과 의미 등에 대해 학계보다 비즈니스계가 더 정확히 파악하고 있다. 비즈니스계는 글로벌 기업들이 새로운 사업 방향으로 제시한 '스마트 모빌리티 솔루션'에 주목하고 있다. 결론부터 말하자면 '스마트 모빌리티 솔루션'의 중심에는 데이터가 있고, 데이터의 가치를 가장 먼저 파악한 곳이 비즈니스 세계였다. IT 혁명, 인터넷 혁명 등으로 90년대 중반부터 새로운 비즈니스 모델인 닷컴 기업이 등장한다. 닷컴 기업이 등장했을 때 기업 가치를 평가하는 것은 새로운 도전과제였다. 마이너스(-)의 수익과 현금흐름을 갖기도 하는 닷컴 기업을 전통적인 가치로 평가하는 방식이 유용하지 않았기 때문이다. 무엇보다 시장이 인식한 닷컴 기업의 가치는 무형자산에 기초한 성장 가능성이었다. 이러한 문제는 닷컴 버블의 붕괴 과정에서도 드러났다. 닷컴 기업의 가치는 과대 평가되었고 필연적으로 조정될 수밖에 없었다. 성장 가능성에 기반한 닷컴 기업의 가치는 성장의 한계를 보이는 순간 폭락할 수밖에 없다. 즉 닷컴 기업의 가치는 미래의 잠재적 성장 가능성에 대한 주관적 평가가 반영된 것이었고, 닷컴 버블의 붕괴는 닷컴 사업모델이 완성형이 아니라는 것을 보여주었다. 실제로 대부분의 닷컴 기업들은 사라졌고, 살아남은 닷컴 기업들은 계속 진화했다. 진화의 방향은 사업모델의 지속 가능성이다. 지속 가능성은 생태계를 구축해야 가능하다. 이는 생존한 닷컴 기업의 진화를 생태계 관점에서 이해할 필요가 있음을 의미한다.

세상을 기술적으로 연결한 IT 혁명은 온라인 연결을 의미한다는 점에서 디지털 세계의 등장을 의미했다. 즉 닷컴 사업모델은 디지털 생태계의 출발점이었다. 그러나 닷컴 사업모델은 가치창출을 완성한 독립된 세계가 아니었다. 하나의 전체로서 간주되는 '생태계'가 되려면 디지털 기술환경에서 활동하는 가치창출의 주체들(소비자와 기업 등)과 디지털 기반의 사업모델이 상호의존하며 유기적인 집합체를 이루어야만 한다. 그런데 닷컴 사업모델은 디지털 기술과 기존 오프라인 사업이나 자원의 결합을 통한 가치창출이 주를 이루었다. 즉 디지털상에서 가치창출의 재생산 구조가 확립되지 않았다. 완결성을 가진 온라인 사업모델이 아니었던 것이다.

돈에 대한 '동물적 감각'을 가진 사업가들은 본능적으로 디지털 생태계를 만들기 위해 사업모델을 진화시킨다. 디지털 사업모델의 안정성을 확보하기 위해서는 무엇보다 사람들이 네트워크상에서 지속적으로 연결되어야 한다. 그리고 온라인상에서 사람들의 연결을 통해 가치가 만들어져야 한다. 빅데이터 창출, 아이디어 결합을 통한 앱스토어 모델, 아이디어와 자원(자동차, 집 등)을 결합한 우버나 에어비앤비 모델 등이 그것이다. 동시에 가치의 확장이 안정적·구조적으로 지속될 수 있는 인적·제도적 요소들을 갖추어야 한다. 즉 디지털 생태계의 인재 공급에 필요한 교육방식의 변경, 데이터에 대한 접근권의 보장, 분배시스템의 변경 등이 필요하다. 이 중에서 갖추어진 것도 있고, 아직 미비한 부분도 있다. 뒤에서 이에 대해 구체적으로 제시할 것이다.

디지털 생태계의 구축에 필요한 조건들을 이해했다면 이와 관련해 '스마트 모빌리티 솔루션'이 갖는 의미를 살펴보자. 먼저 닷컴 기업의 대표선수 중 하나인 야후Yahoo의 운명을 추적해보자. 1994년 말 검색서비스업으로 창업한 야후는 1996년 4월 12일 나스닥에 주당 13달러에 상장IPO하자마자 최고가 43달러를 기록했다가 33달러에 장을 마감해, 기업공개 첫날 주가가 154% 올랐다. 그리고 약 4년 후인 2000년 1월 3일 주당 475달러까지 치솟았다. 그러나 검색서비스나 이메일서비스의 유료화, 번잡한 광고, 일방적으로 제공된 문어발식 콘텐츠 등으로 점차 소비자들의 외면을 받았다. 이처럼 야후는 사용자를 끌어들이는 노력에 인색해 플랫폼으로 진화하는 데 실패했다.

반면, 검색서비스 분야의 후발주자인 구글은 이메일서비스와 더불어 뛰어난 검색엔진을 제공하고, (구글에서 제공하는 지도 프로그램인) 구글 어스Google Earth APIApplication Programming Interface(개발 환경인 응용프로그램 인터페이스)를 공개했으며, 유튜브를 인수해 동영상 공유서비스를 제공했다. 또한 온라인상에서 문서를 작성·수정하고 공동작업을 할 수 있는 구글 독스Google Docs 등 오픈소스와 무료서비스를 사용자에게 제공함으로써 사용자와 연결되는 매력적인 플랫폼을 구축할 수 있었다. 구글은 2013년부터 아프리카, 동남아시아 등 인터넷 이용이 어려운 지역에 무료 인터넷을 제공하기 위해 '열기구 와이파이' 네트워크 구축 사업을 진행하고 있다. 페이스북에서도 2020년부터 비슷한 시도를 하고 있다. 아프리카 대륙의 인터넷 접속 환경 개선을 위해 중동-아프리카-유럽 대륙 연안의 23개국을 2024년까지 이어줄 사상 최대의 해저 광케이블 부설 계획인 '투아프리카2Africa' 프로젝트에 10억 달러를 투자하고 있다.

구글의 진화는 (기업 중심에서 사용자 중심으로 바뀐) 플랫폼 사업모델에 대한 정확한 이해가 바탕에 깔려 있다. '사용자 중심'이 플랫폼 사업모델의 핵심 가치 중 하나라는 사실을 인식한 초기 닷컴 기업이 아마존이다. 아마존은 전자상거래 분야에서 자신을 매력적인 플랫폼으로 만들어 성장을 추구했다. 플랫폼으로 진화하는 관건은 바로 이익 공유를 통해 자원을 연결(협력)하는 것이다. 플랫폼(디지털 생태계)을 이해하지 못한 닷컴 사업모델은 진화에 실패했다. 플랫폼 사업모델의 부상은 혁명적 사건이다. 전통적으로 기업은 자신이 소유한 자원을 배타적으로 이용하는 경제조직이기에(바다 위에 떠 있는 섬에 비유되듯이) 얼마나 경쟁력 있는 자원, 이른바 핵심 자원을 보유하느냐에 따라 기업의 경쟁력이 결정된다고 보았다. 그런데 플랫폼 사업모델의 부상은 (디지털 기술환경의 지원으로 연결이 쉬워진 것과 더불어) 기업의 안과 밖의 자원들을 연결하는 것이 가치창출에서 중요하다는 사실을 인식한 것이다. R&D 중심의 혁신방식에서 C&D[Connect and Develop] 방식으로 전환된 것도 2000년경이다.

예를 들어, 2000년 P&G 기업에 새로 CEO로 임명된 래플리[A.G. Lafley]는 연구개발[R&D] 지출은 증가하고 성과는 점점 작아지는 조건에서 기업의 성장 목표를 달성할 수 없다고 생각했다. 그래서 '스스로 발명'하는 혁신방식[Invent It Ourselves' Approach]을 버리고, 대신 '연결해서 개발'시키는 모델[Connect and Develop Model]을 도입했다. 2000년대 중반에 혁신방식으로 등장한 공동창조[Co-creation], 개방형 혁신[Open

Innovation, 크라우드소싱 Crowdsourcing 등의 개념들이 이러한 과정에서 생겨난 것이다.

이에 따라 플랫폼 사업모델에 대한 이해가 부족한 전통적인 제조업 강자들이 몰락하기 시작했다. 산업평균지수인 다우지수에서 2009년에 GM, 2013년에 Alcoa, 2015년에 AT&T, 2018년에 GE 등 20세기 미국을 상징하던 기업들이 퇴출되었다. 이런 상황에서도 구글이 2006년에 수익이 없던 유튜브를 16.5억 달러에 인수하고, 2008년에 구글어스 API를 공개했을 때 많은 기업인과 금융인 등이 비웃었던 이유도 기업 중심의 사고에서 벗어나지 못했기 때문이다. 현재 일부(Needham & Company 등)에서는 유튜브의 가치를 2019년 기준 3천억 달러(372조 원 이상, 1달러=1240.5원 기준)로 추정한다. 이는 인수 가격의 180배가 넘는 규모다. 최근 구글은 사용자가 AI에 접근해 문제를 효과적으로 해결할 수 있도록 하는 'AI 제일주의 AI First'를 추진하고 있다. 이는 플랫폼이 매력적이어서 사용자의 참여가 증가할수록 구글의 수익도 증가할 수 있다는 믿음을 갖고 있기 때문이다.

데이터가 창출한 가치

온라인상에서 사람을 연결함으로써 기업이 얻는 이득은 광고 수익부터 데이터와 아이디어, 노동력, 주택 등 다양하다. 후발주자이지만 매력적인 플랫폼을 구축한 구글은 광고방식을 통한 수익모델로 창업 초기 '죽음의 계곡'을 건널 수 있었다. 특히 기업들은 데이터에 주목했다. 매력적인 플랫폼을 구축해야 빅데이터를 안정적으로 공급할 수 있다. 알고리즘에 기초한 구글 검색엔진 서비스는 압도적인 시장점유율을 보여 매력적인 플랫폼을 안정적으로 구축할 수 있었다. 사용자의 검색 자체가 데이터인데, 빅데이터는 구글이 AI 기술의 선두주자로 자리매김하는 데 일등공신이 되었다. 기업은 AI 기술을 통해 프로세스를 자동화하고, 인간의 오류를 방지하며, 고객 대응력을 향상시킴으로써 시간과 비용을 절약할 수 있다. 또한 AI는 방대한 양의 데이터 가운데 숨겨져 있는 유용한 상관관계를 발견하여 미래에 실행 가능한 정보를 추출해내고 의사결정에 이용할 수 있게 함으로써 기업의 고객 기반을 늘릴 수 있는 제품을 주도적으로 만들 수 있다. 게다가 AI는 현실 세계의 다양한 문제들을 해결하는 열쇠를 쥐고 있다.

예를 들어, 구글이 자율주행차 개발을 처음 시작한 해인 2009년에 영국에서 2,605명의 도로 사망자가 발생했다. 이들 사망자 중 상당수는 AI 기반 자율주행차로 예방할 수 있었다. 즉 초음파 센서 기능을 가지고 있기에 자동차의 앞과 뒤쪽에 장애물이 있음을 감지하여 방향을 바꾸거나, 앞쪽에 있는 차를 눈치 채고 속도를 늦춤으로써 사람이 실수로 놓칠 수 있는 행동을 보완할 수 있다. 2017년 마이크로소프트가 출시한 'Seeing AI'는 시각장애인들에게 주변 환경을 이야기해줌으로써 주변을 더 잘 파악할 수 있도록 해주었다. 이 앱으로 제품 코드를 스캔하여 근처의 제품을 식별할 수 있고, 얼굴을 저장해서 기억할 수 있다. 또한 나이와 감정과 성별을 추정한 정보를 실시간으로 전달함으로써 사용자가 사회와 더 많이 연결되도록 돕는다.

이처럼 AI 기술은 기존 사업에 대한 기업의 경쟁력을 개선할 뿐만 아니라 '데이터 확보－AI 기술 개선－새로운 사업 진출－데이터 확보'의 선순환을 만들어낸다. 대표적인 예로 자율주행차의 현실화는 자동차를 스마트 기기처럼 사용할 수 있게 해주는 '자동차의 스마트화'를 가능하게 해준다. 자동차의 스마트화(스마트 자동차, 커넥티드카)는 스마트폰에서처럼 자동차를 데이터 창출과 활용의 도구로 전환시켰다. 그리고 자동차에서 데이터를 안정적으로 확보하기 위해 차량공유서비스의 중요성이 부상했다. 자동차를 자신이나 가족만 사용할 때보다 수많은 사람이 차량을 공유하면 데이터가 폭발적으로 증가하기 때문이다. 특히 대기오염에 대한 우려 등으로 친환경차(전기차)에 대한 수요가 증가하면서 자율주행차－차량공유서비스 중심으로 자동차 산업이 재편되고 있다.

이처럼 '이동기기(모빌리티)의 스마트화'는 이동하는 순간에도 사람을 연결시킴으로써 디지털 생태계의 영역을 확장시켰다. 디지털 환경에서 사람들이 연결됨으로써 기존의 자원에 더해 데이터가 새로운 자원으로 부상했다. 주요 기업들이 '모빌리티의 스마트화'를 통한 데이터 창출을 주요 목표 중 하나로 삼는 이유이다. 데이터는 온라인상으로 연결된 세계가 만들어낸 디지털 생태계의 핵심 자원이다. 플랫폼 사업모델의 부상과 함께 '데이터 혁명'과 '데이터 경제'가 도래한 것이다. 그러나 이 데이터는 가치창출의 필요조건에 불과하다. 즉 데이터는 '원유Crude Oil'에 불과하므로, 이를 '정제'하는 것이 중요하다. 확보한 데이터로 새로운 가치를 창출하는 것이 '스마트 모빌리티 솔루션'이다. '스마트 모빌리티 솔루션' 기업으로 진화하기 위해서는 '모빌리티의 스마트화'로 확보한 데이터를 가지고 새로운 가치를 만들어낼 수 있는 역량(솔루션)이 필요하다. 이 단계에 안정적으로 진입해야 디지털 생태계가 비로소 구축된다.

데이터 '정제'의 중요성은 플랫폼 사업모델의 정체에서도 확인할 수 있다. 다우지수 기준 2018년 정점(9월 14일)을 찍은 후 하락했던 주가는 2019년 금리를 세 차례 다시 인하하면서 회복세로 전환되고 2020년 2월 중순까지 약 10% 상승했다. 그러나 플랫폼 기업들은 과거처럼 폭발적 상승세를 보이지 못하고 있다. 심지어 구글(알파벳, 21%)이나 애플(43%)[15]을 제외한 페이스북(2%), 아마존(6%), 넷플릭스(-7%) 등은 다우지수 평균 상승률을 밑돌고 있다. 시장이 이들 기업에 대해 큰 기대를 한 것은 수익성이 낮아도 미래 성장성이 높다고 보았기 때문인데, 확보한 데이터로 새로운 수익 사업을 만들어내는 데 지지부진하기 때문이다.

6
Chapter

플랫폼 산업의 또 다른 얼굴

플랫폼 노동자, 새로운 계급의 탄생

현 시대는 디지털 생태계가 완전히 뿌리내리기 전인 이행기 상황이다. 리프킨은 현재의 상황을 '사유재산형 수직적 자본주의'에서 '공유형 협업적 자본주의'로의 이행으로 표현했다. 자본주의와 플랫폼 사업모델의 결합은 가치창출에서 자본주의 방식의 퇴조뿐만 아니라 자본주의에서 힘들여 이룩한 진보의 기반을 무너뜨리고 있다. 대표적인 예가 불평등의 심화와 노동권의 후퇴다.

첫째, 디지털 생태계는 한계비용 제로와 더불어 물리적 장벽이 소멸해 산업사회의 주력 산업인 제조업과는 비교할 수 없을 정도로 (생산 규모를 늘릴수록 경제성이 개선되는) '규모의 경제성'을 만들어냄으로써 시장을 집중시키고 있다. 여기에 글로벌화와 통신 비용의 하락은 시장의 규모를 증가시키고 대기업의 생산 규모를 늘린다. 또한 시장집중을 통해 늘린 수익으로 신생 기업들을 인수함으로써 시장집중을 심화시켰다. 생산자는 전체 시장에 공급하는 것을 목표로 하는데, 이것이 승자독식 시장구조를 초래한다. 그 결과 소득은 경쟁에서 승리한 기업들의 주주, 투자자, 최고 경영층, 핵심 고용원 등 소수에게 대부분 배분되고, 평균 노동자들은 지대 획득에서 소외되며 소득 불평등이 심화된다.

둘째, 앱 기반 경제 활동의 증가 등 고용과 자산 축소형 사업모델 Employment-lite and Asset-lite Business Model의 부상에서도 볼 수 있듯이, 시장 집중을 주도하는 이른바 '슈퍼스타 기업'들의 고용 창출력은 기존의 제조업보다 낮기에 노동소득 비중이 하락한다. 즉 기업이 일반적으로 앱을 통해 노동자를 고객에게 연결하는(하나의 플랫폼으로 진화한), 이른바 앱 기반의 긱 경제 Gig Economy 혹은 경제의 우버화 Uberization가 부상하면서 '조건부 임시고용 노동자 Contingent Workers'가 빠르게 증가하고 있다. 플랫폼 기반의 경제조직으로 변화하면서 상품이나 서비스 수요의 단기 변동에 대응해 노동력을 조건부로 임시 고용함으로써 유연성의 이점을 확보하고 노동비용을 절약하고 있다. 더 근본적으로는 기술이 진보하면서 장기 고용으로 숙련된 노동력을 확보할 필요 없이 하도급 관계를 통한 외부 계약으로 전문적이고 숙련된 노동력 확보가 가능하게 된 것이다. 영화 〈미안해요 리키〉의 주인공 '리키'가 전형적인 '조건부 임시고용 노동자'다.

앱 기반 사업장에 연결된 노동자들은 (정해진 노동시간 없이 임시직 계약을 한 뒤 일한 만큼 시급을 받는 노동 계약인) '24시간 대기조', 이른 바 '제로아워 계약Zero-Hours Contracts 노동자'와 유사하다. '제로아워 계약 노동자'는 독립성과 유연성만을 확보했을 뿐 최소한의 근무시간과 최소임금을 보장하는 파트타임보다 못한 근로조건 때문에 '노예 계약 노동자'로 불린다. 계약서에 노동자가 다른 부업을 하지 못하도록 규정되어 있는 경우가 많기 때문이다. 즉 고용주의 요청이 있을 때까지 무작정 기다려야 하는 게 '제로아워 계약 노동자'가 처한 현실이다. 이처럼 새로운 방식의 노동이 일부에게는 자유와 경제적 수입을 보장하지만, 대다수에게는 불안한 노동과 불충분한 수입으로 이어지고 있다. 특히 긱 경제 종사자 중 35세 미만의 비중은 미국이 35.2%, 유럽 주요국은 이보다 높은 39~51% 수준에 달한다.[16] 전 세계적으로 청년 일자리의 질이 사회적 문제가 되는 이유다. 일자리 창출에서 제조업의 역할이 약화되는 상황에서 새로운 일자리를 플랫폼 사업모델이 만들고 있기 때문이다. 이는 대학교육의 효과성 약화와 더불어 청년 일자리의 위기를 보여준다.

문제는 제조업 생태계의 노동형태와 다르다 보니 산업화 과정에서 많은 희생을 겪으며 확보한 노동권이 무력화되고 있다는 점이다. 조건부 임시고용 노동자는 스스로 찾은 고객에게 상품이나 서비스를 제공하는 독립 계약직이나 프리랜서 노동자이면서 자영업자와 유사하다. 하지만 사업장을 갖고 있지 않은Self-Employed but Unincorporated 노동자라는 점에서 자영업자로 분류될 수도 없다. 또한 취업알선소에서 전화만 오면 달려가는 임시 고용 노동 형태로, 현대 고용 규제의 틀을 제공한 1935년 와그너법Wagner Act과 1938년의 공정노동법Fair Labor Standards Act에서 분류한 고용인Employee과 고용주Employer 중 어디에도 소속되지 않는다. 현재의 법적 범주에서 노동자는 고용인 혹은 독립적인 계약자로 분류되고, 고용인을 고용하는 고용주에게 최저임금, 초과시간의 규칙, 노조결성권 등의 규제를 부과하고 있기에 조건부 임시고용 노동자는 고용인에 대한 법적 권리의 사각지대에 놓이게 된다. 개인사업자와 노동자라는 2가지 정체성으로 노동권이 보장된 작업환경을 요구할 대상이 모호하고, 작업 중 문제가 생길 때 책임을 지울 대상도 없다. 예를 들어, 플랫폼 배달대행사는 배달노동자의 산업재해에 대한 책임을 지지 않는다. 즉 노동 위험이나 고용 책임 대부분이 독립노동자에게 외주화된다. 이처럼 조건부 임시고용 노동자는 전통적인 임금노동자에 비해 독립성과 자율성이 커졌음에도 고용이 불안정하고 제도적 도움을 받기가 어렵다. 그렇다고 새로운 형태의 노동을 (고용 계약에 기초한) 임금 노동으로 전환하는 것은 비현실적이다. 여기에 더해 플랫폼 사업모델은 노동시장 형태와 국가(국민경제)의 의미조차 변화시키고 있다. 다른 지역, 심지어 다른 국가에 있는 개인도 함께 일하는 것이 가능해졌기 때문이다. 가장 우려스러운 점은 4차 산업혁명으로 가장 타격을 입을 일자리가 앱 기반 사업과 관련된 저임금서비스 노동자 등 서비스 부문의 일자리라는 점이다. 그 결과 '일자리 대충격'과 '초양극화'가 진행될 가능성이 크다. 예를 들어, 자율주행차가 상용화되면 우버 기사도 필요 없고, 드론 기술이 발전하면 택배 일자리도 없어질 것이기 때문이다. 백악관 경제자문위원회White House Council of Economic Advisers, CEA는 자율주행차 기술로 220~310만 개의 일자리가 위협받을 것으로 추정한다.[17]

결국 디지털화로 인한 일자리 분화는 (좋은 아이디어와 데이터에 기반을 둔 새로운 업무가 활발하게 만들어지지 않는 한) 플랫폼을 유지하는 소수의 사람만이 혜택을 누리는 방향으로 진행될 것이다. 많은 경제학자가 기술 진보로 인해 없어지는 일자리보다 새로운 일자리가 더 많이 생겨날 것이기에 일자리 충격은 없을 것으로 낙관하고 있다. 그러나 이러한 관점은 사회질서의 근본적 변화가 없는 가운데 진행되는 기술 진보와, 사회질서의 근본적 변화를 초래하는 기술 진보의 차이를 구분하지 못하고 있다.[18]

예를 들어, 1차 산업혁명은 방적기-방직기가 발명됨에 따라 수공업 노동자가 몰락한 것에서 알 수 있듯이 기계가 장인들을 공장 노동자로 대체하는 식이었다. 즉 제조업의 숙련된 노동을 대체하는 기술 진보였다. 당시 일자리 충격을 상징적으로 보여주었던 것이 기계파괴운동Luddite Movement으로, 1차 산업혁명 시기에 소득 불평등이 심화되었다. 반면 19세기 말~20세기 초의 기술 변화(2차 산업혁명)는 저숙련 노동력의 수요를 증가시켰고, 그 결과 임금 불평등이 개선되었다. 그러나 20세기 말 일어난 기술 진보(3차 산업혁명)로 고숙련 직종 수요는 증가하고, 기술 진보와 대체 관계인 중숙련 직종에 대한 수요는 감소했다. 그리고 기술 진보와 독립적 관계인 저숙련 직종의 수요는 안정적으로 유지됨으로써 이른바 '일자리 양극화'를 수반해 소득 불평등을 심화시켰다.

4차 산업혁명이 일자리에 미치는 영향은 명확하다. 결론부터 말하면 AI 자동화로 일자리가 축소되는 것은 확실하고, AI 로봇의 도움으로 인간만이 할 수 있는 업무를 만들어야만 일자리는 증가할 것이다. 현재 진행되는 4차 산업혁명은 일자리 양극화 가속화와 더불어 서비스 관련 일자리까지 소멸시키고 있다. 즉 많은 서비스 부문에서 AI가 인간이 수행하는 일부 업무를 훨씬 값싼 비용으로 더 빠르고 탁월하게 수행하고 있다. 따라서 4차 산업혁명으로 인해 일자리는 줄어들 뿐 아니라 살아남은 직업도 더 똑똑해진 기계와의 경쟁이 불가피한 상황이다.[19] 이론적으로도 자동화가 일자리에 미치는 영향은 생산성 향상을 통해 일자리 창출에 긍정적인 영향을 미치는 '생산성 효과'와 자동화에 의해 기존 일자리를 없애는 '대체 효과'로 구분된다. 여기서 생산성 효과란 무엇인가? 컴퓨터나 인터넷이 도입되었을 때 컴퓨터와 인터넷을 활용해 자신의 생산성을 높이는 노동력이나 업무에 대한 수요가 증가했듯이, AI가 널리 사용됨에 따라 AI를 생산성 증대로 연결하는 업무는 수요가 증가함을 의미한다.

이는 AI에 의해 대체될 수많은 업무의 감소 속도를 추월할 만큼 AI를 활용하면서 사회적 수요를 만들어낼 수 있는 새로운 업무가 증가하지 않는 한 일자리는 감소하고 사회 전체 소득 중 노동소득 비중도 줄어들기에 만성적인 수요 부족에 직면하고, 불평등도 악화될 수밖에 없음을 의미한다.[20] 무엇보다 플랫폼 경제에서 AI를 이용하여 사회적 수요를 낼 수 있는 새로운 업무를 만들기 위해서는, (앞에서 소개했듯이) 개인적으로는 문제를 찾아내고 다른 사람과 협력해 문제를 해결할 수 있는 역량이 필요하다. 그리고 사회적으로는 기업조직, 시민권, 인간형, 법과 제도, 분배시스템이 총체적으로 재구성되어야 한다. 이는 사회 혁신이 진행되기 전까지 일자리 감소 효과가 클 수밖에 없음을 의미한다. 4차례의 산업혁명에서 고용의 안정성을 개선한 것은 2차 산업혁명뿐이었다. 앞에서 언급했듯이 2차 산업혁명을 통해 제조업 생태계가 비로소 완성되었기 때문이다. 나머지 산업혁명들의 경우 자기 완결성이 부족한 생태계(1차 산업혁명)이거나 혹은 이행기 과정 중에 있는 생태계(3, 4차 산업혁명)였기 때문이다.

이처럼 디지털 생태계로의 이행과정에서 전통적인 고용시스템의 약화와 새로운 고용방식의 등장으로 일자리에서 기업의 역할도 변화하고 있다. 산업사회에서 고용 창출의 역할을 하는 것은 기업이었다. 그런데 아이디어 집약적인 플랫폼 사업모델은 '고용축소형 사업모델Employment-lite Business Model'이다 보니 기업 가치와 고용 규모의 연관성이 크게 약화되었다. 예를 들어, 제조업체의 상징 격인 GE의 2018년 말 고용 규모는 28만 3,000명이고 기업 가치는 716.9억 달러였던 반면, 구글(알파벳)의 고용 규모는 98,771명이고 기업 가치는 7,440억 달러였다. 고용 규모는 GE가 구글(알파벳)의 약 2.9배나 되지만 기업 가치는 반대로 구글(알파벳)이 10.4배나 크다. 1인당 기업 가치가 각각 25만 달러와 753만 달러로 구글(알파벳)이 30배가 넘는다. 고용축소형 사업모델인 플랫폼 기업의 확산은 기업 주도 일자리 패러다임의 약화를 의미한다. 이는 기본적으로 (고용 증대를 수반하지 않으면서 추가 생산이 가능한) '디지털 무형재'의 특성에서 비롯한다.

예를 들어, 음원, 게임과 같은 디지털콘텐츠는 한번 만들어지면 추가 고용 없이 무한 복제가 가능하다. 제조업체들의 일자리는 감소하는데 제조업 부문의 공백을 메우는 플랫폼 사업모델은 기존 사업모델처럼 일자리를 만들지 못하고 있다. 게다가 제조업 일자리는 중간 임금 수준의 일자리인 반면 플랫폼 사업모델의 일자리는 대부분 저임금 일자리다. 세계경제가 저성장과 불평등의 심화에서 벗어나지 못하고 있는 배경이다.

플랫폼 산업이 초래한 불평등

고용시스템의 탈구를 심화시킨 플랫폼 사업모델은 '승자독식의 시장구조'와 '플랫폼 독점' 문제를 낳으며 불평등도 심화시키고 있다. 무엇보다 기업 내 노동소득의 비중이 하락했다. 2000년경 84%까지 상승했던 노동소득 비중은 금융위기 직전 75%까지 하락했고, 그 결과 금융위기 이후 노동소득의 비중은 금융위기 이전 약 30년간 장기 평균 수준에 비해 5%포인트 이상 하락했다.[21] (0에 가까울수록 평등, 1에 가까울수록 불평등을 나타내는) 지니계수가 1999년 0.432, 2006년 0.444에서 2018년에는 0.452로 상승한 배경이다. 소득 불평등은 자산 불평등으로 이어졌다. 2007년 6월 30일에서 2019년 6월 30일 사이에 상위 10%는 전체 자산 중 59.7%에서 63.8%로 상승했다.[22] 금융위기의 핵심 원인 중 하나가 소득 불평등이라는 점에서 탈공업화를 대체할 새로운 플랫폼 사업모델의 확산이 역설적으로 또 다른 위기의 요인이 되고 있다.

무엇보다 혁신을 상징하는 플랫폼 사업모델이 시장집중과 혁신 둔화의 원인이 되고 있다. IT 혁명은 한계비용 제로와 초기 진입자 이점, 네트워크와 평판 효과, 플랫폼 지배, 데이터 소유의 이점(머신러닝 알고리즘의 발달 등)으로 제조업과는 비교할 수 없을 정도의 규모의 경제성을 만들어내 시장을 집중시켰다. 여기에 (디지털 혁신을 보호하기 위한 규제 및 정책 조건, 지적재산권, 기술표준 설정 등과 더불어) 경쟁의 장벽이 높아 후발 진입자의 기회를 축소하고 시장집중을 더욱 강화하고 있다. 예를 들어, 2000~15년 사이에 27개국 90만 개 이상의 상장기업들에서 (정상이윤을 초과하는 가격인상분으로 시장지배력을 측정하는 한 지표인) 마크업^{Markups}의 상승률이 평균 6%나 올랐는데 상승분 대부분을 선진국의 상위 10% 기업이 주도했다.[23] 이는 기술, 네트워크 효과, 세계화 덕분에 시장을 독점하는 슈퍼스타 기업의 부상에서 비롯한 것이다. 시장집중은 생산성과 성장 둔화의 한 요인으로 작용한다.

생산성과 성장의 둔화는 다시 저금리의 지속으로 이어지는 악순환을 만들고 있다. 즉 저금리를 비롯해 초금융완화가 장기간 지속되면서 '좀비기업의 증가[24] → 생산성 둔화[25] → 성장 둔화 → 금융완화의 지속'이라는 '저금리 함정'에 빠진 것이다. 미국 경제의 성장률이 금융위기 이전(1985~2006년) 연평균 3.3%에서 금융위기 이후(2007~19년)에는 연 1.7%로, 노동생산성 증가율도 금융위기 이전(2000~07년) 연평균 2.7%에서 금융위기 이후(2007~18년) 연평균 1.3%로 모두 절반 수준으로 줄어들었다.

문제는 역사적으로 금융비용이 가장 낮음에도 기업은 새로운 수익 사업을 만들어내지 못하고 있다는 점이다. 기술 기업들은 우리가 생각하는 방식, 쇼핑, 의사소통, 그리고 삶의 방식에 혁명을 일으켰지만, 기대한 만큼 새로운 가치를 창출하기보다는 기업 인수를 통해 시장독점력을 강화[26]하거나 차입한 자금으로 투자 대신 바이백^{Buyback}(자사주매입)에 사용하여 주가와 수익(＝주가 상승－이자 비용)을 끌어올리고 있다.[27] 미국의 엘리트들은 시장집중의 심화를 미국 경제의 최대 문제 중 하나로 지적하고 있다. 예를 들어, "미국 경제를 살해하고 있는 독점 자본주의"[28], "독점 문제야말로 미국의 거대한 문제"[29], "미국의 큰 문제는 거대한 기술 기업"[30]과 같은 언급이 그것이다.

이는 실리콘밸리 모습의 변화에서도 확인된다. 현 단계에서 새로운 기술들은 문제 해결의 구원투수로서 역할을 하기보다는 오히려 문제를 악화하고 있다. 여전히 실리콘밸리는 혁신의 중심이지만 프라이버시 침해, 결함을 가진 사업모델들, 다양성 결여 등으로 사람들을 실망시키고 있다. 예를 들어, 다양성 문제에서부터 성희롱, 정치적 편견에 이르기까지 실리콘밸리의 문화는 도마 위에 올랐다. 이러한 편견들은 기술 기업들이 생산하고 있는 알고리즘과 제품에서 나타나고 있으며, 전 세계 사람들에게 부정적인 영향을 주고 있다. 또한 실리콘밸리는 전 세계 사람들을 연결해 그들의 힘을 키워주는 디지털 혁명을 약속했지만, 기술 기업들이 만든 플랫폼은 혐오 발언을 유포하고 분열을 조장하며 민주주의 제도를 훼손하는 곳이 되고 있다. 무엇보다 사람보다 이윤을 우선시하는 실리콘밸리는 소수만 풍요롭게 했을 뿐 모두를 풍요롭게 하겠다는 이상을 배신했다. 일부에서 실리콘밸리가 '영혼을 잃어버렸다'는 지적을 받는 이유다.

게다가 성장이 둔화되는 상황에서 불평등 심화[31]는 내수를 취약하게 할 뿐 아니라 사회 갈등을 심화시켜 세계화를 후퇴시키고 보호주의를 강화해 국제협력을 약화시키며, 이민자에 대한 혐오 및 소외 문제를 일으키고 있다. 여기에 코로나19로 주요국들조차 국가 기능이 붕괴하자, 국가 지도자들은 위기를 탈출하기 위해 '외부의 적'을 만들며 국제질서의 안정을 위협하고 있다. 이처럼 일자리 질의 악화, 소득 불평등의 심화, 생산성 및 성장의 둔화, 혁신의 실종, 실리콘밸리 문화의 오염, 국제 협력의 빈곤 등은 AI 시대 인류 세계의 초라한 자화상이다.

그러나 AI 시대와 '새로운 처음' 시대의 가장 큰 희생자는 21세기를 살아가야 하는 현재의 청년세대다. 첫째, 20세기의 교육과 21세기 기술 간 격차의 희생자가 청년세대다. 산업사회의 유산인 근대 교육방식이 지속되면서 청년세대는 시대 부적응자가 되어가고 있다. 오늘날 대부분의 청년들은 (그들의 부모세대들이 그랬듯이) 대학에 들어가는 20대에 정규교육의 대부분을 이수하고, 삶의 나머지를 20대에 배운 것에 의존해 살아간다. 그런데 현실을 보면 사람들이 고등학교와 대학에서 습득한 정보를 인공지능형 컴퓨터는 수초 내에 습득한다. 게다가 컴퓨터와 로봇은 기하급수적으로 향상되고 있다. 그런데도 고정관념의 함정에 빠진 일부 기성세대는 청년들에게 경쟁에서 이길 것을 강요하고, 경쟁에서 낙오할 경우 청년에게 책임을 지운다. 현재의 교육방식과 학교교육제도의 혜택을 직·간접적으로 입은 일부 기성세대는 기득권층화되어 교육 문제를 외면하고 있다. 경쟁에 기반을 두고 합법적으로 불공정을 재생산하는 현재의 학교교육시스템은 고소득층과 부유층에게 유리하기 때문이다.

둘째, 현재의 교육방식과 내용은 2000년 이후 빈번해지는 '새로운 처음'에 무기력하다. 2019년부터 대학에 입학하는 학생들은 2000년 이후, 즉 21세기에 태어난 세대들인데, 2000년 이후의 세계는 '새로운 처음'이 일상화되는 공간이다. '새로운 처음'은 근대 이성체계의 세계관이 붕괴했음을 의미한다. 이성에 의해 예측할 수 있으면 '위기'는 발생하지 않는다. 그리고 '위기'에 대한 처방은 근본적인 해결책과는 거리가 멀다. 예를 들어 주류경제학은 금융위기를 예측하지 못했고, 금융위기에 대한 처방(양적완화나 마이너스 금리 등)은 금융위기의 근본 원인(소득불평등이나 글로벌 불균형 등)을 해결하는 것과는 거리가 멀었다. 금융위기 이후 도래한 또 다른 '위기(코로나19발 경제위기)'에 대해서는 이해조차 하지 못하고 있다. 앞의 위기와 연관성을 이해하지 못하다 보니 처방책을 제시할 수도 없다. (앞에서 지적했듯이) 코로나19발 경제위기는 부자와 빈자, 선진국과 후진국, 인간과 자연(동물) 간 공생할 수 있는 세계관의 변화나 새로운 국제관계 등을 요구하는데 해결책이 되지 못하는 기존 처방(양적완화)에서 벗어나지 못하고 있다. 주요국들의 국가 기반이 붕괴하고 있는 것이다.

정보와 지식습득에 초점을 맞춘 교육방식은 AI 기술로 의미를 상실했고, 근대 산업문명의 가치관과 세계관을 가르치는 교육내용은 '새로운 처음' 현상 앞에 무력하다. 수명을 다한 교육방식과 교육내용으로 청년세대가 어떻게 21세기를 살아갈 수 있을까? 2020년 대학에 입학한 청년들과 초등학교를 입학한 2013년생은 학교라는 오프라인 교육장보다 온라인으로 비대면 교육을 접하는 첫 세대들이다. 2000년 이후 태어나 2100년까지의 21세기를 살아갈 이 세대들은 오프라인 생태계보다 디지털 생태계가 더 익숙해지는 세대일 수밖에 없다. 그런데 이들에게 기성세대는 오프라인 생태계를 이해하고 살아가는 법을 가르치고 있다. 거칠게 비유하자면 청년세대를 시대 부적응자로 만든다는 점에서 기성세대는 의도하지 않은 죄악을 저지르고 있다.

디지털 생태계에 필요한 인간형

이처럼 디지털 생태계는 마지막 단계에 와 있다. 4차 산업혁명으로 하나의 완성된 생태계가 만들어지기 위해서는 경제주체가 플랫폼(디지털 생태계)을 중심으로 연결되고, 그 플랫폼에서 새로운 가치를 창출하는 데 이바지할 수 있어야 한다. 즉 데이터를 활용하여 문제를 찾아내고, 세상의 기술과 다른 사람들과의 협력을 통해 문제를 해결해야 한다. 일부에서 오늘날의 인재상이 갖춰야 할 역량으로 창의성 Creativity, 비판적 사고 Critical Thinking, 소통 Communication, 협력 Cooperation 등 4C 역량을 지적하는 이유다.

플랫폼에서의 가치창출과 4C 역량 간의 관계를 살펴보자. 첫째, 문제를 찾아내기 위해서는 좋은 아이디어가 많아야 하고, 동시에 데이터가 뒷받침되어야 한다. 다르게 생각하기, 즉 비판적 사고와 더불어 데이터 활용이 가능해야 좋은 아이디어가 나올 수 있다. 이는 교육방식의 변화가 필요하고, 데이터에 대한 접근성이 모두에게 허용되어야 함을 의미한다. 즉 자본집약적 제조업에 필요한 지식과 정보습득에 초점을 맞춘 표준화된 노동력은 아이디어 집약적인 플랫폼 사업모델과 데이터 경제에서는 가치창출에 기여할 수 없다. 교육방식과 학교교육 시스템의 변화가 필요한 이유다. 또한 데이터 경제가 제대로 뿌리를 내리려면 (아무리 사용해도 소모되지 않기에 이론적으로도 모두가 공유하는 것이 경제 효율적이라는 점에서) 데이터의 개방 및 데이터 접근성의 보장은 필수조건이다. 데이터가 중요한 의미이자 자원으로 부상한 상황에서 데이터가 독점될 경우 잘못된 선택이나 의사결정을 할 수 있다. 무엇보다 데이터의 접근성이 보장되지 않는 한 새로운 아이디어가 있어도 혁신으로 이어질 가능성이 낮다. 이른바 '플랫폼 독점'과 '승자독식 Winner-Take-All' 등에 따른 경제력 집중으로 불평등이 심화된 배경이다.

사실, 데이터는 참여자가 제공한 것이라는 점에서 데이터 접근에 대한 권리는 (산업사회에서 노동권이 시민권이었듯이) 4차 산업혁명 시대의 시민권으로서 시민들에게 열려 있어야 한다. 부의 집중을 완화하고 부의 분산을 높이기 위해서도 수많은 스타트업이 데이터에 접근할 수 있도록 허용해주어야 한다. 쇤베르거^{Schönberger}와 람게^{Ramge}가 방대한 데이터를 가진 독과점 업체들에 대한 '데이터 납세'[32]를 제안하는 것도 같은 맥락이다.

둘째, 좋은 아이디어로 문제를 찾아내도, 문제를 해결하기 위해서는 필요한 기술과 관련된 사람과 '연결'되어야 한다. 3차 및 4차 산업혁명이 이룩한 기술 진보의 특성은 융합화와 복합화, 그리고 속도다. 이는 필요한 모든 기술을 혼자 보유할 수 없음을 의미한다. 2000년 전후에 한때 21세기형 인간으로 (어떤 한 가지만을 선택하기보다 다양한 관심사를 추구하는 사람을 뜻하는) 르네상스형 인간 혹은 멀티플레이어형 인간이 회자된 적이 있다. 르네상스형 인간의 대표적인 예가 레오나르도 다빈치다. 잘 알려져 있듯이 르네상스 시대 조각, 건축, 미술, 수학, 과학, 음악, 철학, 화학, 천문학, 해부학, 식물학, 지리학, 지질학, 공학, 문학 등 여러 방면에서 활약한 천재인 다빈치는 현대적으로 말하면 박사학위를 여러 개 가진 사람일 것이다. 대부분 사람은 평생 살면서 박사학위 하나를 갖기도 힘든데, 박사학위를 여러 개 하라고 하면 스트레스로 오래 살지 못할 것이다. 멀티플레이어가 되는 것도 마찬가지다. 골키퍼부터 센터포워드까지 모든 자리를 훌륭히 소화해낼 수 있으면 좋겠지만 어디 그게 쉬운가? 다빈치는 세상 모든 것들 사이의 연관성에 관심을 가짐으로써 많은 창조적 업적을 이루었다. 중세 말~근세 초에 살았던 다빈치가 모든 것의 연관성에 주목했다면, 오늘날은 모든 것이 연결되면서 연관성을 갖는 시대다. 즉 오늘날은 모든 것의 연관성을 주목할 수밖에 없다. 자신의 관심사에 연관된 사람과의 협력을 통해 문제를 해결하는 것이 모든 것을 스스로 해결하는 것보다 더 효율적이다. 구글 같은 기업이 자신이 수행할 업무에 대한 흥미를 갖고 있고, 다른 사람과 협력할 수 있는 인재를 찾는 이유다. 자신의 관심사(해결해야 할 과제)와 연관된 사람과 협력하려면 소통하는 역량이 필요하다.

이처럼 플랫폼 사업모델과 디지털 경제에 대처할 수 있는 새로운 인재를 양성해야 한다. 이는 교육방식과 교육내용이 혁명적으로 변화해야 함을 의미한다. 데이터에 대한 접근이 허용되어도 좋은 아이디어가 나오지 않으면 (앞에서 지적했듯이) 데이터는 그저 정제되지 않은 원유에 불과하기 때문이다. 모든 사람에게 인터넷이 열려있어도, 인터넷을 활용하는 역량은 차이가 있듯이, 데이터 자체가 가치나 일자리 등을 보장해주지는 않는다. 데이터를 활용하여 문제를 찾아내고, 다른 사람들과의 협력을 통해 문제를 해결하는 역량이 필요하다. 혁신을 창조하지 않는 실리콘밸리, 과거보다 창의성이 떨어지는 현재 아이들, 같은 개념인 교육과 놀이의 분리 등이 모두 산업사회 교육방식 및 교육관의 산물이다.

앞에서 거론했듯이 일본이 창조산업을 육성하는 데 처참히 실패한 원인도 (제조업과 전혀 다른 성격의) 창조산업을 제조업 육성 방식으로 접근한 결과이다. 창조산업을 육성하는 데 실패한 후 일본 사회에서 교육혁명의 필요성이 나오는 배경이다. 일본의 창조산업 육성 실패는 우리 사회에 시사하는 바가 크다. 현재 우리나라는 플랫폼 경제, 데이터 경제 활성화 등을 추진하고 있다. 문제는 플랫폼 경제나 데이터 경제에 필요한 기술 인프라, 하드웨어 인프라 등에 너무 치우쳐 있다는 점이다. 지식과 정보를 습득시키는 교육방식이 AI 시대에 무의미하고, 그러한 지식과 정보를 기준으로 주어진 시간 내에 누가 빨리, 누가 많이, 누가 정확히 습득하는가를 경쟁시키는 교육방식은 데이터 경제 시대에 시대 부적응자를 양산할 뿐이다.

끝으로 데이터 경제가 안정적으로 뿌리내리고 디지털 생태계의 참여자가 자유와 안정성을 확보하려면 분배시스템이 달라져야 한다. 산업사회에서는 노동(타인에게 임금을 받고 판매한 시간)과 여가(자신을 위한 자유시간)를 대립적으로 분리하고 가치창출에 기여하는 노동을 신성시했다. 문제는 디지털 생태계의 데이터 경제에서 중요한 역할을 하는 아이디어가 노동시간에 비례해 나오지 않는다는 점이다. 오히려 여가와 놀이시간에 좋은 아이디어가 나오는 경향이 있다. 좋은 작품을 많이 창작한 디자이너들이 산책하며 자연으로부터 영감을 얻는다는 얘기는 잘 알려진 사실이다. 즉 좋은 아이디어가 나오려면 자유시간을 늘리고 노동시간을 줄여야 하는데, 노동시간이 줄면 수입이 감소한다. 따라서 수입 감소분을 지원하는 방식으로 '기본소득'이 도입되어야 한다. 생계 소득을 확보하기 위해 일을 계속하면서 좋은 아이디어가 나올 수는 없다. 노동시간이 짧은 나라일수록 자원봉사 활동, 어린아이나 고령자 돌보기, 작곡 등 예술 분야에서 활약하는 경우가 늘어나듯이, 자유시간이 늘어나면 TV만 보거나 게을러질 거라는 우려는 입증되지 않은 주장이다.[33] 생계를 위해 사회적으로 가치 없는 일을 수행하는 삶의 방식에서 만들어진 편견에 불과하다. 게다가 빈곤은 학교 중퇴, 범죄 증가 등 사회적 비용을 유발한다는 점에서 빈곤의 방치는 경제적으로 비효율적인 반면, 기본소득의 보장은 사회적 가치가 있는 활동의 증가로 이어진다는 점에서 효율적이다. 무엇보다 좋은 아이디어는 기업의 새로운 사업 만들기, 정부의 산업체계 다양화의 원천이 된다는 점에서 기본소득 도입은 복지정책을 넘어 경제정책 차원에서 고려해야 한다. 즉 저성장의 함정을 벗어나려면 '혁신'이 유일한 해법이고, 혁신은 좋은 아이디어의 산물이라는 점에서 기본소득은 혁신의 시드머니 Seed Money에 해당한다. 이처럼 데이터 경제에서는 새로운 분배시스템이 필요하다. 단순히 도움을 주는 의미의 기본소득보다 더 적극적인 인권 개념의 사회배당금으로 접근할 필요가 있다.

요약하면 디지털 생태계의 과제인 '스마트 모빌리티 솔루션'이 하나의 사업모델로 정착하기 위해서는 기업조직, 시민권, 인간형, 법과 제도, 분배시스템 등이 총체적으로 재구성되어야 한다. 이는 디지털 생태계가 기존의 제조업 생태계와 전혀 다른 세상이기 때문이다. 즉 디지털 생태계로의 진화는 기술 혁신들Technical Innovations만으로 가능한 것이 아니라 사회 혁신들Social Innovations이 함께 진화(공진화)해야만 가능하다.

PART 3

호모 엠파티쿠스가 온다

호혜적 디지털 생태계를
창조하다

합리성에서 호혜성의 세계로

현 시대는 디지털 생태계가 완전히 뿌리내리기 전인 이행기 상황
이다. 코로나19 재난은 연결의 세계에 대한 성찰을 요구한다는 점
에서 4차 산업혁명이 가속화한 연결의 세계를 어떻게 구성해야 할
지 방향을 제시한다. 3차 및 4차 산업혁명 시대, 연결의 세계에 나타
난 새로운 경제 생태계를 잠정적으로 '디지털 생태계'로 표현하자.
플랫폼 사업모델이 주도하는 '디지털 생태계'는 코로나19 재난으로
속도가 빨라질 수밖에 없다. '사회적 거리두기Social Distancing'는 '오프
라인 생태계'에 대한 의존도를 낮추고 디지털 생태계를 경제활동의
중심으로 부상시킬 것이기 때문이다. 즉 물리적 비접촉Non-Contact과

온라인 연결Online Connection의 부상이라는 새로운 흐름은 경제 생태계도 변화시킬 수밖에 없다. (오프라인 생태계와는 다른) 디지털 생태계의 특성을 이해하려면 무엇보다 디지털 생태계의 형성 과정을 이해할 필요가 있다.

앞에서 보았듯이 현재까지 디지털 생태계를 주도하는 것은 비즈니스 논리였다. IT 혁명 이후 생겨난 '닷컴 사업모델' 중 아마존, 구글 등은 (안정성과 지속 가능성에서 진일보한) '플랫폼 사업모델'로 진화한다. 예를 들어, 플랫폼 사업모델의 교과서에 해당하는 구글은 검색서비스업에서 시작하여 AI 기술과 자율주행차의 선두 주자로 계속 진화 중이다. 스티브 잡스의 앱스토어 모델이나 우버나 에어비앤비 같은 공유서비스 모델은 모두 기본적으로 구글 모델을 적용한 것이다. 공유경제와 플랫폼 경제를 동의어로 사용하는 배경이다. 플랫폼 경제를 공유경제와 동의어로 사용하는 이유도 플랫폼 경제의 특성이 이익 공유에 있기 때문이다. 단, 앱스토어 모델과 공유서비스 모델은 중요한 차이가 있다. 앱스토어 모델은 말 그대로 데이터 경제의 핵심 자원인 아이디어를 연결하여 기존에 없는 새로운 상품과 시장, 즉 말 그대로 '혁신'을 이루었다. 반면 공유서비스 모델은 전통적인 산업사회의 자원인 노동력이나 부동산 등을 연결하여 기존에 존재하는 상품과 시장에 진출함으로써 (택시업이나 숙박업 등) 기존 사업의 이해당사자들과 갈등을 유발했다는 점에서 진정한 혁신이라고 보기 어렵다.

구글 모델이 초기의 닷컴 사업모델보다 안정적이고 지속 가능했던 이유는 무엇일까? 일차적으로는 네트워크(사람의 연결)를 통해 새로운 생태계(플랫폼)를 구축했기 때문이다. 생태계가 안정적으로 구축되어야 가치가 지속적으로 창출될 수 있다. 그리고 새로운 생태계를 구축하기 위해서 이익을 공유하는 '호혜성'을 새로운 비즈니스 철학으로 도입했다.

산업사회는 '합리성의 세계'다. 여기서 잠시 '합리성'의 정확한 의미에 대한 설명이 필요하다. 합리성의 국어사전적 의미는 '이론이나 이치에 합당한 성질'이다. 그런데 서양에서 합리성Rationality은 이윤과 손실을 정확히 계산하는 근대 회계방식의 기원과 맞물려 있다. 베버Max Weber는 합리성을 효율성과 계산 가능성 그리고 탈주술화(과학화)가 결합한 가치라고 표현했고, 좀바르트Werner Sombart는 자본주의의 기원을 이윤에 대한 욕심이 있고 합리적으로 계산하는 중세 말의 이탈리아 상인들에게서 발견했다.[34] 즉 합리성의 정확한 의미는 선택의 문제에 직면한 각 개인이 비용과 이익에 기초해서 자신의 이익을 극대화하는 것이다. 여기서 한 가지 짚고 넘어갈 점이 있다. '자신의 이익을 극대화하기 위한 선택을 하는 사람'이라는 '합리적 인간'의 서양적 의미는 우리에게 좀 낯설다. 우리가 일반적으로 어떤 사람을 합리적인 사람이라고 표현할 때는 '주변 세계에 잘 적응하여 사람들과 원만하게 지내는 사람' 정도로 이해하는 경향이 있기 때문이다. 영어나 독일어 등이 일본을 거쳐 번역되는 과정에서 일본의 문화와 역사에 대한 이해 없이 일본식 한자를 그대로 번역하다 보니 이렇게 의미가 달라진 것이다.

중요한 사실은 '디지털 생태계'에서 합리성은 더 이상 바람직한 행동원리가 될 수 없다는 것이다. 합리성의 원리가 작동하는 산업사회 생태계에서는 자신만 열심히 잘하면 되었지만, '디지털 생태계'에서는 사람의 연결이 모든 것의 출발점이기 때문이다. 세상의 비생물적 장치나 환경을 연결하는 것은 기술적으로 가능하지만, 사람들을 연결하지 않으면 생태계는 구축될 수 없다. 그런데 제조업의 사고방식을 고수한 기업인이나 정부 등은 비생물적 장치나 환경을 연결하는 데만 집착하고, 이를 위해 엄청난 자원(연구개발 예산)을 투입한다. 예를 들어, '모든 사물의 스마트화'나 '모빌리티의 스마트화'에만 치중할 뿐 스마트화의 궁극적 목표인 사람 간의 연결을 간과한다. 그렇다 보니 이동전화기의 스마트화(스마트폰) 사업에 뛰어든 한국의 사업체들은 스마트폰 기기 제조업체에서 벗어나지 못하고 있다. 반면, 애플은 자신의 아이디어(앱스토어 비즈니스 모델)와 사람들의 아이디어(앱)를 결합하여 새로운 가치를 만들어내고 있다. 예를 들어, 2019년 애플의 앱 판매 수입은 542억 달러였는데, 이 중 30%인 약 163억 달러가 애플의 몫이었다.

'모빌리티의 스마트화'는 연결을 통한 데이터와 가치창출을 목표로 한다. 이동 중에도 데이터를 창출하려면 모빌리티(이동기기)에서 인터넷이나 앱 등을 열 수 있어야 한다. '연결'이 되어야 이동 시에도 데이터가 창출되고, 이동기기가 '연결'을 지원해주어야 이동기기의 제품 매력도 증가하기 때문이다. 연결을 지원하는 앱도 연결을 통해 개발할 수 있었다. 즉 애플은 기업 밖 수십억 명의 아이디어를 활용하기 위해 앱 판매 수입을 3(애플):7(개발자)로 나누는 이익공유 방식을 도입했다. 앱 생태계를 지원한 덕분에 아이폰은 초창기부터 매력적인 스마트폰으로 자리 잡을 수 있었다. (디자인과 더불어) '아이튠즈 뮤직스토어 생태계'를 지원해 아이팟(MP3)의 가치를 높였던 경험을 살린 것이다.

반면 삼성전자가 스마트폰 제조업체에 머물러 있는 이유는 앱 생태계를 구축하지 못했기 때문이다. 삼성전자는 갤럭시폰에 앱을 공급하기 위해 앱 개발자 수십 명을 고용했다. 그러나 개발자 수십 명이 공급할 수 있는 앱의 규모로 앱 생태계를 구축하기란 불가능했다. 디지털 생태계에서 '연결'의 중요성을 이해하지 못한 결과다. 자신이 보유한 자원으로 자신의 이익만을 추구하는 제조업체가 기업 밖의 자원을 연결하여 이익을 창출하는 플랫폼 사업모델로 진화하는 것이 얼마나 어려운지 보여주는 사례다.

플랫폼 사업모델의 확산은 제조업 제품의 위상을 근본적으로 변화시키고 있다. 이제 스마트폰은 전화기라는 제조품에 그치지 않고 정보 획득과 처리, 데이터 등을 창출하는 '도구'로 위상이 달라졌다. 자동차도 자율주행차와 차량공유서비스가 일반화되면 같은 운명에

처할 것이다. 자율주행차와 차량공유서비스가 같이 갈 수밖에 없는 이유는 자율주행차의 필수 기술인 인공지능 기술은 '빅데이터'를 확보하는 것이 전제조건이고, 빅데이터는 매력적인 플랫폼(디지털 생태계)을 구성하는 것이 전제조건이기 때문이다. 즉 차량공유서비스는 빅데이터를 확보할 수 있는 플랫폼을 구축하기 위한 것이다. 차한 대를 소유주나 소유주 가족만 이용하는 것보다 수백, 수천 명이 이용할 때 빅데이터를 확보할 수 있다. 세계 주요 자동차 제조사들이 차량공유서비스에 뛰어드는 이유다.

제조업 제품의 위상 약화는 제조업의 쇠퇴에 박차를 가할 것이다. 오프라인 생태계의 역할이 축소되고 디지털 생태계가 부상할수록 제조업은 고용뿐만 아니라 부가가치나 소득 창출에서도 그 역할이 축소될 것이다. 농업의 전철을 밟는 것이다. 기성세대들이 농업을 회피했듯이 21세기 세대들은 제조업에 관심을 갖지 않는다. 이처럼 '모빌리티의 스마트화'는 이동기기의 공급자에게는 데이터 확보와 이동기기 제품의 가치를 키우는 이익을 가져다주고, 사용자에게는 이동하는 순간에 정보를 획득하고 처리할 수 있는 편익을 제공한다. 디지털이 모바일 세상으로 확장됐을 뿐 아니라 모바일 세상에서 사람이 연결되기 위해, 즉 가치를 창출하기 위해 이익을 공유하는 '호혜성 원리'가 확산되고 있다. 물론, '호혜성의 세계'는 시작에 불과하다.

그럼에도 불구하고 3차 산업혁명의 연장선상에서 진행되는 4차 산업혁명이 지향하는 생태계는 1·2차 산업혁명이 만들어낸 제조업 생태계와 근본적으로 다르다. 따라서 4차 산업혁명을 단순한 기술 혁신들로 국한할 경우 지속될 수 없을 것이다. (앞에서 보았듯이) 4차 산업혁명이 지향하는 생태계의 또 다른 구성요소들인 새로운 경제주체들을 만들어내야 할 뿐만 아니라 새로운 가치를 창출할 수 있도록 뒷받침하는 제도들도 마련되어야 한다.

예를 들어, 아마존강 생태계의 자연환경·동식물과 사하라 사막 생태계의 자연환경·동식물이 서로 다르듯이, 제조업 기반의 오프라인 생태계와 디지털 생태계의 기술, 제도, 각 생태계에서 활동하는 경제주체들은 다를 수밖에 없다. 따라서 제조업 기반의 오프라인 생태계와 디지털 생태계는 기술뿐 아니라 각 생태계를 뒷받침하는 제도, 그리고 각 생태계에서 경제활동을 하는 경제주체도 다를 수밖에 없다. 그렇기 때문에 기술 혁신과 더불어 사회 혁신Social Innovations이 필요한 것이다.

실제로 기술 혁신보다 사회 혁신에 더 많은 시간이 걸린다. 사회 규범과 교육방식을 바꿔야 하며, 사회 구성원의 이해가 관련된 제도들을 바꾸어야만 하기 때문이다. 현재 기술 진보에 맞춰 비즈니스 모델도 진화하고 있지만, 나머지는 여전히 제조업 생태계, 즉 자본주의 혹은 시장경제의 틀을 벗어나지 못하고 있다. 탈공업화 이후 금융화와 금융위기, 플랫폼 사업모델을 중심으로 한 공유경제가 확산되었음에도 불구하고 양극화 심화나 일자리 위기 등 경제 활력이 약화되는 이유는 기존 경제 생태계가 쇠퇴하고 있는데도 새로운 생태계는 아직 자리 잡지 못했기 때문이다. 이런 점에서 4차 산업혁명의 세계는 현재진행형이다.

데이터 경제, 개방을 통해 혁신해야

디지털 생태계의 핵심 단위인 데이터 경제는 (상호 혜택을 누리는) 호혜성의 세계이다. 첫째, 디지털 생태계는 이익 공유의 원리로 작동하는 생태계이다. 이익 공유 없이는 생태계 자체가 구성될 수 없기 때문이다. 둘째, 디지털 생태계는 이익 공유를 매개로 가치를 창출할 수 있는 다양한 자원의 연결이 가능하다는 점에서 협력의 경제다. 그런데 서로 협력하고 이를 지속하기 위해서는 생태계의 참여자에게 '자율성'이라는 새로운 규범이 필요하다. 즉 자율과 협력이 사회를 운영하는 원리가 될 수밖에 없다.

이제 디지털 생태계가 이익 공유와 협력에 기반을 둔 호혜 경제인 이유를 구체적으로 살펴보자. 무엇보다 디지털 생태계의 핵심 단위인 데이터 경제는 협력의 원리로 조직화된다. 데이터 경제의 원료인 데이터는 반경합성^{Anti-Rivalry}과 포괄성^{Inclusiveness}을 특성으로 하는 협력재^{Collaborative Goods}이기 때문이다. 일반적으로 제조업 제품은 한 사람이 소비한 만큼 다른 사람이 소비할 수 있는 양이 줄어들거나, 제품의 생산·공급에 비용이 발생하기에 돈을 지급하지 않는 사람은 배제할 수밖에 없다. 따라서 제조업 제품들은 이른바 경합성과 배제성의 특성을 갖는다. 그런데 데이터와 같은 협력재는 한 사람이 사용해도 소모되지 않을 뿐 아니라 오히려 더 많은 사람이 공유할수록 효용이 증가하고 (비용 발생 없이) 가치창출(이익)도 증가한다. 이는 모두가 공유할수록 경제 효율성이 커진다는 걸 의미한다. 앞에서 데이터를 개방하고 데이터 접근성을 보장하는 것이 데이터 경제의 발전을 위한 하나의 전제조건이라고 말한 이유다.

창의적 아이디어가 가치창출에서 핵심역할을 하는 디지털 생태계는 창의적 아이디어를 담는 디지털 재화가 기본적으로 반경합성과 포괄성의 특성을 갖는 협력재라는 점에서 호혜성의 세계일 수밖에 없다. 합리성의 세계인 자본주의 생태계의 가치창출 방식이 경쟁과 사유재산권의 원리에 기반을 두어 제조업 제품이 경합성과 배제성을 갖는 것과는 대조된다. 호혜성의 세계인 디지털 생태계의 가치창출 방식이 이익 공유와 협력의 원리에 기반을 두는 이유도 데이터와 디지털 재화의 반경합성과 포괄성이라는 특성과 관련이 있다. 디지털 생태계의 구성요소들이 제조업 생태계의 구성요소들과 다를 수밖에 없는 이유다.

그런데 현실은 플랫폼 독점, 데이터 독점의 문제를 드러내고 있다. 이는 기본적으로 자본의 논리와 플랫폼 사업모델이 결합된 결과다. 일찍이 제레미 리프킨Jeremy Rifkin이 《3차 산업혁명》(2011년)에서 현재 상황을 '사유재산형 수직적 자본주의'에서 '공유형 협업적 자본주의'로 이행되었다고 설명한 배경이다. 문제는 플랫폼 독점, 데이터 독점이 경제적으로 비효율적이라는 점이다. 데이터는 비용 없이 무제한 사용할 수 있는데 데이터 독점은 데이터 사용을 제한하기 때문이다. 모두에게 데이터에 대한 접근 허용 혹은 데이터를 공유할 필요성이 제기되는 이유다. 즉 데이터는 참여자가 제공한 것이라는 점에서 데이터 접근에 대한 권리는 (산업사회에서 가치창출의 원천인 노동에 대한 권리가 시민권이었듯이) 4차 산업혁명 시대의 시민권으로 추가되어야 한다.

그러나 방대한 데이터를 가진 독과점 업체들의 태도를 어떻게 바꿀 것인가 하는 문제가 남아 있다. 경제 효율성을 저해한다는 점에서 정부 개입은 정당성을 갖고, 그 연장선상에서 (앞에서 소개했던) '데이터 납세^A Data Tax'가 한 방안으로 제안되고 있다. 그러나 전 세계를 대상으로 수집한 기업의 데이터를 특정 국가에서만 사용하는 것이 정당한가의 기술적 문제는 차치하고, 더 바람직한 방법은 사회의 이익을 위해 기업이 데이터를 스스로 개방하도록 유도하는 것이다. 즉 기업들이 자발적으로 데이터 공유가 자신들에게도 유리하다는 판단을 갖게 해야 한다. 닷컴 사업모델에서 플랫폼 사업모델로 성공적으로 전환한 동력은 (구글의 사례에서 보듯이) 개방과 공유 전략이었다. 그리고 (중심중개인 없이 거래를 가능하게 하는 대표적인 기술인 블록체인 기술에 기반을 둔) 블록체인판 플랫폼 사업모델이 확산될수록 기존의 중앙집중적 플랫폼 사업모델은 매력을 잃을 수밖에 없다.

(무료 오픈소스 프로그램으로는 상대가 전혀 되지 못해) 한때 '기술 장벽을 가진 정원'으로 불렸던 마이크로소프트가 2020년 4월 21일 세상의 데이터를 해방시키기 위한 새로운 운동에 동참할 것을 선언했다. 이는 무엇을 의미할까? 마이크로소프트가 데이터를 얼마나 투명하게 개방할지는 지켜보아야 할 일이지만, 데이터의 독점보다 데이터의 개방이 지속 가능한 플랫폼 사업모델일 뿐 아니라 혁신에 도움이 된다고 인식한 것이다. 얼마 전에 마이크로소프트가 운영시스템OS을 (애플이 이미 한) 유닉스 코어Unix Core로 옮겨갈 것이라고 발표했는데, 오픈소스를 개발하려면 불가피한 과정이었기 때문이다. 디지털 생태계에서 살아남기 위해서는 '개방을 통한 혁신Innovation in the Open'이 불가피함을 뒤늦게 인식한 것이다. 그렇다면 데이터 개방을 통한 혁신 역시 외부와의 연결과 협력을 통한 생존 대응 전략으로 이해할 수 있다.

구체적으로는 '스마트 모빌리티 솔루션' 과정에서 마지막 단계인 '솔루션'을 '데이터 개방'으로 돌파하겠다는 것이다. 데이터를 개방할 경우 사람들이 어떻게 사용할지 아무도 예측할 수 없고, '대폭발'을 경험할 가능성도 있다. 일종의 '아이디어의 생태계Thinking Ecology'가 출현하는 출발점이 될 가능성도 크다. 물론, 데이터를 개방하더라도 사회의 데이터 활용 역량이 뒷받침되어야만 데이터 경제가 새로운 성장의 원천이 될 수 있고 양극화도 개선할 수 있다. 앞에서 지적한 디지털 생태계에 필요한 새로운 인간을 양성해야 하는데, 특히 데이터 개방과 공유의 시대에 살아갈 수 있는 사람으로 육성해야 한다. 이를 위해 다시 한번 교육혁명의 필요성을 강조할 수밖에 없다.

기본소득, 혁신의 시드머니

데이터 경제에서는 분배시스템의 변화도 불가피하다. 산업사회에서는 생산과 소득 등에서 노동시간이 중요한 기준이다 보니 노동과 여가가 분리되었다. 경제학에서 노동은 타인을 위해 시간을 쓰는 것이기에 효용이 감소하고, 그 반대급부로 임금소득을 보상으로 받는다. 반면, 여가는 자신을 위한 시간이기에 효용이 증가하나 임금소득을 얻을 기회를 축소한다. 그러나 데이터 경제에서는 창의적인 아이디어가 가치창출에서 중요한 역할을 한다. 즉 일률적이고 사무적인 결정을 컴퓨터가 수행하는 시대에 사람들이 갖춰야 할 가장 중요한 기술은 창의성이다. 그런데 창의적 아이디어는 (앞에서 언급했듯이) 제조 제품의 생산물처럼 노동시간과 일대일의 비례관계를 갖지 않고, 노동과정에서가 아니라 여가(자유시간)와 놀이에서 생겨난다.

아이들이 놀이를 통해 다른 아이들과 교류하는 방법을 배우고 창의성을 키운다는 점에서 놀이와 배움은 같은 개념이다. 즉 상상력과 창의성의 원천인 놀이 없이는 문화의 진화가 불가능하다. 놀이가 상상력과 창의성의 원천인 이유는 자신이 좋아하고 몰입할 수 있는 일을 할 때만이 창의성이 발휘되기 때문이다. 인류는 실제로 놀이로 이야기를 만들고 문화를 창조했다. 일찍이 요한 호이징가 Johan Huizinga (1872~1945)는 1938년에 출간한 《호모 루덴스》에서 놀이는 문화의 한 요소가 아니라 문화 그 자체가 놀이의 성격을 가지고 있다고 말했다. 요즘 아이들의 창의성이 떨어지는 이유도 아이들의 삶에서 놀이시간이 감소한 것과 관련이 있는 맥락이다. 그런데 산업사회 이데올로기의 포로가 된 기성세대는 놀이가 단순한 시간 낭비라고 생각한다.

사실, 교육 Education의 어원이 에두케레 Educere (끌어내다), 즉 학생들의 잠재력을 끌어내는 것이듯이, 주입식 교육은 진정한 의미의 '교육'이 아니다. 진정한 '교육'은 학생들에게 자유를 주고 스스로 생각할 시간을 주어야 한다. (문제를 풀려는, 평범하지만 집요한 사고과정의 산물인) 창의성은 오랜 훈련을 통해 서서히 세상을 보는 관점이 바뀌어서 생겨나는 문제 해결능력이기 때문이다. 즉 자유와 생각할 시간을 주어야 학생들이 창의적인 아이디어를 낼 수 있고, 문제를 찾아내서 해결하는 능력을 키울 수 있을 것이다. 아이들의 놀이시간과 자유시간이 감소하는 한국 교육은 시대를 역주행하는 것이다.

이처럼 창의적 아이디어가 가치창출에서 핵심역할을 하는 데이터 경제에서는 자유시간인 여가가 가치창출에 이바지하기에 여가와 노동의 구분이 의미가 없다. 창의적 아이디어를 위한 조건을 정리하면 다음과 같다. 무엇보다 창의적 아이디어는 자신이 좋아하는 일을 해야만 나올 수 있기에 아이들에게 충분한 자유를 주어 자기의 길을 찾게 해주어야 한다. 실제로 교육의 목표인 잠재력을 끌어내기에 가장 좋은 방식은 자신이 좋아하고 관심 있는 일을 찾아내 몰입할 수 있게 해주는 것이다. 둘째로 창의적 아이디어는 월등히 많은 시간을 들여야 나올 수 있고, 심지어 사람에 따라서는 생애 한 번의 좋은 아이디어로 인류 세계에 이바지하기도 한다. 즉 창의적 아이디어는 노동시간 투입에 비례하여 나오지 않기에 노동시간 투입에 기초한 소득 배분은 문제가 있다.

이 문제에 대한 해결책 중 하나가 기본소득 혹은 사회배당금이다. (재산, 노동의 유무와 상관없이 모든 국민에게 개별적으로 무조건 지급하는 소득인) 기본소득●이나 (도움이 아니라 인권 개념인) 사회배당금은 오래전부터 많은 사람이 관심을 보여 왔다. 예를 들어, 존 스튜어트 밀John Stewart Mill은 (열심히 일하고 더 많이 저축하는 사람을 제재하는 '온건한 형태의 도둑질'로 공격한) 누진세 대신에 비례세를 옹호했지만 상속 재산은 기회의 평등을 저해하므로 상속세를 무겁게 매겨야 한다고

● 참고로 기본소득은 무조건성(무심사 지급), 보편성(모두에게 지급), 정기성(지속 지급), 개별성(가구 아닌 개인에게 지급), 현금성(현금 지급) 등을 특성으로 한다.

주장했다. 그는 한 사회의 생산물 배분에 있어서, 노동 능력이 있든 없든, (생산물 중) 최소한의 일정량을 공동체의 모든 구성원의 생존을 위해 우선 할당하고, 나머지 생산물을 노동, 자본, 재능의 3가지 요소 사이에 일정 비율로 나눌 것을 주장했다. 또한 헨리 조지Henry George는 비싼 의료비나 학교 중퇴율, 범죄 증가 등에서 볼 수 있듯이 빈곤을 방지하기 위해 사회는 막대한 비용을 부담하는데, 이는 모든 사람의 재산인 지구(토지)를 극소수가 소유하고 있기 때문이라고 보았다. 따라서 불공평을 해결하기 위해서는 토지 소유자에게 세금을 부과하고 그 세금을 모든 사람에게 배당금으로 돌려줘야 한다고 주장했다. 배당을 받는 것은 지구에 사는 모든 사람이 당연하게 누려야 할 권리라는 것이다.

기본소득은 어느 정도의 소득이어야 하는가? 각 사회가 동원 가능한 재원이나 사회적 이익 등을 고려할 때, 즉 사회적 생산력 수준을 고려할 때 기본소득만으로는 충분하지 않아 다른 일을 해야 할 정도의 금액이 다수의 공감을 얻고 있다. 일에 대한 유연한 사고를 유도하면서 일자리를 선택할 자유도 증가할 수 있기 때문이다. 즉 사람들은 기본소득을 받음으로써 임금이 높을 뿐 아니라 가장 만족스러운 일을 선택할 수 있다(높은 수입을 얻을 수 있는 주 20시간의 일자리와 자원봉사 활동 15시간의 조합 등). 선택 옵션이 늘어나면 행복도가 증가해, 자기가 좋아하는 일을 하거나 사회에 공헌할 기회가 증가

한다.

그렇지만 기본소득이나 사회배당금을 도입하는 데 몇 가지 장애물이 존재한다. 첫째는 도입을 둘러싼 세대 간 인식의 격차 문제이다. 예를 들어, 일본이나 한국 사회에서 '일을 하지 않는 것은 부끄러운 일'이라는 인식이 강하고, 그로 인해 사람들은 무슨 일이든 해야 한다는 강박관념을 가지는데, 이것은 사람들이 산업사회 이데올로기의 포로가 된 결과이다. 산업사회 이데올로기가 내면화된 기성세대는 일자리를 찾아 돈을 벌어오지 않으면 사람 구실을 하지 못하는 것으로 생각하는 경향이 있다. 따라서 모든 사람이 평생 아침부터 저녁까지 일할 수 있는 일자리를 제공하는 사회가 이상적이라고 생각한다. 문제는 기술 발전과 혁신으로 생산 과정에 필요한 인간 노동의 양이 점점 더 적어지고 있다는 점이다. 예를 들어, 기술적으로 로봇이 사람 대신 여러 분야에서 활약하며 농업이나 제조업, 서비스업 같은 일을 대체하는 상황에서 우리는 '노동의 역할이 무엇이어야 하는가'라는 질문에 직면한다.

이에 대한 해법은 노동시간을 축소하고 일자리를 공유하는 것이다. 이 과정에서 기본소득을 받은 개개인은 하고 싶은 일에 집중할수 있게 된다. 이를 통해 개인의 행복과 사회 이익을 동시에 추구하는 것이 가능하다. 더 큰 자유(시간)를 갖게 되면 사람들은 자기 삶의 의미와 보람을 찾는 데 더 많은 시간을 쓰게 된다. 그 결과 개인은 행복을 추구할 수 있게 되고 사회 혁신 활동이 활발해질 것이다.

일부 미래학자들(제레미 리프킨 등)은 노동시간이 크게 축소될 수밖에 없고, 그 결과 일자리를 유지하기 위해서라도 머지않아 주 3일 근무가 정착될 것으로 전망한다.

최근 30년 동안 선진국을 중심으로 우울증이나 (일에 몰두하던 사람이 극도의 스트레스로 인하여 정신적·육체적으로 기력이 소진되어 무기력해지는) '번아웃 증후군' 환자가 큰 폭으로 증가하고 있다. WHO는 2030년에 우울증이 질병 순위에서 1위가 될 것으로 전망한다.[35] 지난 200년 동안 눈부신 진보를 이뤄왔는데 갑자기 많은 사람이 우울증을 앓고 불안해하는 것을 어떻게 이해할 수 있을까? 2012년에 《부채, 그 첫 5,000년》의 저자 데이비드 그레이버David Graeber는 그 이유 중 하나로 만연한 '헛된 일Bullshit Jobs'● 즉 '불시트 잡스'를 지적한다. '불시트 잡스'에 종사하는 사람은 일을 하지 않고도 돈을 많이 받지만 자신이 불행하다고 느끼듯이, 사람은 누구라도 기회가 있으면 자신의 인생에서 무언가 다른 사람의 도움이 되고 싶어 한다. 영국의 시장조사 및 데이터 분석회사 유고브YouGov의 "당신의 일은 사회에 의미 있는 공헌을 하는가?"라는 질문에 영국의 직장인 중 37%가 "전혀 그렇지 않다"고 대답했는데 이 부분에 의미를 둔다는 걸 반증한다.[36] 실제로 주요국들에서는 노동시간이 줄어들면서 늘어난 여가시간에 사람들이 학습과 돌봄, 사회참여를 통해 새로운 가치를

—

● 아무래도 좋은 헛된 일을 의미한다.

만들어가는 걸 확인할 수 있다.

두 번째 장애물은 기본소득 도입을 반대하는 사람이 가장 많이 사용하는 논리로, 일에 대한 동기가 저하된다는 주장이다. 공짜로 돈을 나눠주면 사람들이 게을러지거나 심지어 사람들이 모두 일을 그만둘 수 있다고 본다. 인간은 자유로운 시간이 늘어나면 TV만 보며 해이해질 거라는 우려이다. 그러나 TV 시청 시간이 긴 곳은 미국·터키·일본처럼 노동시간이 긴 나라들이다. 정말로 피곤한 상태에서 여유로운 시간에 할 수 있는 일은 고작 TV를 시청하는 일이기 때문이다. 오히려 노동시간이 짧은 나라일수록 자원봉사 활동에 참여해 어린아이나 고령자를 돌보거나 작곡이나 예술 분야에서 활약하는 사람이 많다. 게다가 인간은 빈곤선을 넘어서면 돈을 효율적으로 활용한다. 자기 인생에서 무엇을 얻고 싶은지 스스로 결정할 자유가 있으면 돈을 낭비하지 않는다는 사실도 확인되었다.

이처럼 두 가지 장애물은 '노력에 대해 합당한 대가를 지불하는 20세기 가치관'과 '21세기 가치창출 방식'의 충돌에서 비롯한다. 일해야 한다는 강박관념, 즉 '일을 하지 않는 것은 부끄러운 일'이라는 인식은 노동시간과 가치창출 간 비례관계나 가치창출에서 노동과 여가의 역할 구분 등 산업사회의 경험에서 비롯한다. 그런데 21세기는 일률적이고 사무적인 결정은 컴퓨터가 수행하고, 창의성이 미래에 가장 중요한 기술로 부상한 시대이다. '4차 산업혁명' 이후의 사람들은 일에 대한 인생의 의미를 규정하고 사회에 무언가 가치를 창출하는 일을 하고 싶어 한다. 즉 사회에 창의성이 넘치려면 더 많은 자유가 확보되어야 하는데, 여기서 기본소득이나 사회배당금은 중요한 역할을 한다. 이처럼 기술 진보와 기본적인 사회보장이 만날 때 우리는 가족이나 친구들과 함께 보내는 시간을 늘릴 수 있고 사회적으로 가치 있는 일을 할 수 있으며, 동시에 더 잘할 수 있는 일에 집중할 수 있다.

자율적 인간과 민주주의의 미래

가치창출 방식의 변화와 새로운 인간형은 필연적으로 사회문화, 경제질서, 민주주의 등의 변화를 초래할 수밖에 없다. 구체적으로는 차이와 다양성이 가치의 원천으로 존중되는 문화의 확산, 협력과 공유가 소비와 생산에 국한되지 않고 분배의 영역까지 포괄하는 호혜경제의 확산 그리고 자유민주주의(제1민주주의)와 인민민주주의(제2민주주의)를 넘어 자율민주주의(제3민주주의)로 진화해야 한다.[37] 예를 들어 블록체인 플랫폼과 사회 혁신이 결합한다면 생산성의 비약적인 발전으로 많은 사람에게 최저 소득과 최소 목적을 보장할 수 있을 것이다.[38] 여기서 '목적'은 일을 통해 다른 사람들과 관계를 맺고 사회적으로 의미 있는 기여를 할 기회를 의미한다. 이는 앞에서 이미 소개했던 분배시스템의 근본적 변화와도 관련이 있다.

먼저, '이기적 개인'을 다수결로 '지배'하는 자유민주주의 제도로는 협력과 호혜성을 발현시키기 어렵다. 『미국의 민주주의』를 쓴 알렉시 드 토크빌Alexis de Tocqueville은 일찍이 민주주의가 단순한 대중의 지배 이상의 것이 되려면 (과도한 개인주의에 경도되고 국가에 대한 수동적 자세, 정치적 무관심을 낳는 자유민주주의를 넘어) 민주적 상호부조의 정신Democratic Mutual Aid Spirit이 있어야 한다고 보았다. 즉 협동할 줄 아는 새로운 민주주의는 이미 오래전에 토크빌이 간파한 민주주의의 본래 정신을 되살리는 것이다.

문제는 협력이 일상화되기 위해서는 '집단행동의 딜레마'를 해결해야만 한다는 것이다. 개인이 공동이익을 추구하기 위해 집단행동을 할 때 자신의 사익을 추구하기 위해 일탈행동을 하거나 무임승차Free Ride하려는 성향이 있기 때문이다. 무임승차 문제는 구성원의 자발적 협력 노력이 뒷받침되어야 해결할 수 있다. '집단행동의 딜레마'를 해결하기 위해서는 개인주의나 개인적 자유의 제한, 공동체 구성원으로서 개인의 책임의식 등의 문제를 해결할 수밖에 없다는 점에서 (앞에서 소개한) '자율적 인간Homo Autonomous'에 적합한 정치체제로 민주주의가 재구성되어야 한다.

다행히 디지털 생태계와 연결의 세계에서는 협력과 네트워크, 관계의 지속이 개인의 이익 극대화에 부합하기에 협력과 관계의 지속을 불가능하게 하는 '무임승차 문제'가 발생할 가능성은 적다. 즉 기회주의적 태도의 잠재적 이득은 협력이 중단되면 소멸하기에 협력은 하나의 규칙이자 규범으로 정착될 수밖에 없다.[39] 그렇기 때문에 개인주의, 배타적 소유권, 위계제 등을 특성으로 하는 자유민주주의가 이익 공유와 협력을 특성으로 하는 플랫폼 경제와 연결의 세계에는 적합하지 않은 것이다. 자유민주주의의 문화적 기반인 개인주의는 자발적 참여를 어렵게 한다.

(통합 효과와 전염 효과를 특성으로 하는) 연결의 세계에는 인간과 동물, 인간과 자연, 국가와 국가, 자신과 타인이 공생해야 하기에 중심주의 세계관에 기초한 자유민주주의적 세계질서도 지속되기 어렵다. 실제로 금융위기나 유로존 위기 이후 초국가 협력이 강화될 필요성이 커졌지만, 오히려 자국(이익) 중심 논리가 심화되면서 세계 경제의 회복이 어려워지고 불확실성을 고조시키고 있지 않은가. 인종주의, 구조화된 불평등, 다국적기업의 이익을 위해 수많은 생명을 희생시키는 해외 군사개입 등을 부끄러워하지 않는 미국 자유민주주의의 연장선상에 있는 자유민주주의적 세계질서는 힘으로 유지하는 불안정한 질서에 불과하다.

반면, 인민민주주의(공산주의 정치체제)는 평등을 추구하지만, 그 수단을 통제와 계획과 명령에 의존하고 있다. 그 결과 개인의 자발성(동기유발)이 약화되고 개인의 자유가 제한되며, 효율성이 저하되고 창의성도 발휘되기 힘들다. 착취구조를 합법화하고 소유 불평등을 제도화한 사유재산권하에서 보편적인 인권과 진정한 평등은 불가능하다. 전체 인민의 공동소유를 명분으로 중요 생산수단들에 대한 일체의 개인 소유를 금지하고 국가 소유를 제도화한 배경이다. 그 결과 인민이 필요로 하는 생필품을 국가가 분배하고, 교육이나 의료서비스 등을 사실상 무료로 제공했지만, 경직된 계획경제 속에 자율성이 억제되고 동기유발 메커니즘이 작동하지 못해 생산 의욕과 생산성이 정체되었다. 또한 무상 공급되는 재화나 서비스들의 질적 수준은 떨어지고, 사회적 수요의 다양성도 제약되었다. 경제의 운영방식이 독재적인 한 공공의 필요성을 충족시킬 수 없음을 보여준 것이다. 게다가 권력의 과도한 중앙집중화로 시간이 흐르면서 부정부패도 만연해졌다.

무엇보다 다원화 및 분산 등이 강화되는 추세 속에서 인민민주주의의 중앙집권적 의사결정체제가 한계를 드러낼 수밖에 없었던 것은 역사적으로도 자명했다. 즉 계급투쟁이 필연적으로 프롤레타리아 독재로 이어지고, 혁명적 프롤레타리아 독재의 형태만을 취할 수 있는 국가의 성격을 공산주의로 이행하기 위한 과도기적 모습으로 설정했지만, 권력의 독점이 초래할 실패를 이해하지 못했다. 현실에서 전개된 권력의 독점이 자신들이 생각한 권력의 독점과 차이가 있었다는 변명도 결국 '프롤레타리아 독재' 역시 '독재의 하나'로 귀결될 수밖에 없었던 현실을 외면한 것에 불과하다.

민주주의의 어원은 민중 또는 다수를 뜻하는 데모스Demos와 지배 (독재)를 뜻하는 크라티아Kratia를 합친 데모크라티아Demokratia이다, 그렇기에 민중의 독재인 프롤레타리아 독재는 민주주의이고, 마르크

스가 얘기한 프롤레타리아 독재와 (프롤레타리아가 권력을 갖지 못하고 국가에 의해 착취당한 국가자본주의인) 스탈린주의는 차이가 있으며, 여전히 프롤레타리아 독재는 가능하다고 주장하는 이도 있을 것이다. 그러나 이러한 차이를 강조하는 이들도 프롤레타리아 독재 역시 국가에 권력이 집중된 사실 자체는 부인하지 못할 것이고, 그 결과 권력 집중의 문제에서 벗어나지 못한다. 인민민주주의가 권력의 집중으로 귀결되는 이유는 개인의 자유를 통제하지 않고는 공익의 달성이 어렵다고 보기 때문이다. 기본적으로 개인의 '자율' 역량에 대한 불신을 갖고 있는 것이다. 즉 인민민주주의는 분산과 공유, 협력이 키워드인 3차, 4차 산업혁명 시대의 사회규범과 거버넌스의 틀에는 적합하지 않다.

이처럼 근대 산업사회의 기획물인 자유민주주의(제1민주주의)나 인민민주주의(제2민주주의)는 한계가 명확하다. 연결의 세계와 디지털 생태계(플랫폼 경제)의 운영원리인 협력을 방해하는 '집단행동의 딜레마'를 근본적으로 해결하기 어렵다. 게다가 각 개인이 스스로 자신의 삶을 기획하고, 자신의 기획에 맞게 실제로 삶을 조직하는 것이 가능하려면, 그리고 다른 사람과도 협력하려면 사회 조직 및 사회 운영의 원리인 민주주의도 업그레이드되어야 한다. 그렇다면 연결의 세계와 개방형 호혜 경제에 적합한 민주주의는 자율과 협력을 사회와 경제의 운영원리로 삼는 '자율민주주의'일 수밖에 없지 않은가? 자율민주주의야말로 개인의 자발성 보장, 개인주의 극복,

공동체 편익과 개인 편익 간 조화 등을 이룰 수 있기 때문이다. 여기서 자율은 자유의 궁극적 지향점極致이고, 협동은 통제의 궁극적 지향점極致이라는 점에서 자율민주주의는 자유민주주의(제1민주주의)나 인민민주주의(제2민주주의)를 넘어선 제3민주주의이고, 민주주의의 완성형이다.

기술적으로도 데이터의 독점, 그리고 인증과 검증에 대한 제3의 힘이 한 곳에 집중될 경우에 나타날 부정적인 결과에 대한 우려로 디지털 경제, 코드 경제, 플랫폼 경제에서 '자치'는 키워드로 부상한다. 실제로 많은 사람이 인증과 검증을 위한 '자치 프로토콜'●이 포괄적이고 민주적인 디지털 미래의 필수요소라고 여긴다. 플랫폼 참여자의 자치 역량과 같은 맥락에 있는 것이다. 또한 관료 행정의 여러 과정이 알고리즘의 도입으로 간소화되는 한편, 활발한 전면적 연결성 속에서 사람들의 필요와 욕구에 대한 정보의 소통도 활발해지면서 행정 정보가 투명해진다. 이처럼 분산된 개별적 가치 판단이 경제 진화와 인간 사회 발전 양상을 크게 바꿀 것은 자명하지만, 문제는 거버넌스의 새로운 틀을 짜야 하고 이를 위한 민주주의의 업그레이드가 불가피하다는 점이다.

● 컴퓨터 간에 정보 및 데이터를 교환하기 위해 사용하는 통신 규칙.

공감형 인간
호모 엠파티쿠스로 진화하라

구글에 밀려난 학교교육

　제조업 중심의 산업 생태계와 4차 산업혁명이 수반하는 디지털 생태계가 전혀 다르다면 각 생태계에서 살아갈 사람들도 다르다는 것은 상식이다. 무엇보다 사람을 만드는 것이 교육이라는 점에서 사회의 인간형은 그 사회의 교육방식을 포함한 교육제도와 밀접한 관련을 맺고 있다. 그런데 사람들은 산업사회의 학교교육체제를 유지하면서도 자기 자녀들이 21세기를 행복하게 살기를 바란다. 자녀들이 21세기를 살아갈 수 있도록 사회 환경을 바꾸지 않는 한 시대 부적응자가 될 수밖에 없다는 사실은 외면하고 있다. 바다에서 큰 지진이 나면 조만간 쓰나미가 몰려온다는 걸 예측할 수 있는데 아직 내 눈앞에 쓰나미가 보이지 않는다고 대비하지 않는 격이다. 쓰나미가 덮칠 때는 피하기에 이미 늦은 상태로 생명과 재산을 잃게 된다. 지금 우리는 그런 상황에 살고 있다. 기성세대들은 우리 자녀들에게 '의도하지 않은' 죄악을 저지르고 있는 것이다.

두 번째 중요한 변화는 대학교육의 효과가 크게 약화하기 시작했다는 점이다. 대학 졸업자가 직무를 수행하는 데 필요한 내용(인지량)을 대학에서 습득하는 정도가 2000년 이후 급속히 감소하기 시작했다. 이는 산업구조의 변화와 밀접한 관련이 있다. 현재의 교육시스템은 근대 산업사회의 산물이다. 더 길게 보면 중세 시대나 르네상스 시대, 짧게 보더라도 19세기로 거슬러 올라간다. 근대 교육의 기술적 토대는 정보전달의 혁명적 발전을 가능케 한 '인쇄 혁명'이고, 인쇄 혁명은 근대 사회의 핵심 틀을 만드는 데 결정적으로 이바지했다. 예를 들어, 정보전달의 수단으로 글이 말을 대체하기 시작하면서 다양한 방언들의 합으로 표준언어가 만들어졌고, 같은 문자를 사용하고 동질적인 집단으로 형성된 사회구성체는 '민족국가'의 모태로 작용한다. 동시에 책이 세계 최초로 대량생산된 제품이듯이 인쇄업은 제조업 대량생산의 모태 역할을 하며 자본주의 발전에 이바지했다. 따라서 근대 교육은 자연스럽게 희귀한 정보를 접하는 지식의 주입에 초점을 맞추었다.

그런데 정보통신혁명 덕분에 정보는 이제 더 이상 희소한 대상이 아니게 되었다. 즉 학교에서 정보를 제공하는 것은 무의미해졌다. 정보와 지식 제공에서 학교가 구글보다 경쟁력이 있는가? 사람들은 정보 부족에 시달리는 것이 아니라 정보를 기반으로 사람을 이해하고 세상을 해석하는 능력을 요구받고 있다. 특히 데이터 혁명으로 발생한 '데이터 경제'에서는 데이터를 활용하여 문제를 찾아내고, 또 해결하는 능력이 필요하다. 21세기부터 숙련된 일에 대한 수요가 감소하면서 고숙련 노동자들이 전통적으로 저숙련 노동자가 수행한 업무를 하기 시작했다. 이는 대학에서 습득하는 인지량이 21세기에 부상한 새로운 사업모델의 업무에 필요한 역량에 도움이 되지 않고 있음을 의미한다. 그 결과 대학에서 배출한 고숙련 노동력이 저숙련 노동력이 수행한 일자리로 이동하는 현상이 가속화되고 있다.[40] 즉 대학교육의 효과가 약화되고 있다. 이는 대학교육 방식과 변화된 산업구조 사이의 불일치(미스매치)를 보여준다. 근대와 미래(21세기)와의 미스매치인 것이다.

미스매치의 비용은 고스란히 21세기의 주역 세대에게 돌아간다. 실제로 대학교육의 효과 약화에 따른 최대 피해는 청년실업으로 나타나고 있지 않은가? 경제학 교과서는 기업이 노동력을 고용하는 기준을 생산성으로 제시하고 있다. 거칠게 표현하면 채용할 경우 기업이 지급해야 할 임금보다 더 많이 벌어줄 수 있는 사람을 고용한다는 뜻이다. 생산성을 결정하는 가장 중요한 요인으로는 기존 직원의 경우 (연습과 반복된 실행을 통해 업무를 능숙하게 할 수 있는 능력인) 숙련 Skills, 그리고 신규 고용 노동력의 경우 교육수준 등이 있다.

많은 사람이 더욱 많은 교육을 받고, 대학을 진학하는 이유가 자신의 몸값을 높이기 위한 것이다. 그런데 선진국의 청년실업 문제는 교육과 생산성의 관계가 약화되었다는 걸 보여준다. 부모세대보다 더 많은 교육을 받은 청년세대의 실업률이 사회 평균 실업률보다 2~3배 높다는 사실은 기업이 청년들의 고용을 회피하고 있음을 의미하는데, 그 이유는 생산성이 높지 않다고 보기 때문이다. 이는 교육수준과 생산성 사이의 상관관계가 약화되었다는 것을 의미한다. 디지털 생태계로 경제활동의 중심이 이동하고, 데이터 경제가 부상하면서 산업사회 교육방식의 위기를 보여주는 것이다.

참고로 데이터의 기본 단위는 바이트^{Byte}인데, 매일 2.5엑사바이트(Exabyte$=10^{18}$) 규모의 데이터가 생성된다고 한다. 연간 생성되는 데이터의 규모가 얼마나 큰지를 가늠하기 위해 650메가바이트(Megabyte$=10^{6}$)를 저장할 수 있는 1.2mm 두께의 CD 한 장을 떠올려보자. 연간 생성되는 데이터는 인구 77억 명 모두에게 정보가 담긴 CD를 182장씩 나눠줄 수 있는 분량이다. 나누어준 CD를 다시 모두 거둬들여 차곡차곡 쌓아 올려보자. CD 한 장의 두께가 1.2mm이므로 쌓인 CD가 만들어내는 총 두께는 약 1,684,615km인데, 이는 지구에서 달까지를 두 번 왕복하고도 남는 거리이다. 연간 세계 데이터 센터에서 발생하는 IP 트래픽^{Traffic}은 9,087엑사바이트로 연간 생성되는 데이터의 규모보다 30배 이상 크다. 매초 구글 검색이 4만 건 이상 발생하고 매분 페이스북이나 인스타그램을 통한 사진

업로드가 3억 건을 넘으며 유튜브와 같은 동영상 시청도 400만 건에 달한다. 또한 컴퓨터나 정보통신장비를 통해 매분 1,600만 건의 문자 메시지가 발송되고, 1억 건이 넘는 스팸Spam을 제외하더라도 매분 약 2억 건 이상의 이메일을 주고받는다.[41]

이러한 변화는 노동력에 대한 수요 변화에서도 확인된다. 탈공업화와 기술 진보로 중간임금 일자리의 비중이 감소하는 '일자리 양극화'는 산업화된 국가들에서 일반적으로 나타나는 현상이었다. 그런데 2000년 전후로 미국에서 중요한 변화가 발생한다. 노동력을 화이트칼라와 블루칼라로 구분하고, 다시 정형화된 업무와 비정형화된 업무로 구분할 때 전체 노동력을 4가지 유형의 노동력으로 단순화할 수 있다. 첫째, 70년대 말부터 정형화된 블루칼라 일자리(기능직)가 줄어드는데, 이는 탈공업화 충격과 일치한다. 둘째, 90년대 후반부터 반복적이고 정형화된 업무를 수행하는 화이트칼라 일자리가 줄어든다. 이는 IT 혁명 및 인터넷 혁명의 부상과 일치한다. 셋째, 2000년대 이전까지 급증하던 비정형화된 화이트칼라 일자리(금융부문 노동력)가 2000년 이후 완만한 감소 추세를 보인다. 이는 2000년 이후 플랫폼 사업모델의 확산을 중심으로 한 산업 재편과 일치한다. 넷째, 비정형화된 블루칼라 일자리(건물 청소 등)가 2000년 이후 급증하다가 2010년경부터 정체로 돌아선다. 이는 2000년 이후 제조업 종사자가 급속히 감소하고 저임금서비스 부문 일자리로 이동하는 현상, 그리고 2010년경부터 시작된 AI 열풍과 일치한다.[42]

제조업의 역할 쇠퇴와 플랫폼 사업모델의 부상 등은 혁신방식의 변화에서도 드러난다. 2000년대 들어 연구개발R&D의 효과가 크게 약화하고 있다. 예를 들어, 글로벌 1,000개 상장회사의 재무성과가 연구개발 지출이나 특허 보유 건수와 상관성을 보이지 않고 있다. 애플이 스마트폰 사업에 진출하여 앱스토어 모델에 의한 앱 생태계를 구축한 후 '혁신의 아이콘'이 되었던 스티브 잡스 시절, 수익성(매출액 대비 영업이익률)과 매출액 대비 연구개발 지출 비중은

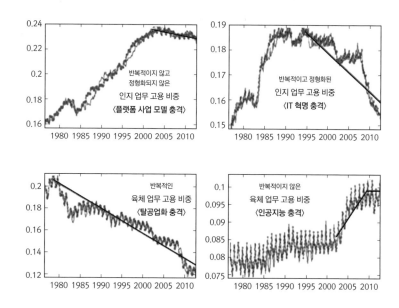

미국에서 업무 성격에 따른 일자리 비중의 추이

출처: Guido Matias Cortes, Nir Jaimovich, Henry E. Siu, "The Micro and Macro of Disappearing Routine Jobs: A Flows Approach," *NBER Working Paper* No. 20307, Issued in July 2014, Figure 10.

상관관계가 없음을 넘어서 오히려 반대 방향으로 움직였다. 애플의 매출액 대비 영업이익률과 매출액 대비 연구개발 지출액 비중은 2011년에는 각각 29.02%와 2.24%(24.3억 달러), 2012년에는 각각 35.69%와 2.16%, 2013년에는 각각 30.92%와 2.62%, 2014년에는 각각 28.57%와 3.33%를 기록했다. 수익률과 연구개발 지출액의 비중 간에 상관관계가 없을 뿐 아니라 오히려 반대 방향으로 움직이고 있다. 이는 2014년 분기별 실적에서도 확인된다. 1분기(2013년 12월 말 기준) 영업이익률과 연구개발 지출액의 비중은 각각 30.3%와 2.31%, 2분기는 각각 29.8%와 3.12%, 3분기에는 각각 27.5%와 4.28%, 4분기에는 각각 26.5%와 4.0%를 기록했다. 아래 그래프도 애플의 수익성과 연구개발 간의 상관성이 확인되지 않음을 보여준다. 혁신의 방식이 변한 것이다.

디지털 생태계의 특성을 이해하면 이러한 현상은 당연하다. (아이폰에서 앱을 만들 수 있는 운영체제인 iOS를 제공하고, 기업 밖에 있는 70

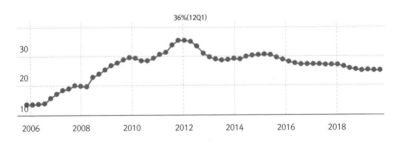

애플의 매출액 대비 영업이익 비중

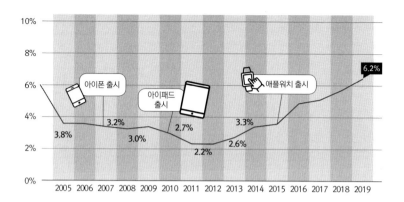

10%

8%

6%

4%

2%

0%

아이폰 출시

아이패드
출시

애플워치 출시

6.2%

3.8%

3.2%

3.0%

2.7%

2.2%

2.6%

3.3%

2005 2006 2007 2008 2009 2010 2011 2012 2013 2014 2015 2016 2017 2018 2019

애플의 매출액 대비 연구개발 비중

억 명에게 자신의 아이디어를 판매해 돈을 벌 기회를 제공하는 방식인) 애플의 앱스토어 모델을 필요로 한 것은 (값비싼 연구 장비나 우수한 연구 인력 등에 대한 투자에 의존하는) 기존의 제조업 제품의 혁신방식과 달리 이익 공유를 통한 '가치의 공동창조'라는 새로운 비즈니스 철학이었다. 애플의 경우 가치창출에 있어 내부 아이디어와 외부 아이디어를 결합·연결하는 '아이디어의 레버리지'를 활용한 것이다.[43] 이처럼 디지털 생태계에서는 모든 연구 및 개발 과정에서 외부 자원과 내부 자원을 결합하는 개방과 협력에 의존한다. 이는 이익 공유가 절대적 조건으로 부상했음을 의미한다. 생산물을 내부에서 개발하는 전통적·폐쇄적 혁신방식인 연구개발 방식에 젖어 있는 제조업체들이 변화에 잘 적응하지 못하는 배경은 GE, GM, 알코아 등 주요 제조업체가 다우지수에서 탈락한 근본 이유다.

공감형 인간을 만드는 교육혁명

현재의 대다수 대학생은 21세기 100년을 살아갈 것이다. 그리고 21세기에는 20세기와는 전혀 다른 상황이 도래할 것이다. 예를 들어, 미래학자들은 2050년 전후로 (기술 변화의 영향이 매우 커서 인간 생활을 되돌릴 수 없을 정도로 변화한 시기를 의미하는, 구체적으로는 인공지능이 인간을 초월하는) '특이점Singularity'의 도래(레이 커즈와일Ray Kurzweil)나 (초스마트한) '신인류'의 등장(유발 하라리Yuval Harari) 등을 예고하고 있다. 하지만 여전히 세상은 20세기 경험에 기초한 사고와 패러다임이 지배하고 있고, 무엇보다 21세기 청년들은 그 연장선상에서 교육을 받고 있다. 이러한 문제점을 해결하기 위해서는 '교육혁명'이 시급하다.

첫째, 지금의 교육방식이 지속되는 한 21세기를 살아갈 청년들은 AI 기술이 초래할 '일자리 대참사'와 '초양극화' 문제에 맞닥뜨릴 것이다. 새로운 세대의 컴퓨터와 로봇들이 쏟아져 나와 기하급수적인 속도로 기술이 발전하고 있는데도 현재의 교육은 AI 기술로 모두 대체 가능한 정보와 지식습득에 안주하고 있다. 이러한 변화에 대처하지 못하는 중·고등학교 및 대학교육을 고려할 때, AI가 할 수 없는 업무를 하면서 AI를 활용하여 자신의 업무 생산성을 높이는 극소수를 제외한 대다수가 AI와의 경쟁에서 이길 수 없을 것이다.

특히 (노동자 1만 명당 로봇 도입 대수로 정의하는) 로봇밀도가 세계에서 가장 높을 뿐 아니라 속도가 가장 빠른 한국 사회의 경우 특별한 조치가 없는 한 일자리 대참사가 일어날 것으로 보인다. 한국 노동자들의 숙련도가 현재의 자동화 기술로 대체될 정도로 낮기 때문이다. 이는 (제조 부문에 특화한) 한국의 선택적 공업화에서 비롯한다. 즉 제조업과 관련된 고부가가치 사업서비스가 취약하고, 암묵지를 보유한 노동력이 부족한 문제와 관련이 있다. 단기 성과에 집착하는 재벌기업이 사람에 대한 투자를 소홀히 했기 때문이다. 참고로 지식은 암묵지暗默知와 형식지形式知로 분류된다. 암묵지는 학습과 체험을 통해 습득하지만 겉으로 드러나지 않은 상태의 지식으로 시행착오와 같은 경험을 통해 체득하는 경우가 많은 반면, 형식지는 암묵지가 문서나 매뉴얼 형태로 표출돼 여러 사람이 공유할 수 있는 지식을 말한다. 많은 이들이 IT가 발전하면서 형식지와 같은 지식을 많이 갖는 것은 무의미해졌고, 21세기에는 다른 사람이 갖지 못한 나만의 지식, 즉 암묵지를 가져야 한다고 말한다. 20세기 교육내용과 교육방식이 형식지의 습득에 초점을 맞췄기 때문에 이제는 변해야 한다는 말이다.

그런데 암묵지는 21세기 삶을 보장해줄까? AI가 지금까지의 전문기술 및 숙련의 가치조차 무기력하게 만드는 상황인데 말이다. 예를 들어, 천재 바둑기사로 불렸던 이세돌 9단은 AI를 이길 수 없다는 생각 때문에, 즉 자신은 "바둑을 예술로 배웠"는데 이제 AI에게 바둑을 배워야 하는 현실을 받아들이기 어려워 프로기사를 포기

한다고 선언해 많은 사람에게 충격을 안겼다. 이세돌 프로기사의 실력은 형식지에 불과한 것이라 AI에게 패배할 수밖에 없었는가? 그의 고백은 '노동의 미래'를 보여줄 뿐 아니라 암묵지의 범위가 어디까지인지를 묻고 있다.

실제로 2000년대 이후 인지, 추상, 의사결정 업무와 관련된 역량에 대한 수요도 감소 추세에 있다. 앞의 그래프에서 볼 수 있듯이 2000년대 초가 지나면서 반복적이지 않고 비정형적인 인지 업무(관리직, 전문직 등)가 감소 추세를 보이고, 2010년경부터는 비정형적인 육체 노동력 업무조차 감소하고 있다. 전자는 '고용축소형 사업모델'인 플랫폼 사업모델의 확산과 관련이 있고, 후자는 AI 기술의 폭발적 증가와 관련이 있다. 이처럼 형식지의 습득에 초점을 맞춘 교육은 오래전에 수명을 다했다. 문제는 대학교육을 포함한 한국 교육의 대부분은 여전히 (온라인상에 넘쳐나는) 형식지 습득에 머물러 있다는 점이다. 특히 초·중·고 학생들은 형식지를 외우는 데 상당한 시간을 투입하고 있다.

더 심각한 문제는 조만간 인간이 AI와 공존할 수 있겠냐는 점이다. AI 로봇은 처음에는 인간이 설정한 프로그램으로 작동하지만 새로 획득하는 데이터 속의 패턴을 학습하여 새로운 정보를 해석하는 방식에 필요한 규칙을 스스로 개발하는 단계로 나아가고 있다. AI 로봇이 인간 세상에서 새로이 획득하는 데이터는 어떤 것일까? 공생과 상생보다 갈등과 적대적 대립과 관련된 정보가 많다면 AI 로봇은 반인간적인 존재가 될 것이다. AI 로봇과 인간이 공존하기 위해서는 모두가 공생하고 상생하는 세상으로 바뀌어야 할 것이다. 현재의 교육이 이런 변화에 대처할 수 있는지 진단해야 한다.

둘째, 많은 전문가들이 현재 아이들의 창의성이 과거보다 떨어진다는 얘기를 한다. 즉 요즘 아이들의 IQ는 과거보다 올라갔는데 창의성은 과거보다 떨어졌다는 것이다. 21세기를 살아갈 청년들에게 가장 중요한 것이 창의성이라고 하는데, 학교 점수는 창의성과 관계가 없다. 앞에서 지적했듯이 오늘날 기업들은 4C 역량이나 (다른 사람과 협력해 문제를 해결하는) 사회적 기술Social Skills 등을 갖춘 인재를 찾는다. 그런데 대학에 들어온 대부분의 청년에게는 자기만의 개성이 없어서, 자기가 무엇을 좋아하는지 모른다. 대학에 입학한 1학년 학생에게 나는 "자기만의 개성을 복원하라!"고 가장 먼저 당부한다. "사람은 일란성 쌍둥이로 태어나도 차이가 있다. 각자의 개성이 있다는 말이다. 그런데 획일화된 교육을 받으면서 개인의 개성이 없어져서, 대학에 입학할 무렵에는 개인 간 차이가 거의 없는, 즉 표준화된 '대표 대학생A Representative College Student'들만 넘쳐난다. 그런데 미래를 살아가려면 자신만의 개성을 갖추어야 한다. 개성을 복원하는 것은 선생은 물론이고 부모도 도와줄 수 없다. 자신과의 대화를 통해 찾아내야 한다. 자신이 정말 하고 싶은 일, 살고 싶은 모습을 찾는 것이다"라고 당부하지만, 학생들은 자신의 개성을 찾는 것을 매우 어려워한다.

그런데 대학교육의 특성상, 사실상 성인인 학생이 개인적으로 문제를 해결하려는 적극적 태도를 갖지 않는 한 지속적인 관리가 어렵기에, 학생들은 졸업을 앞둔 시점에도 자기 개성을 찾지 못하고 사회로 나가는 경우가 대부분이다. 몇 년 전 일인데, 4학년 2학기가 끝나갈 무렵 (내 기억에) 성실하게 학과 공부를 했던 한 학생이 진로와 관련된 상담을 하려고 연구실을 방문했다. 아주 행복한 고민을 하고 있었는데, H공사와 S은행 두 곳에 취업이 합격된 상태에서 어느 곳을 선택하는 것이 좋을지 내 의견을 들으러 왔다. 취업이 어려운 상황에서 교수에게 자랑하고 싶은 마음도 있었겠지만, 손에 두 개의 떡을 쥐고 고민(?)하는 마음도 짐작할 수 있었다. 전자의 안정성, 후자의 돈을 벌 가능성을 놓고 저울질하고 있었다. 나는 "그것을 왜 내게 묻나? 자네가 좋아하고, 하고 싶은 것을 선택하면 되지 않나?"고 되물었다. 내 물음에 그 학생은 입을 다물었다. 이처럼 학생들은 졸업할 때까지 자신이 뭘 하고 싶은지를 모르는 상태이다. 즉 많은 대학생이 자신이 정말 하고 싶거나 좋아하는 일이 무엇인지 충분히 고민하지 않고, 사회의 시선을 기준으로 직장을 선택하거나 공무원 등 제도적으로 안정성이 보장된 직장을 선택한다. 그렇다 보니 첫 직장에서 2년 내 퇴사하는 경우가 65%나 달한다는 조사가 있다. 그들에게 퇴사 이유를 묻자 직장생활이 자신이 생각한 것과 달랐기 때문이라고 답을 한 사람이 1/5 이상이었다. 퇴사하지 않고 다니는 직장인 중에는 얼마나 많은 이들이 자신이 하는 업무를 좋아할까?

이처럼 오늘날 많은 학생이 자기가 하고 싶은 일을 선택하기보다 다른 사람(사회)의 기준을 따른다. 대학을 다니는 동안에도 주변 학생들이 하는 것들(어학연수, 영어공부 등)을 따라 한다. 다른 학생들을 따라 하지 않으면 자신만 뒤처지는 것 같은 생각이 드는 것이다. 그 결과 대부분의 대학생은 영어 점수나 학점의 차이 등만 있을 뿐 획일화된다. 이렇게 된 이유는 많은 학생이 대학에 입학하기 전에 이미 거의 비슷한, 마치 공장에서 대량으로 만들어낸 상품이 되어버렸기 때문이다. 자신만의 개성을 가지고 태어난 우리 아이들이 학교의 교육과정에서 사회화 과정을 거치면서 개인 간 차이가 거세된 표준화된 인간으로 재양성된 결과다.

사회적 수요로 인해 표준화가 요구되던 시대가 있었다. 제조업이 일자리 창출의 원천이었던, 특히 우리나라처럼 제조 과정에 특화된 제조업 일자리가 많은 경우에는 개성의 차이가 없어도, 적어도 취업을 하는 데는 문제가 없었다. 그렇게 취업을 하면 특별한 일이 발생하지 않는 한 정년도 보장되었다. 산업사회를 살았던 기성세대라면 공감이 갈 것이다. 물론, 당시에도 사람들이 선택한 직업은 자신이 정말 하고 싶은 일이나 사회적으로 의미 있는 일과는 관계가 없었다. 산업사회에서 일(노동)이라는 것은 돈을 벌기 위한 수단일 뿐이지 하고 싶어서 일하는 것은 아니기 때문이다. 그렇기 때문에 경제학 교과서에서 노동은 효용을 감소시키고, 그 반대급부로 임금은 효용을 증대시킨다고 설명하는 것이다. 그리고 제조업 중심의 산업사회에서 노동력은 물적 자본의 보조 역할을 했기에 개인 간 차이는 특별한 의미가 없었다. 제조업의 경우 (노동) 생산성은 (연습을 많이 하여 능숙해진 상태인) 숙련Skills에 의해 결정되기에 한 업무를 오래 수행할수록 노동력의 가치는 증가했다. 기업이 평생고용과 연공서열제를 선택한 이유다.

그런데 (제조업 종사자가 줄어드는) 탈공업화와 IT 혁명 등이 진행되면서 반복적인 업무를 수행하는 노동력은 기술(프로그램 코딩)로 대체된다. 게다가 IT 혁명에 이어 데이터 혁명이 진행되면서 가치를 창출하는 데 아이디어가 많이 필요하게 되었다. 그런데 아이디어에는 '차이'가 중요하다. 표준화되고 평균적인 노동력은 차이가 없어서 수요가 줄어들 수밖에 없고, 심지어 기술로 대체하는 것이 비용 면에서도 유리하다.

예를 들어, 능력이 모두 다른 1,000명의 노동력을 자동화하려면 1,000가지 종류의 자동화 기술 도입 비용이 발생하는 반면, 같은 능력을 가진 1,000명의 노동력을 자동화할 경우에는 한 가지 기술을 도입하는 데 드는 비용만 내면 되기 때문에 고용보다 자동화를 선택할 가능성이 크다. 제조업 중심의 산업사회에서 반복적이고 표준화된 업무는 대개 중간임금 일자리에 집중되어 있다. 기술 진보에 따라 (중간임금 일자리가 줄어들고, 즉 중산층이 줄어들고) 양극으로 쏠리는 '일자리 양극화'나 '소득 양극화' 현상이 진행된 배경이다.

이처럼 '평균의 시대가 막을 내렸음^{Average is Over}'에도 불구하고 학교교육시스템은 표준화된 지식을 습득한 '평균 인간'의 양성에서 벗어나지 못하고 있다. 문제는 이러한 '평균 인간'에 대한 사회적 수요가 감소하면서 경쟁이 격화되고 있다는 점이다. 대학 진학률, 특히 이른바 우수 대학 진학률이 학교교육의 목표가 되어버린 현실에서 선행학습 경쟁에 뒤처진 학생은 교육의 관심 대상에서 밀려나 버리는 등 학교는 경쟁의 낙오자에게 의미 없는 곳이 되고 있다. '교실 붕괴', '학교 붕괴' 현상은 자연스러운 결과물이다. 문제는 이를 학교교육시스템의 문제로 보지 않고, 시스템에 적응하지 못하는 학생들 책임으로 돌리고 있다는 점이다.

가정교육의 상황도 마찬가지다. 가정교육은 학교교육보다 아이들에게 더 많은 영향을 미친다. 공부만 잘하면 모든 것을 용서해주는 부모들의 사고와 태도가 자기 아이들을 '괴물'로 만들고 있다는 것을 모른다.

2020년 6월에 사회 이슈가 되었던 이른바 '인국공 사태(인천국제공항공사 직고용 사태)'는 기성세대가 우리 아이들을 어떻게 키웠는가를 잘 보여준다. 문재인 대통령은 2017년 5월 취임 직후 인천공항공사를 방문해서 "임기 중에 비정규직 문제를 반드시 해결하겠다. 우선 공공 부문 비정규직 제로 시대를 열겠다"고 약속했다. 인천공항공사는 1만 1,000명이 넘는 직원 중 정규직이 1,400여 명이고 비정규직이 9,800명 정도이다. 즉 비정규직 또는 간접 고용이 전체 직원 중 87%나 될 정도로 인천공항공사가 비정규직의 온상이라는 상징성을 갖고 있기 때문에 문재인 대통령도 취임 초기 인천공항공사를 방문해 비정규직 해결 의지를 보여준 것이다. 약속 후 3년이 훌쩍 지난 2020년 6월 말이 되어서야 인천공항공사는 1,900여 명의 비정규직 보안검색 요원을 정규직으로 전환한다고 발표했다. 그러자 청와대 게시판에는 공기업 정규직화를 중단해달라는 청원이 하루 만에 20만 건이 넘었다. 공기업 취업을 선망하는 청년들에게 인천국제공항은 취업 선호도가 매우 높은 공기업 중 하나다. 비정규직과 외주업체로 운영해오던 보안검색 요원 등 현장직을 정규직으로 전환한다고 발표한 후 시중에는 정규직 전환 후 노조 활동을 통해 기존 대졸 정규직과 동일 급여를 받게 될 것이라는 소문이 돌았다. 무엇보다 공기업은 총액임금제를 적용받기에 신규 채용이 대폭 감소할 것이라는 소문이 돌면서 많은 청년이 분노를 표출했다. 그런데 슬픈 일은 우리 사회 청년들이 다음과 같은 의문, 즉 "비정규직의 정규직화가 '공정'하지 않다고 청와대 청원까지 해가며 반대하는 취업준비생들의 문제 제기는 과연 공정한가? 시험 점수가 절대적 기준이 되어 노동자들 사이에 다른 계급을 만드는 것은 공정한 제도인가? 한번 비정규직은 영원한 비정규직이 되는 현실은 온당한가? 당신이 높은 시험 점수를 받는 것은 과연 노력의 결과만일까? 시험 공부로 높은 점수를 받는 것 자체가 '계급·계층 불평등'의 결과는 아닐까?"[44]라는 질문 대신 비정규직이 정규직이 되면 임금이 상승하고, 정규식 공채 숫자가 줄어든다는 근거도 없는 소문에 분노하는 괴물이 된 모습이다. 이런 괴물을 누가 만들었는가? 사회의 탓도 있지만 부모의 탓도 클 것이다.

사실, 한국의 교육 현실에서 부모 역시 자녀를 '괴물'로 만드는 것을 강요받는다는 점에서 희생자다. 주당 평균 학습시간이 OECD 국가 평균의 최대 두 배에 달하는 현실에서 부모들은 자신의 자녀를 장시간 공부에 내몰 수밖에 없다. 이러한 상황에서 대부분 학생은 공부 과목이나 주제 선택도 필요성을 느껴서 하기보다는 무의식적으로 하는 경향이 높다. 관심 있는 것이 무엇이었는지 잊게 되고, 오히려 빨리 포기할수록 도움이 된다. 즉 '참고 견디면 행복한 미래가 보장된다'며 부모님과 선생님 등 기성세대(사회)가 가하는 압력과 억압 앞에 아이들의 '개성'은 희미해진다. 많은 것을 포기한 10대는 행복할 수가 없다. 일부 부모는 자신도 자녀를 고통 속에 내모는 한 사람이라는 미안함으로 아이가 괴물로 성장하는 것을 방치하고 있다. 문제는 자녀의 행복을 기대하는 부모의 바람과 달리 아이들은 자신의 개성을 상실해버리고 행복과는 거리가 먼 학교생활을 한다는 사실이다. 그렇다 보니 많은 대학생이 수강 신청을 할 때 관행적으로 선배들의 수강 행태를 따르는 경향이 있다. 자신에게 필요한 수업을 선택하기보다는 학점을 쉽게 취득할 수 있는 과목을 선택한다. 대학에서 수강하는 한 과목, 한 과목은 학생 각자에게 독자적인 의미가 있는데 '개성'을 잃어버린 학생들은 표준화되어 통일된 선택을 하고 획일적 대학 생활을 하는 것이다. 이러한 방식으로는 자신이 하고 싶은 일과 관련된 실력을 결코 갖출 수 없다.

셋째, '교실 붕괴'나 '학교 붕괴'는 기본적으로 산업사회의 학교 교육 방식과 탈산업사회 및 네트워크 사회(연결의 세계) 간 미스매치의 산물이다. 탈산업사회나 네트워크 사회의 핵심은 다양성이다. 위계제와 중심주의에 기초하는 산업사회, 특히 그 정도가 심한 한국 사회는 다양성이 결핍된 획일주의 사회다. 반면 중심주의를 거부하는 탈산업사회, 특히 협력과 상호의존이 기본 특성인 네트워크 사회는 다양성이 핵심원리이다. 중심주의에 기초한 위계사회에서는 '다름'을 '틀린 것'으로 받아들인다. '다름'을 '틀리다'고 생각하는 사회에서는 모두에게 같은 생각을 강요한다. 학생들의 개성(차이)이 없어진 이유다. 전화기, 비행기 자동차, 학교 등은 근대 시스템의 상징물인데, '다른 것은 본래 모습을 알아보지 못할 정도로 바뀌었지만, 학교는 변화가 없다'는 말보다 기술과 교육의 부조화를 보여주는 것이 있을까? 학교만큼 똑같은 것을 강요하는 곳이 있을까? 똑같은 옷을 입고 똑같은 식판을 사용하여 똑같은 음식을 먹는 학교 급식과 교도소 급식이 닮은꼴이라는 유현준 건축가의 지적을 듣고 (사실을 인정하지 않을 수 없다 보니) 허탈한 웃음이 나왔다. 현재의 학교는 구조적으로 다양성을 체험하기 어려운 곳이다. 이런 공간에서 교육받는 학생들은 자신과 다른 친구를 싫어하며 이른바 '왕

따'를 시킨다. '연결의 세계'나 디지털 생태계에서는 다른 모습을 좋아하고 협력의 파트너로 삼아야 하는데 정반대의 삶을 살고 있는 것이다.

정답을 강요하는 교육내용도 획일주의에서 자유롭지 못하다. (국어, 수학, 사회, 과목, 영어 등 이른바 주요 과목 중심의 교과인) 주지교과主旨教科를 기준으로 교육내용을 표준화한다. 모든 학생의 교육내용이 (정답이 있는) 같은 교과로 구성되다 보니 정량화가 용이하고, 그 결과 점수 차이를 만들기 쉽다. 이른바 '줄세우기 교육'인 것이다. 이런 교육을 12년간 받고 대학에 온 학생들에게 '개성(차이)'이 남아 있을 것을 기대하는 것 자체가 무리다. 획일화된 학교교육시스템에서 '나만의 개성'을 갖기를 기대하는 것 자체가 어불성설이 아닌가? 창의성은 개인, 창의적 활동영역, 그리고 사회적 평가의 상호작용을 통해 발전, 정체, 심지어 퇴보할 수 있는 사회적 현상이기에 경직된 사회문화 속에서는 창의적 인간이 나올 확률이 줄어든다. 대학교수 생활 30년 중 가장 어려운 것이 학생들에게 자기 개성을 복원시켜주는 것이다. 학생이 하고 싶은 것을 찾았을 때 교수는 그 목표를 달성하기 위해 어떤 공부를 해야 하는지 도움을 줄 수 있다. 학생이 하고 싶은 것, 좋아하는 것은 교수나 부모가 찾아줄 수 없다. 문제는 학생들이 좋아하고, 하고 싶은 것은 스스로 찾아내야만 하는데 이 부분을 너무 힘들어한다는 점이다. 대학 이전에 받은 교육이 학생들을 그렇게 만들어버렸기 때문이다.

게다가 하나의 기준으로 모두를 획일화시킨 줄세우기 교육은 소수를 제외한 대다수를 낙오자로 만들 수밖에 없고, 낙오한 사람들은 패배자 취급을 받기에 자존감도 낮아진다. 물론, 교육 현장에서 개별적으로 애쓰는 교사들의 존재를 외면하는 것이 아니다. 교실붕괴나 학교 붕괴의 원인 등을 초·중·고에 떠넘기는 것도 아니다. 모두 학교교육시스템의 문제를 제대로 이해하지 못한 사회구조의 결과물이기 때문이다. 대학의 학생 선발 방식도 '줄세우기' 교육의 원인이다. 줄세우기 교육에 대한 반성으로 도입한 학생부종합전형(학종, 수시전형에서 20%대 규모를 차지하는 학생부종합전형)은 국·영·수 성적이 나쁜 학생도 대학에 갈 수 있도록 기회를 넓히는 게 목적이었다. 문제는 학교교육시스템의 획일주의는 내버려둔 채 학종의 목적을 달성하기 위해 외국의 제도만 수입하다 보니 효과를 거두기는커녕 학생과 부모의 부담만 키우고, 끝내 부작용(입시 불공정 시비)에 휘말려 '사망선고'를 받았다는 것이다. 즉 학생의 잠재력을 파악하기 위해 도입한 자기소개서나 면접 등은 자신의 개성을 보여주는 수단인데, 학생의 개성을 없애놓고 개성을 보여줘야 하는 아이러니한 상황이라 부모나 학원강사 등에 의해 재포장될 수밖에 없었다. 구조적으로 입시 불공정의 시비에 노출될 수밖에 없었던 것이다. 그 결과 2024년부터 모든 비교과활동과 자기소개서를 폐지하기로 결정되었다. 다시 국·영·수 중심의 줄세우기로 환원될 운명에 놓이게 되었다.

대부분은 대학에서도, 사회에 진출해서도 획일주의적 사고에서 벗어나지 못한다. 솔직히 (경제학의 경우 동료 교수들이 동의하지 않을 수 있지만) 교육내용과 교육방식은 내가 대학을 다닐 때나 40년이 지난 지금이나 기본적으로 차이가 없다. 지난 40년간 세상은 개벽에 비유될 만큼 변했다. 예전에 대학 다닐 때는 PC를 구경하지도 못했고, 인터넷의 출현을 얘기해주는 전문가를 본 적도 없으니 오늘날 일반화된 플랫폼 기업이나 AI가 등장할 줄은 상상조차 하지 못했다. 그런데 당시 공부한 내용이나 방식이 지금과 똑같다는 것은 충격 그 자체이다. 2010~11년 이른바 '일류대학'에 다니던 학생 3명이 자퇴 선언을 했다. 두 학생의 자퇴 선언서에는 앞에서 얘기한 우리 교육의 문제가 대부분 담겨 있다.

"…함께 트랙을 질주하는 무수한 친구들을 제치고 넘어뜨린 것을 기뻐하면서. 나를 앞질러 달려가는 친구들 때문에 불안해하면서.… 이름만 남은 '자격증 장사 브로커'가 된 대학, 그것이 이 시대 대학의 진실임을 마주하고 있다. 대학은 글로벌 자본과 대기업에 가장 효율적으로 '부품'을 공급하는 하청업체가 되어 내 이마에 바코드를 새긴다. 국가는 다시 대학의 하청업체가 되어, 의무교육이라는 이름으로 12년간 규격화된 인간제품을 만들어 올려 보낸다.… 이 변화 빠른 시대에 10년을 채 써먹을 수 없어 낡아 버려지는 우리들은 또 대학원에, 유학에, 전문과정에 돌입한다.… 큰 배움도 큰 물음도 없는 '대학大學' 없는 대학에서, 나는 누구인지, 왜 사는지, 무엇이 진리인지 물을 수 없었다.… 깊은 슬픔으로. '공부만 잘하면' 모든 것을 용서받고, 경쟁에서 이기는 능력만을 키우며 나를 값비싼 상품으로 가공해온 내가 체제를 떠받치고 있었음을 고백할 수밖에 없다.…"

2010년 3월 10일, 고려대학교 김예슬 자퇴서 중

"…대입에 종속된 교육의 현실은 어떻습니까.… 사람을 문제풀이 점수로 '평가'하는 시스템, 그건 어쨌든 '공정'할 수도 '인간적'일 수도 없다고 생각합니다.… 스스로의 관심과 적성을 잘 알지도 못하고 성적 맞춰 가는 학생들도 많고, (저처럼 우물쭈물하다가 오는 경우도 있고) 이른바 '지잡대' 학생들이 감당해야 하는 열등감… 저는 이 '자명한' 입시와 교육과 대학 체제에, 물음표를 던지고 싶은 거니까.…"

2011년 10월 13일, 서울대학교 유윤종 자퇴서 중

사실 이들이 자퇴하기 이전에도 많은 학생이 자퇴를 해왔다. '일류대학'이 아니라 주목을 받지 못했을 뿐이다. 자퇴에서도 차별을 받는 우리 교육의 씁쓸한 현실을 보여줄 뿐이다. 이들이 자퇴한 지 10년이 지난 지금 대학은 변했을까? 본인의 경험으로 볼 때 지난 40년간 대학은 근본적인 변화가 없다. 놀랍고 충격적인 일이 아닌가? 지난 40년간 기술구조, 산업구조, 사회구조 등 모두가 변했는데 대학은 거의 변하지 않았다. 고등학교를 졸업하고 대학을 가지 않아도 안락한 삶을 살 수 있는 대안이 있다면 문을 닫는 대학이 쏟아져

나올 것이다. 사실 일반인들, 특히 대학 졸업증명서로 혜택을 보았던 기성세대는 대학도 수명이 있는 하나의 제도라는 것을 잊는 경향이 있다. 지식과 정보 등을 캠퍼스에서보다 온라인상에서 더 많이, 더 쉽게, 더 빠르게 얻을 수 있는 상황에서, 지식과 정보가 희소했던 시절에 지식 습득을 목표로 만들어진 학교교육시스템이 지속될 수 없는 것은 자명하다.

이처럼 21세기가 요구하는 인간형을 양성할 수 있는 교육방식으로 바뀌어야 교육혁명이 일어날 수 있다. 그런데 사람을 만드는 일인 교육은 가정과 학교, 사회가 상호의존적으로 공동작업한 결과물이다. 따라서 21세기 인간형을 양성하려면 첫째로 차이, 다름, 다양성 등이 발휘될 수 있는 가정과 학교, 사회 환경을 만들어야 한다. 다양성이 결여된 사회에서 아이의 차이가 존중되기란 어렵기 때문이다. 누누이 얘기하지만, 데이터 경제에서 좋은 아이디어는 가치창출의 핵심 요소이다. 플랫폼 사업모델로 만들어진 사업들을 일부에서는 '신서비스 업종'으로 분류하지만 정확히 표현하면 '아이디어 업종'이다. 그런데 아이디어는 '차이'가 기본 속성이다. 즉 '다름(다양성)'은 데이터 경제와 플랫폼 경제의 출발점이다.

둘째, 아이들이 좋아하는 것을 찾을 수 있도록 다양한 경험의 기회를 만들어주어야 하고, 잘하는 것을 발휘하도록 지원해주어야 한다. 이를 위해 공교육의 자원이 크게 확충되어야 한다. 지역사회도 지원을 지금보다 크게 늘려야 한다. 예를 들어, 지역사회의 도서관을 정보 제공처뿐만 아니라 정보를 가공하고 모든 것을 실험할 수 있는 공간Lab으로 탈바꿈시켜야 한다. 이러한 훈련과 경험을 통해 자신이 좋아하는 것과 관련된 분야의 문제를 찾아내는 역량인 창의성이나 비판적 사고가 함양될 수 있을 것이다.

셋째, 다른 사람과 협력해 문제를 스스로 해결하는 자치 역량을 키워주어야 한다. 초연결의 시대에는 문제를 혼자 해결하기보다 연결을 통해 해결하는 것이 효율적일 수밖에 없다. 오늘날에는 초연결 세상에서 다양한 관계 맺기가 가능해지고 있다. 따라서 아이들이 다양한 종류의 인간적·사회적 관계를 형성하고, 나아가 자신의 필요와 구상에 따라 아이디어를 제안하고 능동적으로 구성할 수 있는 자치 역량을 키워야 한다. 즉 아이들이 참여하는 관계망에서 견해와 정서를 공유하는 데 그치지 않고 참여자들이 공유하는 목표를 실현하기 위한 실천적 행동을 할 수 있도록 다양한 경험을 제공해주어야 한다.

요약하면 다음과 같다. 첫째, 교육은 아이들이 마음껏 놀면서 자기들이 원하는 분야를 스스로 자유롭게 탐색하고, 원하는 방식으로 스스로 교육과정을 설계하고, 아이들 스스로 답을 '만들어' 나가게 하는 기회를 부여하는 것을 목표로 해야 한다. 둘째, 교사는 절대로 아이들에게 이게 답이라고 알려주지 않아야 하고, 아이들과 공동으로 학습활동을 설계하고, 탐구를 촉진하는 질문자의 역할을 해야 한다. 또한 아이들이 탐구하는 주제와 관련된 자료를 찾는 데 도움을 주고, 아이들이 탐구에서 어려움을 겪을 때 돌파할 수 있도록 촉진적 질문과 조언을 하는 학습 도우미 역할을 해야 한다. 셋째, 학교는 아이들이 원하는 주제를 마음껏 탐구할 수 있는 장, 즉 마음껏 생각과 몸과 마음이 뛰어 노는 놀이터로 변화해 매일매일 가고 싶은 곳이 되어야 한다.

이런 과정을 거쳐 아이들은 자율과 협력이라는 사회규범이 체화되어 공감하는 인간 호모 엠파티쿠스Homo Empathicus, 자율적인 인간 호모 오토노모스Homo Autonomous로 성장할 수 있다. 그런데 극단적 경쟁 논리가 지배하는 현재의 한국에서 학교와 직장 등은 승자독식의 사회 및 제로섬 게임의 사회가 되어버렸고, 극단적 경쟁 논리는 이타심 없이 이기심만이 가득한 인간을 증가시켰다. 이에 연결 경제 시대에 다른 사람과 함께 일하는 능력인 '사회적 기술'이 부족한 사람들이 늘어나고 있다. 대학 입시 학종을 위해 입시 코디네이터가 짠 스케줄에 따라 아이들이 '공부 기계'처럼 살아가는 광적인 교육열을 담았던 JTBC 드라마 〈SKY 캐슬〉은 우리의 현실과 크게 다르지 않다. 이처럼 극단적 경쟁 논리가 지배하는 한국은 협력의 문화가 절실한 4차 산업혁명 시대에 고립된 섬이 되고 있다. 게다가 일부 학교에서는 (대학 진학에 도움이 되도록 성적이 우수한 학생에게만 학생회 임원의 자격을 제한하는 등) 학생의 자치기구에도 학교가 개입해, 학생들이 자치 역량을 쌓을 기회를 제한하고 있다. 이런 사회와 교육이 지속되는 한 우리 아이와 사회의 미래는 비관적일 수밖에 없다.

교육혁명이 가장 좋은 경제정책인 이유이다.

호모 엠파티쿠스, 공감하는 인간

21세기 인간형은 어떤 인간이어야 할까? 21세기는 20세기와는 많은 점에서 다른 인간형을 요구한다. 21세기 인간형에 대해서는 이미 앞에서 소개했다. 여기서는 왜 21세기 인간형이 20세기와 달라야 하는지 알아보자.

21세기에 20세기와 다른 인간형이 필요한 기본적인 이유는 디지털 생태계를 비롯해 '연결의 세계'가 전개되고 있기 때문이다. 강 생태계의 생물들과 육지 생태계의 생물들이 다를 수밖에 없는 것과 같은 이치이다. 산업사회의 인간형은 개인주의 성향의 경제적 인간, 즉 '호모 이코노미쿠스Homo Economicus'였다. 그런데 독립적으로 자신의 이익만을 추구하는 호모 이코노미쿠스는 이익 공유를 매개로 자원을 연결하여 가치를 창출하는 디지털 생태계의 인간형으로는 적합하지 않다. 이기적인 경제인(호모 이코노미쿠스)은 디지털 생태계에 적응하기 어렵기 때문이다. 디지털 생태계를 포함해 '연결의 세계'에서는 신뢰가 형성되지 않으면 지속적으로 연결되기 어렵다. 신뢰가 형성되려면 투명성과 개방성이 뒷받침되어야 하고, 무엇보다 연대감과 자율성을 갖추어야 한다. 모두가 함께 살아간다는 믿음을 공유하는 동시에 전체의 자유를 위해 자기 책임을 다해야 한다. 따라서 자율성을 발휘하도록 하기 위해서는, 자기 책임을 다하지 않아 전체의 안정성에 해를 입힐 경우 책임을 엄격히 물어야 한다.

사람들이 '공감하는 인간' 혹은 '자율적 인간'을 뜻하는 '호모 엠파티쿠스'나 '호모 오토노모스'를 21세기 인간형으로 표현하는 배경도 '공감'이나 '자율'이 디지털 생태계의 특성을 담아낼 수 있기 때문이다. 사실 공감하는 인간과 자율적 인간은 공통점이 있다. 예를 들어, 데이터 경제 및 플랫폼 경제, 혹은 연결의 세계에서 절대적으로 필요한 행위 규범이 '자율'이다. 연결의 세계에서 통합 효과를 극대화하며 전염 효과를 차단하려면 신뢰와 협력이 필요하고, 이를 위해 연결망에 참여하는 각 개인은 '자율'적으로 행동해야 하기 때문이다. '자율'은 모두의 자유를 위해 각 개인이 스스로 통제해 절제하는 행위 규범이다. 이런 점에서 연결의 세계에 필요한 인간형은 자율적 인간을 의미하는 '호모 오토노모스'라 말할 수 있다.

서양의 경우 기독교 세계에서 '호모 오토노모스'에 주목했다. 예를 들어, (인간은 신의 창조물이기에 인간이 원하면 신과 같이 될 수 있다고 주장하는) 신플라톤학파 철학자들은 근대의 문턱에서 새로 출현할 인간을 예측했는데, 새로운 인간의 모습을 "신의 자리에 서 있는 무한한 가능성을 가진 인간이자 자신의 운명의 소유자인 인간, 즉 '자율적 인간'"으로 묘사했다.[45]

'자율'은 개인 의지의 발휘가 동시에 보편성에 부합하는 행위 규범이다. 동양의 전통적 표현으로 보면 (개인과 전체가 다 같이 사는) '개전쌍전個全雙全'이나 (하나는 전체이고, 전체는 하나라는) '일즉다, 다즉일一卽多, 多卽一' 사상이 체화된 행위 규범이다.[46] 그런데 '타인의 상황과 기분을 느낄 수 있는 능력', 즉 '함께 느낌'의 근원적 감정인 '공감'은 자아와 타자가 둘이 아니라 하나라는 이른바 '자타불이自他不二의 관계'를 의미한다. 자타불이의 관계와 개전쌍전의 세계관은 같은 내용인 것이다.

예를 들어, 데이터 경제, 플랫폼 경제, 연결의 세계에서 요구되는 4C 역량 중 소통과 협력을 위해 공감 역량이 반드시 필요하듯이, 자율도 협력이 이루어지는 데 반드시 필요한 행위 규범이다. 이처럼 '공감하는 인간(호모 엠파티쿠스)'과 '자율적인 인간(호모 오토노모스)'은 같은 인간을 의미한다. 즉 '자율적 인간'과 '공감하는 인간'은 개인과 인간이 살아가는 사회와 자신이 속한 자연 생태계와의 공진화를 추구한다는 점에서 4차 산업혁명 시대의 인간형이다.

연결의 세계와 데이터 경제 시대의 인간형인 '호모 엠파티쿠스'는 구체적으로 (상대와 접촉하여 생각과 마음을 전할 수 있는 능력인) '교감성Associability을 갖춘 인간'을 말한다. 이를 위해 다양한 종류의 인간적·사회적 관계를 형성할 뿐만 아니라 자신의 필요를 능동적으로 제안하고 구성해나갈 수 있는 능력을 가진 존재가 되어야 한다. 이는 산업사회에서 혼자만 잘하면 되는, 파편화된 개인의 삶과는 대조적이다.

연결의 세계에서는 사회적 상호작용을 많이 할수록 혁신이 많이 일어난다. 그런데 모두가 같은 개성을 가진 인간집단에서의 상호작용은 혁신을 만들어낼 수 없다. 즉 개성의 차이가 없는(획일적인) 인간들 사이에서는 상호작용이나 협력이 모두 무의미하다. 그래서 새롭고 독특한 개성이 넘쳐나서 다양성이 표준이 되는 사회 분위기를 창의성의 산실이라고 말하며, 창의성을 개인을 넘어선 사회적 현상으로 보는 것이다.[47] 이처럼 자신의 필요와 구상에 따라 아이디어를 제안하고 능동적으로 구성해나갈 수 있는 역량이 '창의성'이나 '비판적 사고'이고, 바로 문제를 찾아내는 역량이다. 따라서 '교감성을 갖춘 인간'은 관계 형성과 창의성 역량을 갖춘 인간이다. 이른바 '4C 역량'을 갖춘 인간형인 것이다.

포스트 코로나,
변화하는 세계의 중심

예고된 재앙과 개인주의의 함정

코로나19 재난은 예고된 것이었다. 2000년 이후 나타난 '새로운 처음' 현상들에서 인류 세계가 교훈을 얻지 못한 결과이다. 경제통합 이후 3차와 4차 혁명이 발전하면서 초연결 세계가 등장했다. 구분과 분리가 가능하다는 중심주의 세계관에 기초한 산업문명의 세계와 달리 (구분과 분리가 불가능한) 연결의 세계는 (K방역에서 볼 수 있듯이) 신뢰와 연대에 기초한 협력과 자율성이 필수적이다. 연결의 세계에서는 통합효과라는 긍정적 측면과 더불어 전염효과라는 부정적 측면이 존재하기 때문이다. 하지만 앞에서 지적했듯이 인류는 코로나19 재난 이전까지 '새로운 처음' 현상들을 겪으면서 전염효과를 무시했다. (스스로를 세계의 중심국이라고 생각하는) 미국이나 (스스로를 유럽의 중심국이라고 생각하는) 독일 등의 중심국들은 자신들이 주변국에 영향을 미칠 수는 있어도 자국에 끼치는 영향을 차단할 수 있다고 생각했다. 그리고 그 힘은 경제력이나 군사력 등과 같은 하드 파워라고 보았다.

그런데 코로나19 재난은 전염효과로부터 누구도 자유로울 수 없다는 걸 보여주었다. 전통적인 힘인 하드 파워는 코로나19 앞에서 무력했다. 한편으로는 (정보과학이나 문화·예술 등이 행사하는 영향력인) 소프트 파워와 (하드 파워와 소프트 파워를 적절히 결합할 수 있는) 스마트 파워의 중요성을 드러냈다. 연결의 세계에서 코로나19의 전염효과를 예방 혹은 최소화할 수 있는 해법을 제시한 K방역이 성공할 수 있었던 요인이 바로 소프트 파워와 스마트 파워였기 때문이다. (개방성과 연결을 유지해야 하는) 연결의 세계에서 전염효과를 최소화하거나 예방하려면 투명한 관리와 국민들의 불안감 해소, 연대를 통한 신뢰 구축, 그리고 이를 통한 국민의 자발적 참여와 협력을 유도해야 한다. 이 과정에서 정부는 감염의 확산을 통제할 수 있고, 재난 상황에서 각자도생이 아닌 국민 개개인의 자유를 끝까지 보호해줄 수 있다는 믿음을 국민에게 심어주어야 한다. 즉 K방역은 우수한 검진 역량, 전 국민 대상 긴급재난지원금 지급, 전 국민 고용보험제 도입, 한국판 실업부조의 보완 등 스마트 파워와 높은 사회역량을 지닌 소프트 파워의 합작품이었다.

그런데 서구 주요국의 시스템이 효과가 없었던 이유는 무엇일까? 근대 산업문명을 이루어낸 중심주의 세계관과 개인주의 문화가 연결의 세계에서 한계를 드러냈기 때문이다. 코로나19는 근대 산업문명의 중심주의 세계관이 연결의 세계에서는 더 이상 유효하지 않음을 보여주었다. 인류 사회는 탈근대(탈공업화)에 대한 대응으로 (시장 통합의 이점을 강조하면서) 자유무역 및 금융시장 개방으로 상징되는 글로벌화(세계화, 지구촌 사회)를 추진했다. 그리고 (앞에서 설명했듯이) 3차 IT 혁명은 모든 것이 기술적으로 연결되는 시대를 열었고, 4차 데이터 혁명으로 인간이 네트워크상에서 연결되었다. 연결의 세계에는 통합효과와 더불어 전염효과도 존재하나 전염효과는 간과 혹은 과소평가되었다.

연결의 세계는 중심주의의 종언을 의미한다. 즉 (중심주의에 기반을 둔) 근대 산업(물질)문명을 주도한 주요국들은 자신들이 주변에 영향을 미칠 수 있으나 정작 자신들은 영향을 받지 않는다는 중심주의 사고의 함정에 빠져 있다. 이러한 중심주의 사고와 패러다임은 자신을 중심, 그리고 나머지는 주변으로 설정하기에 연결의 세계에서는 작동하지 않는다. 중심주의는 지금까지 달러(경제력)나 군사력(정치력) 같은 하드 파워에 의존했으나, 코로나19 재난(전염효과)을 예방하려면 (개방성－투명성－신뢰와 연대－자발적 참여와 자기 책임 등이 효과적 해법임을 보여주었듯이) 소프트 파워나 스마트 파워를 잘 활용해야 한다.

둘째, 미국과 서유럽의 주요국들이 중심주의 사고와 패러다임의 함정에 빠진 이유는 기본적으로 서구 사회가 개인주의 문화의 함정에 빠져 있기 때문이다. 예를 들어, 이탈리아, 스페인, 미국과 더불어 최대 피해국이 된 프랑스에서 감염자 추적시스템 도입을 가로막은 것은 사생활 침해 등 개인의 자유를 침해할 수 있다는 점 때문이었다. 개인주의 문화에 기반을 둔 개인의 자유는 기본적으로 다른 사람의 자유를 침해하지 않을 때 의미를 갖는다. 그런데 연결의 세계에서는 어떤 개인도 타인과 엄격하게 분리될 수 없다는 사실을 인식할 필요가 있다. 연결의 세계에서 개인주의 문화의 방식인 분리(봉쇄와 차단)는 효과가 없을 뿐 아니라 국가가 공동체의 안녕을 확보하지 못할 때 개인주의 문화는 무질서로 이어진다. 서유럽과 미국에서 코로나19가 심각할 정도로 확산되자 생필품 사재기와 총기류 구입 등으로 이어진 배경이다.

문화의 붕괴가 초래하는 경제위기는 일반적인 경제위기와 결을 달리한다. 미국의 경쟁력인 달러와 군사력이 문화 붕괴 상황에서 효과가 없었던 이유이고, 경제가 붕괴되는 상황에서 (통합 엔진인) 유럽연합이 봉쇄완화 조건의 하나로 확진자 추적 기능의 도입을 제시했던 배경이다. 그러나 유럽은 개인주의 문화의 함정에서 쉽게 빠져나올 수 있을 것 같지 않다. 예를 들어, 초기에 한국의 방역 방식을 적극적으로 소개하고 심지어 '롤모델'이라고 칭찬까지 했던 독일 언론 역시 개인정보 보호 논란이 일면서 한국의 방역 성공을 개인정보가 중요하지 않은 한국, 정부에 순종하는 한국인 등에서 찾고 있어, 결국은 오리엔탈리즘이나 서구우월주의에서 벗어나지 못하고 있다.[48] 환자의 사생활 보호와 위험으로부터 대중을 보호하는 것 사이의 균형이 낯선 것이다. 즉 환자의 사생활은 중요한 인권이지만 법의 테두리 내에서 환자의 권리도 제한된다는 사실을 외면하는 이유는 개인의 권리를 절대시하는 개인주의 문화에 뿌리를 두고 있다. 개인의 권리를 보호하기 위해서는 다른 사람의 권리, 특히 대중의 권리와 충돌하지 않아야 한다. 이러한 개인주의는 연결이 매우 느슨한 사회와 시대에 적합한 것이다.

연결성이 강해지면서 개인주의 문화의 한계가 드러나는 상황에서 자신의 문제를 외부로 돌리는 모습은 자신이 속한 문화가 무력감을 드러내기 때문이다. 예를 들어, 일부 유럽인과 미국인 등이 한국인을 포함한 아시아인을 '코로나'라 부르며 조롱해도 코로나 조롱은 인종차별이 아니라는 치안 당국의 모습은 이들이 최고 가치로 여기는 '개인의 존엄'이 얼마나 허구적인가를 보여준다. 문제의 원인을 자신에게서 찾지 못하고 한국의 방역 성공을 서구 우월주의 관점에서 깎아내리는 사고와 태도는 여전히 '새로운 처음'을 이해하지 못하고 있음을 의미한다. 따라서 '또 다른 위기'가 도래하더라도 전혀 이상하지 않을 것이다. 이는 서구의 위기는 일회성 위기가 아님을 의미한다. 이처럼 서구 사회가 한국의 방역 성공 원인을 개인의 자유 침해에 익숙한 문화 혹은 독재 경험의 산물 등에서 찾는 것은 자유와 자율의 차이가 얼마나 큰지, 그리고 개인주의 문화에 익숙한 사람이 자율성을 갖추는 것이 얼마나 힘든지 보여준다.

반면 일본인은 개인의 잘못으로 전체 집단에 폐를 끼치는 행위를 가장 수치스럽게 생각하다 보니 초기에는 정부의 요청에 순응했다. 일본 국민은 일반적으로 정부 방침이 내려지면 불만이나 문제를 제기하기보다는 순응하는 편이다. 예를 들어, 일본 사회도 초기에 마스크 공급이 원활하지 않았음에도 불구하고 (한국이 마스크 대란을 겪은 것과 달리) 불편을 참고 정부에 대한 비판도 하지 않았다. (일본이 의료선진국이라 생각하기 때문에) 의료 붕괴나 사회적 혼란을 최소화하기 위해 검사 기준을 높게 책정한 일본 정부의 방침을 일본 국민은 동의했던 것이다. 그러나 일본인의 '수치 문화'는 (집단의 방향을 제시하는) 정부에 대한 신뢰를 전제로 작동한다. 문제는 과거의 경험에 기초한 일본 정부 방침이 초기 의료 붕괴를 막는 데 기여했지만 감염에 대한 사회적 통제 기회를 놓치는 결과를 초래했다는 것이다. 그리고 '매뉴얼의 나라'인 일본에서 정부의 역할이 실종되면서 '문화 붕괴'로 이어질 수밖에 없었다. 다시 말해 감염병 확산의 차단은 개인의 자발적 협조와 정부의 역할이 결합될 때 가능하다. 그런데 '새로운 처음' 현상 앞에 일본 정부의 매뉴얼은 효과가 없었고, 정부 역할의 실종은 일본 국민의 불안감을 고조시키면서 정부에 대한 불신으로 이어졌다. 그 결과 (서유럽과 미국 개인주의 문화가 붕괴한 것처럼) 긴급사태 선언을 앞두고 일본 정부가 사재기를 자제할 것을 부탁했지만 사재기가 극성을 부리는, 일본 수치 문화의 붕괴로 이어진 것이다. (삶의 총체적 양식인) 문화의 붕괴는 행위를 규제하는 공통 가치나 도덕 기준이 없는 혼돈 상태인 아노미를 수반하면서 문명을 해체시킨다. 문명이 해체된 사회에서 제도와 법은 제대로 기능을 수행할 수 없다. 인류 세계가 만든 최고의 시스템을 가진 주요국의 경제 충격이 가장 심각할 것으로 IMF가 예상하는 이유다.

비슷한 시기에 코로나19 확산으로 인해 큰 고통을 치렀던 중국은 1분기 성장률 -9.8%(전 분기 대비, 연율 -6.8%)로 한국의 1분기 성장률 -1.4%(전 분기 대비, 연율 1.3%)와 크게 비교된다. 코로나19는 베이징 모델이 새로운 세계의 기준이 될 수 없음을 확인해주었다. 이는 중국인의 무치無恥 문화와 관련이 있다. 중국은 코로나19의 원인 제공을 부인하는 등 국제 사회의 눈총을 무시했다. 이는 치욕 자체를 외면하는 무치 문화에서 비롯한다. 2019년 12월 중국 의사 리원량이 사스증후군 의심환자 7명을 발견하고, 이를 의대동문 단체 채팅방에 공유하며 사회적 논의가 시작되었다. 그러나 이에 대해 중국 당국은 유언비어 유포혐의로 리원량을 소환했다. 즉 입을 틀어막는 통제(비밀주의) 방식으로 접근하며 초기 진화에 실패했다. 이는 중국 사회의 투명성 결여를 상징한다. 게다가 에이즈 바이러스를 발견한 공로로 2008년 노벨의학상을 받은 뤼크 몽타니 박사가 코로나19 바이러스가 인위적 실험을 통해 생성됐을 가능성을 제기하면서 서방 세계는 중국 정부에 바이러스 기원과 초기 확산을 투명하게 공개할 것을 요구하고 있지만 중국은 이를 무시하고 있다. 코로나19에서 드러난 전체주의적 감시체제와 시민의 자율성 제약, 자민족 중심주의와 민족주의적(국제적) 고립 등은 중국 사회가 새로운 문화의 중심이 될 수 없음을 보여주었다.

이처럼 코로나19는 연결된 세계에서 살아가는 인류에게 삶의 방식을 자율과 협력의 원리로 재구성할 것을 요구하고 있다. 자율과 협력은 4차 산업혁명이 만들어낼 디지털 생태계의 구성 원리였다. 즉 4차 산업혁명에 부합하는 디지털 생태계, 그리고 디지털 생태계에 필요한 사회 혁신들은 우리가 오랫동안 의지해왔던 산업문명의 유산들과 결별할 것을 요구한다는 점에서 '새로운 처음'이다. 다행히 우리에게는 연결의 세계에 살아남을 수 있는 문명의 DNA가 있다. '홍익인간'과 '이화세계'라는 이념형과 사회상社會像이 그것이다. 홍익인간은 포스트 코로나 시대의 연결 세계에 필요한 세계관이다. 오늘날 인류 세계는 포스트 미국 시대를 준비해야 한다. 미국은 코로나19 재난에서 교훈을 얻지 못하고 탈중국 선언, 미·중 협력시대의 종언 등 사실상 중국 봉쇄전략을 취하고 있다. 문제는 중국 봉쇄가 중국에 타격을 줄 뿐만 아니라 세계는 물론이고 미국 자신에게도 치명상을 입힐 수 있다는 점이다. 연결의 세계에서 봉쇄는 함께 멸망하는 길이기 때문이다. 그것이 코로나19의 교훈이다.

한국은 K방역으로 보여주었듯이 개방성과 연결성을 유지하기 위해 국제 사회와의 협력과 연대를 추구해야 한다. 소프트 파워에 기반한 국제 리더십으로 국제 사회에 코리아의 위상을 높임으로써 분단 구조를 해체시키는 K평화로 연결되어야 한다.

국제관계, 공존인가 공멸인가

코로나19에 대해 전통적 처방이 효과가 없었던 이유는 코로나19가 '새로운 처음'이었기 때문이다. 코로나19 재난은 초연결 세계에서 최악의 전염효과가 만들어낸 위기다. 최악의 전염효과라고 말한 이유는 어느 국가도, 지도자나 부유층도 코로나19에서 자유롭지 못했기 때문이다. 특히 자신들은 전염효과를 차단할 수 있다고 생각했던 미국 등 주요국이 가장 많은 피해를 입었고, 개별 국가 내에서 지도자나 부자도 감염에서 자유롭지 못했다.

코로나19는 경제를 비롯해 인간 삶의 전 영역이 촘촘히 연결된 세계에서 상호의존과 협력은 선택이 아니라 필수사항이라는 교훈을 남겼다.

또한 국가 운영이나 국제관계에서 구분과 분리가 가능하다는 중심주의 세계관이 끝났음을 시사한다. 예를 들어, 근대 산업사회에서는 인간만이 이성을 지녔다는 인간 중심주의 사고가 지배했고, 그 연장선상에서 동물과 자연을 정복의 대상으로 간주했다. 즉 인간을 위해 동물과 자연을 희생시켜도 문제없다는 사고가 지배적이었다. 데카르트가 '동물은 기계다'라고 정의했듯이, 영혼(이성) 없는 기계를 대우하는 사고의 산물이 공장식 축산시스템, 동물원, 동물쇼 등이었다. 동물에 대한 잔혹한 대우는 같은 생명체인 인간에 대한 동일한 인식으로 확장되었고, 그 결과물이 제국주의다. 코로나19는 이러한 산업문명 시대가 막을 내리고 연결의 세계에 필요한 새로운 사고와 패러다임으로 전환되도록 이끌었다.

사실, 근대 산업문명의 종말은 코로나19 이전부터 진행되었다. 단지 코로나19는 이러한 상황을 확인사살했을 뿐이다. 즉 많은 사람이 그동안 인간 중심주의 세계관으로 살아가는 것이 더는 지속 불가능하다고 말해왔으나, 전염효과가 불균등하게 일어나고 사람들이 변화에 저항하면서 근본적 전환은 지체되었다. 이번 코로나19 재난이 사고와 패러다임 전환의 극적 전환점 Tipping Point 이 되었다. 변화가 없으면 함께 멸망할 수 있다는 걸 보여주었기 때문이다. 문제는 많은 사람이 코로나19 이후의 세계는 이전의 세계와 다를 것이라고 얘기하는데도 코로나 이후의 세계를 어떻게 만들지에 대한 어떠한 합의도 되어 있지 않다는 점이다. 코로나19가 진정되어도 코로나20 혹은 코로나21 등이 기다리는 상황에서 근본 대책을 마련하지 않으면 '전염효과의 일상화'라는 위험에서 살아갈 수밖에 없을 것이다.

먼저, 코로나19 재난이 연결 세계에서 전염효과가 만들어낸 위기라면, 연결 세계의 뿌리와 특성을 살펴보자. 세상은 자유무역과 자본의 자유로운 이동 등 경제통합으로 연결되기 시작했다. 여기에 90년대 IT 혁명 이후 세상의 모든 것이 기술적으로 연결되었다. 그리고 데이터의 중요성이 부상하면서 사람을 항상 연결시키는 플랫폼 사업모델이 등장하고, 그 결과 데이터 혁명과 AI 기술의 발전이 진행되었다. 이른바 초연결 사회가 도래한 것이다.

그런데 금융위기 전까지는 세상의 연결이 강화되면서 (시장)통합의 효과만이 강조되었다. 문제는 연결의 세계에는 연결망의 한 부분에 문제가 발생하면 전체로 확산하는 '전염효과'도 존재한다는 점이다. 대표적인 경우가 미국발 글로벌 금융위기와 유로존 위기이다. 이러한 전염효과 때문에 연결의 세계에서 위기가 발생하면 과거 특정 국가에서 발생했던 위기의 규모를 뛰어넘게 된다. 이러한 문제를 해결하기 위해서는 통합효과를 극대화하고 전염효과를 예방하는 길밖에 없다. 전염효과가 무섭다고 각자가 고립적으로 살아갔던 과거로 돌아가는 것은 불가능하기 때문이다. 전염효과를 최소화하기 위해서는 상호 협력과 신뢰가 이루어져야 하는데, 이는 연대와 전체에 대한 자기 책임성(자율성)을 전제로 가능하다.

한편 지금까지 중심국이었던 영국이나 미국 등 패권국들(과 패권국을 지향하는 이른바 선진국들)은 협력의 필요성을 인정하지 않는다. 자신들은 주변국에 영향을 미칠 수 있지만 반대로 주변국들은 자신들에게 영향을 미칠 수 없다고 생각하기 때문이다. 중심국들은 설사 위기가 발생해도 자신의 힘으로 해결할 수 있다고 생각한다. 예를 들어, 미국발 글로벌 금융위기 이후 국제공조로 세계경제의 추락을 막아냈음에도 불구하고, 경제위기를 기본적으로 자신이 가진 수단(양적완화=달러 찍어내기)으로 해결했다고 생각한다. 물론, 미국은 주변국들로부터 자신이 영향받고 있다는 사실을 알고 있었다. 그래서 금융위기의 한 원인을 (미국과 중국, 한국, 일본 및 중동 산유국들 간의 심각한 국제수지 불균형을 일컫는) '글로벌 불균형'으로 파악하고 G20을 만들어 이를 해결하려 했다. 즉 자신의 경제 주권이 훼손되는 것을 막기 위해 주요 교역국들에 대미 무역수지 및 경상수지의 흑자를 축소할 것을 요구했으나 G20 정상회의에서 이를 관철하는 데 실패했다. 자본이동이 급증한 세계에서 주변국들은 달러의 안정적 확보가 통화주권(환율 안정)을 지키고 외환위기를 예방하는 주요 수단이기 때문에 무역수지 및 경상수지 흑자 기조를 포기할 수 없다. 이러한 문제를 해결하는 방법은 주변국들이 위기 때 충분한 달러유동성을 공급받는 조건으로 과도한 무역수지 및 경상수지 흑자 추구를 자제하는 길뿐이다. 그러나 미국은 이를 거부하고, 국내법을 변경하고 힘을 동원해 주요 교역국들에 대미 무역수지 및 경상수지 흑자를 축소할 것을 강요하고 있다. 문제는 주변국들이 미국의 힘에 굴복해 달러 확보를 포기할 경우 통화주권이 약화되어 경제위기가 일상화될 수밖에 없게 된다는 점이다. 이처럼 현재의 중심국인 미국은 자신의 힘(달러와 군사력 등)으로 문제를 스스로 해결할 수 있을 뿐만 아니라 주변국들이 자신에게 미치는 영향을 차단할 수 있다는 중심주의 세계관에서 벗어나지 못하고 있다.

그런데 코로나19의 빠른 확산과 무차별적인 전염의 피해는 중심주의 세계관에 사망을 선고했다. 현상적으로 볼 때 인수공통감염병인 코로나19 재난은 자연(정글) 파괴로 인해 인간과 동물 간 경계가 해체되면서 생겨난 것이다. 코로나바이러스는 동물 및 사람에게 전파될 수 있는 바이러스다. 그중 사람에게 전파 가능한 코로나바이러스는 현재 6종이 알려져 있는데, 이 중 4종은 감기를 일으키는 바이러스이고, 나머지는 사스 코로나바이러스와 메르스이다. 세균과 달리 바이러스는 숙주가 반드시 필요하다. 그래서 바이러스는 동물의 세포에서 증식한다. 그런데 지구상 포유류의 1/5을 차지하고, 바이러스의 저수지라고 불리는 박쥐는 137종의 바이러스를 가지고 있다. 그중에서 61종은 '인수공통감염병'을 일으키는 바이러스이다. 박쥐가 부른 첫 번째 참사는 바로 2003년에 발생한 사스, 즉 박쥐의 바이러스가 사향고양이로 옮아가고, 그걸 요리한 요리사가 감염되어 병원에 가고, 바이러스에 감염된 병원 의사가 머물렀던 호텔에서 사람들에게 옮아 전 세계적으로 유행한 것이다. 즉 인간들이 파괴한 정글 때문에 서식지를 잃은 박쥐들에 의해 새로운 전염병이 발생했다. 결국 인간들이 만들어낸 감염병인 것이다. 사스, 메르스의 경우에는 증상이 없으면 전파력도 없지만, 코로나는 증상이 없어도 전파력이 있다. 이는 코로나19의 가장 큰 특징이자 문제점으로, 전파력이 매우 높음을 의미한다. 2003년 전파된 사스와 2015년의 메르스와는 달리 잠복기에서도 큰 전파력을 가지고 있기 때문에 바이러스 감염 경로를 예상하는 것이 쉽지 않고, 그 결과 감염을 차단하기가 어렵다.

이처럼 연결된 세계에서 코로나19의 특성인 인수공통감염과 빠른 확산이 전염효과를 극대화했다. 그런데 많은 국가가 '연결'을 차단하는 식으로 이에 대응해 사태가 더 악화되었다. 차단할 수 없는 시대에 우리가 살고 있다는 사실을 이해하지 못한 것이다. 실제로 미국과 서유럽 국가들은 전염을 차단하기 위해 국경을 봉쇄했으나 효과를 보지 못했다. 바이러스 확산을 막지도 못했을 뿐 아니라 경제에도 파괴적으로 작용했다. 모든 것이 연결된 시대에 바이러스에 대한 '봉쇄'식 해법은 연결된 경제를 인위적으로 단절시키는 결과를 초래할 수밖에 없기 때문이다. 실물 경제가 침체되고 금융시장이 붕괴된 이유다.

이러한 문제를 해결하기 위해서는 봉쇄보다는 단절을 최소화하기 위한 국제 사회의 협력이 필요하다. 국내에서도 감염의 확산을 막기 위해 강제 격리Lockdown를 한 결과 경제 붕괴를 초래했다. 접촉 최소화는 활동의 위축을 의미하기 때문이다. 경제적인 기본 활동을 소비와 유통과 생산으로 구분하듯이, 소비와 유통과 생산의 연결고리는 경제 생태계의 핵심이다. 먹이사슬이 거미줄과 같이 상호연결되어 있는 자연 생태계와 유사하다. 가계가 소비를 해야 유통업자는 판매를 할 수 있고, 판매자가 판매를 해야 생산자는 상품을 생산할 수 있으며, 생산 활동에 참여하는 노동자들은 소득을 얻고, 그 소득으로 소비를 한다. 그리고 생산자와 유통업자와 소비자는 경제활동에서 다양한 금융서비스의 지원을 받는다. 그런데 사람들의 활동이 위축되면, 예를 들어 소비행위가 위축되면 유통의 위축, 생산의 위축으로 이어지며 '소비 – 유통 – 생산'의 연결고리가 약화하고, 이들의 위축은 금융의 부실로 이어지는 등 경제 생태계 전체가 붕괴한다.

경제 생태계가 붕괴하는 상황에서 (경제력이나 군사력 등) 하드 파워는 해결책이 되지 못한다. 미국이 가진 핵심 경쟁력인 달러와 군사력이 코로나19 위기를 해결하지 못했던 이유이다. 3개월(2020년 2월 24일~5월 19일)간 연준이 새로 찍어낸 달러는 약 2조 9,000억 달러에 달했다. 이는 금융위기가 본격화된 2008년 9월 1일~12월 1일의 3개월 동안 연준이 찍어낸 약 2조 달러와 비교된다. 그러나 금융완화 대책은 주식시장 등 자산시장은 어느 정도 안정시켰지만 실물 경제의 개선에는 도움이 되지 않고 있다. 코로나19에 따른 경제 활동 위축은 '소비자 – 유통업자 – 생산자' 사이의 상호작용을 끊어놓고 있는 것이지 (금융위기 때처럼) 경제주체 사이의 상호작용을 지원하는 금융서비스에서 비롯한 것이 아니기 때문이다. 미국 정부가 4차례 추경을 통해 투입한 2조 9,000억 달러는 미국 국내총생산의

14%, 2020년 연방 예산 규모의 62%에 해당한다. 그러나 일회성 소득 지원은 '취약한 사회안전망과 유연한 노동시장'을 가진 미국 사회를 고려할 때 대규모 실직 사태에 대한 처방으로는 턱없이 부족했다. 의료보험이 기본적으로 일자리와 연계되어 있고, 최대 실업급여 기간이 6개월에 불과하며, 전체 미국인 중 21%는 저축이 전혀 없는 경제구조에서 9주 만에 3,860만 명의 실직자(2020년 4월 기준, 미국 경제활동인구의 약 24% 규모)가 발생했기 때문이다. 코로나19에 감염되어 죽기 전에 굶어 죽을지 모른다며 비상사태와 자택 대피령 해제를 국민들이 요구한 배경이다. 문제는 코로나19를 통제하지 못한 상황에서 경제활동을 다시 했을 때의 위험성이다. 언제든 재확산될 우려가 있기 때문이다.

'생산 – 유통 – 소비 – 유통 – 생산'의 연결이 약화되는 상황에서 각 부문이 생명을 잃지 않고 연결이 끊어지지 않도록 하기 위해서는 (바이러스에 대한 통제가 가능할 때까지) 정부가 지속적으로 지원해야 한다. 각 부문에 종사하는 경제주체에 대해 소비 연계성 소득(지역화폐 등) 지원 등이 도입된 배경이다. 연결이 끊어지면 각 부문의 생명체는 허약해지고 시들어갈 것이고 한 부문의 약화는 다른 부문의 약화로 이어질 수밖에 없기 때문이다. 다시 말하지만, 경제 생태계도 상호의존과 상호작용 관계에 있는 자연 생태계의 먹이사슬과 같은 구조로 되어 있다. 경제 생태계의 파괴를 최소화하는 직접 지원이 필요한 이유는 파괴된 자연 생태계를 복원하는 데 상당한 시간이 소요되어, 약화된 경제 생태계를 복원하는 사후적 비용이 더 크기 때문이다.

게다가 조류독감, 신종플루, 계절독감, 사스, 메르스 그리고 코로나19 등은 모두 RNA 바이러스에 속하는데, RNA 바이러스는 매번 변화하는 특징 때문에 백신을 개발한다고 해도 완전한 정복이 불가능하다. 코로나19는 인간형의 변화뿐 아니라 국가 간 관계도 변화시키고 있다. 자율성과 협력으로 인간관계와 국제관계를 재구성할 필요가 있는 것이다. 더 나아가 인간과 동물, 인간과 자연, 인간과 인간(부자와 빈자), 국가와 국가(부국과 빈국) 등의 공존이냐 공멸이냐의 선택을 강요받고 있다. 문제는 코로나19가 일회성 사건이 아님에도, 코로나 확산이 진정되면 (금융위기 이후 그랬듯이) 언제 그랬냐는 듯이 과거로 회귀할 가능성이 높다는 점이다. 또 다른 코로나 재난이 발생하면 우리는 동원할 자원을 확보하고 있는가? 코로나19 재난에 대한 근본적 해결책을 마련하지 못하면 인류 세계는 비극적인 결말을 맞이할 수밖에 없다.

PART 4

K방역, 한국의 미래가 되다

새로운 경제 생태계를 창조하라

붕괴된 제조업, 위기의 한국 경제

한국에서는 1992년부터 탈공업화가 진행되었다. 그리고 약 30년
이 지났다. 코로나19 사태 이전에 이미 성장률 2%가 위협받고 있었
다. 이명박 – 박근혜 정부 때부터 반도체를 제외하고 자동차 등 주
력 제조업들까지 기반이 흔들리기 시작했다. 박근혜 정부가 끝날
무렵인 2016년 4분기에는 전체 가계 중 하위 60% 가계에서 (물가상
승률을 고려하기 전인) 명목소득이 감소했다. 중산층이 무너지고 저
소득층에서 빈민화가 진행되고 있는 것이다. 게다가 현재 50세 미
만 인구는 한 해에 30만 명 이상 감소하고 있으며, 생산가능인구
(15~64세)는 문재인 정부가 출범한 2017년 6월부터 줄어들기 시작

했다. 반면, 60세 이상 인구는 한 해에 약 60만 명 가까이 증가하고 있다. 무엇보다 10대 청소년의 꿈이 대부분 공무원이나 건물주일 정도로 많은 청소년이 미래에 대한 희망을 품지 못하는 상태가 된 지 오래다. 청년이 꿈을 갖지 못하면 우리 사회의 미래는 없다.

왜 이렇게 되었을까? 제조업은 한국 경제 그 자체라고 해도 과장이 아닐 정도로 제조업에 대한 한국 경제의 의존도는 절대적이다. 따라서 제조업이 흔들리면 한국 경제 전체가 흔들릴 수밖에 없다. 경제가 흔들리면 사회 전체가 흔들린다. 2018년 군산에서 한국GM의 철수는 제조업의 일자리 감소로 그치는 것이 아니라 지역사회에서 노동자들을 상대로 밥과 술을 파는 자영업자의 폐업으로 이어졌다. 이로 인해 상가 수요가 감소하고 건물 관련 종사자(청소, 경비, 임대)들의 일자리도 줄어들었으며, 급기야는 지역의 부동산 경기도 냉각되었다. 제조업이 밀집된 산업단지 지역의 경기가 안 좋은 이유가 바로 제조업의 위기에 따른 것이다. 제조업의 위기로 제조업 일자리는 줄어드는데 제조업의 역할을 대체할 산업이 만들어지지 않자 청년 일자리 문제, 자영업 과잉 및 폐업 문제 등이 갈수록 심각해지고 있는 것이다.

이러한 문제는 주력 제조업 산업들의 위기가 구조적이기 때문에 발생한다. 제조업의 위기는 3단계로 진행됐다. 1단계 위기는 1992년 탈공업화가 시작되면서 나타났다. 이 시기에 제조업의 일자리 창출능력이 약화하기 시작했다. 제조업 취업자의 비중은 515만

6,000명으로 정점을 찍은 1991년 27.6%에서 2000년 19.8%, 2007년 17.2%, 2011년 16.9%, 2019년에는 16.3%까지 하락했다. 탈공업화는 일자리 증가율의 감소와 일자리 양극화로 이어졌고, 그 결과 노동소득의 비중이 하락하고 소득 불평등이 심화되기 시작했다.[49] 예를 들어, 임금노동자의 일자리는 1986~91년간 연평균 6.8%에서 1992~97년간 연평균 2.3%로, 1992년 전후로 급감했다. 장기적으로 볼 때도 1963~91년간 연평균 5.9%에서 탈공업화가 진행된 1992~2017년간 연평균 2.1%로 절반도 안 되는 수준으로 감소했다. 그 결과 내수(국내에서의 수요)가 취약해지면서 기업투자가 감소하고 성장률이 둔화하기 시작했다. 1981~91년까지 연평균 13.2%와 10.1%였던 총투자율과 성장률은 1992년과 1993년 연속 각각 2.4%와 8.1% 그리고 6.2%와 6.9%로 급감했다.

1992년은 노태우 정부의 마지막 해로 대통령 선거가 있었고, 1993년은 김영삼 문민정부가 출범한 해다. 군사정권의 종식과 더불어 출범한 문민정부는 군부정권의 적폐를 청산하기 위해서 태생적으로 개혁을 추진할 수밖에 없다. 그런데 정권 첫해부터 경제는 어려운 상황이었다. 당시 언론은 경제가 6%대로 성장하고 있었음에도 침체에 빠졌다고 보도했다. 개념적으로 말이 안 되는 것은 차치하더라도 지금 기준으로 보면 상당히 높은 성장률을 놓고 '침체'라 표현한 것이 이해가 가지 않을 것이다. 그러나 80년대까지 10% 전후로 성장률이 지속되었기에 6%대로 갑작스럽게 하락한 성장률은

'충격'으로 다가온 것이다. 집권 초기 경제가 좋지 않으면 개혁 추진이 어려워진다. 김영삼 정부는 개혁 추진을 위해 성장률을 끌어올려야만 했다.

성장률을 단기간 내 끌어올리는 가장 간단한 방법은 경제활동에 투입하는 자본을 늘리는 것인데, 자본 투입은 기업투자가 결정한다. 정부는 기업의 자금조달 비용을 낮춰주기 위해 금리가 낮은 해외자본 유치에 눈을 돌렸다. 그리고 자본시장 개방을 가속화할 목적으로 선진국 클럽의 회원이라는, 모양새가 날 수 있는 OECD 가입을 추진한다. 탈공업화로 좋은 일자리가 줄어들며 내수가 약화되는 상황에서 성장률을 높이기 위한 또 다른 방법이 수출 증대였다. 정부는 세계화를 국정 목표로 설정하고 1994년 타결된 우루과이라운드 협상에 적극적으로 나섰다. 그 결과 1994년과 1995년에는 총투자율과 성장률이 각각 14.1%와 13.0% 그리고 9.3%와 9.6%로 일시적으로 회복되었다. 1991~94년간 약 25%였던 (수출/국민총소득) 비중도 외환위기 직전인 1997년에는 29%를 넘어선다. 그러나 그 대가는 참혹했다. 1997년 말 외환위기가 터졌고 1998년에 성장률은 -5.1%, 총투자율은 -20.5%로 곤두박질쳤다. 당시 한국 사회의 엘리트들은 국제금융의 속성에 대해 너무 무지했다. 돈(외국자본)이 유입될 때는 ('공짜면 양잿물도 마신다'라는 말이 있듯이 넘치는 돈에 취해) 부정적인 측면은 대부분 가려진다. 그러나 유입된 외국자본은 수익이 안정적으로 보장되지 않을 때는 썰물처럼 철수한다. 그리고 채

권자들은 하이에나로 돌변한다. 외환위기의 참상은 서민과 중소기업 등 취약계층에 집중되었다. 가족 해체로까지 이어지면서 거리의 노숙자가 대거 나타났다.

이처럼 1992년 탈공업화가 진행되면서 정규직－비정규직 임금 격차나 임금노동자－자영업자 소득 격차, 그리고 대기업－중소기업 임금 격차 등이 구조화되기 시작했다. 첫째, 1992년 노태우 정부는 경제 불황을 해결하기 위해 "그동안 금지했던 근로자파견사업과 파견근로자[50]의 사용을 특정 직종에 한해 제한 허용"[51]했다. 둘째, 탈공업화로 제조업에서 일자리를 잃은 사람들과 더불어 1992년 한·중 수교 이후 저가 수입품과의 경쟁에서 파산한 영세중소기업자 등이 자영업으로 진출하면서 영세자영업의 과잉이 구조화되기 시작했다.[52] 1991년 자영업자의 평균 소득은 임금노동자 평균 소득의 96%에서 1996년 76%, 2003년 67%, 2008년 58%, 2013년 55%, 2018년 47%로 계속 감소했다. 제조업 노동생산성은 향상됐지만, 자영업의 취약성이 악화된 것이다. 셋째, 제조업이 주력 사업인 재벌 대기업은 중간재를 해외로 외주화하고, 제조업 관련 서비스(삼성전자 판매서비스 부문)는 국내로 외주화했다. 중간재를 해외로 외주화함에 따라 국내 하청 중소기업의 물량이 감소하고 대기업에 대한 협상력이 약화되어 단가 하락 압박 요인으로 작용[53]했고, 제조업 관련 서비스의 국내 외주화는 비정규직의 증가를 초래했다. 그 결과 대기업과 중소기업 간, 정규직과 비정규직 간 임금 격차가 확대되었다. 임금 격차가 확대될수록 내수가 더욱 취약해지자, 재벌기업(자본)과 정부는 수출을 강화했다. 이른바 '수출 주도 성장' 논리가 (세계화를 국정 목표로 제시한) 김영삼 정부 이후 경제 영역은 물론이고 사회 전체를 지배하기 시작한 배경이다.

내수 취약성은 외환위기를 계기로 가속화된다. 수출 경쟁력을 확보하기 위해 임금 인상 및 고용 억제, 비정규직 고용 선호, 생산 자동화, 생산기지 해외 이전, 친(재벌)기업적 환율 및 조세 정책 등이 가속화됐기 때문이다. 그런데 수출 주도 성장 전략은 세계 경기와 동조화(둘 이상의 국가에서 환율, 주가, 금리, 경기 등의 지표가 같은 방향으로 움직이는 현상)를 이룬다는 점에서 치명적인 약점을 갖고 있다. 즉 세계 경기가 후퇴하거나 침체에 빠지면 같이 위기에 빠진다. 내수가 취약해진 상황에서 수출 환경이 악화하면 기댈 곳은 확장적 재정이나 통화 완화, 또는 가계가 미래소득을 당겨서 가계부채를 증가시키는 방법밖에 없다. 그런데 수요가 둔화한 상황에서 통화 완화는 효과가 크지 않다. 결국 국가채무나 가계부채의 증가, 특히 가계부채 증가로 이어질 수밖에 없다. 닷컴 버블의 붕괴와 그에 따른 미국 경기침체에 대응한 김대중 정부의 신용카드 규제 철폐와 노무현 정부에서 발생한 카드 사태, 글로벌 유동성의 폭발에 따른 부동산 시장 과열과 가계부채의 급증, 그리고 이명박-박근혜 정부에서 부동산 시장 부양에 따른 가계부채의 급증 등이 대표적인 사례다. 그런데 이른바 부채주도성장Debt-Driven Growth은 가계 소득이 안정적이지 않으면 지속되기 어렵다.

소득 불평등의 심화는 인구 구조도 악화시켜 다시 내수 취약성을 강화한다. (남성으로부터 청혼을 받은 여성은 남성의 상대적 임금 수준을 보고 결정한다는 점에서) 임금 불평등은 결혼율을 낮춤으로써 출산율을 낮춘다. 출산율이 낮아지면 유·청년 인구 비중이 감소하고, 중·장년 인구 비중이 증가한다. 유·청년 인구 비중이 감소하면 소비가 줄고 교육·주택 등에 대한 투자수요도 감소한다. 노후 준비를 위해 저축을 늘리는 중·장년 인구 비중이 증가해도 소비가 줄어든다. 나이가 들면 병에 걸리거나 재난이 일어날 것을 대비해서 소비를 줄이고 현금을 확보하려 하기에 인구의 고령화는 소비를 감소시키는 것이다. 여기에 일자리 단기화 등 고용 불안정성에 따른 미래 불확실성의 증가는 노인 빈곤층의 증가와 더불어 소비를 감소시킨다. 이처럼 인구구조의 악화로 내수 취약성이 가속화되면서 성장과 자본 이익을 내기 위해 수출의 중요성은 더욱 강조되었다.

제조업의 2단계 위기는 세계적 차원에서 부채주도성장이 파국을 맞이한 금융위기 이후 표면화되었다. 금융위기 이전 세계경제성장과 교역의 증가는 (가계와 정부 부채에 의존한) 미국 경제의 대안정The Great Moderation과 맞물려 있다. 80년대 이후 세계경제를 주도한 주요 국들은 노동소득 비중의 하락과 내수의 위축에 대응하기 시작했다. 미국과 영국과 스페인 등을 중심으로 한 부채주도성장 방식과 이에 의존한 일본과 독일, 한국, 중국 등에서의 수출주도성장Export-Led Growth 방식이 그것이다. 전자의 경상수지 적자와 후자의 흑자가 금융위기 이후 '글로벌 불균형' 문제로 부상한다. 특히 금융위기 이전 20년 이상 급증한 미국 가계부채는 미국판 '빚내서 집 사기'와 맞물려 진행되었고, 주택가격의 거품이 형성되는 과정에서 경기 호황의 주요 요인으로 작용했다. 그리고 미국의 경기 호황은 세계 교역의 증가로 이어졌다. 그러나 미국의 부채주도성장은 고용시스템이 약화되고 탈구가 진행되는 상황에서 지속되기 어려웠고, 금융위기 이후 (파산과 부채 조정 등에 직면한) 미국 가계는 금융위기 이전과 같은 소비자 역할을 해줄 수 없게 되었다. 금융위기 이전 글로벌 교역액의 증가율이 이전의 거의 1/4 수준으로 하락한 것이다. 여기에 중국의 부품과 소재 등 중간재의 국내 생산 비중이 증가하면서 세계 교역 감소의 또 다른 요인으로 작용했다.

성장 둔화에 따른 기업투자 감소도 교역 감소의 요인이었다. 세계 교역의 성장이 둔화하면 전체 교역의 약 80%를 차지하는 제조업이 위축될 수밖에 없다. 교역액 증가의 감소는 '해운업 → 조선업 → 철강업' 등으로 타격을 입혔고, 세계경제의 성장 둔화와 그에 따른 소비 증가의 억압은 자동차, 전자 등에 영향을 미쳤다. 게다가 세계경제의 성장 둔화는 석유와 원자재 수요의 둔화로 이어졌고, 신흥국과 개도국 경제에 부정적으로 작용하면서 이들 국가에 대한 플랜트 수출도 타격을 입었다. 미국 등의 부채주도성장 방식에 의해 과잉 성장했던 세계 교역과 제조업은 금융위기 이후 과잉공급 문제로 전환된다. 보호주의가 득세하고, 2011년 이후 수출액 증가율이 급감하면서 성장률도 급감한 배경으로 볼 수 있다.● 문제는 글로벌 교역액 증가율의 하락이 일시적이 아니라 구조적이라는 점이다. 교역액 증가율을 하락시킨 세 가지 요인 모두 구조적이기 때문이다. 혹자는 최근 강한 미국 경제를 거론할 수 있겠으나 (앞에서 소개했듯이) 금융위기 이후 미국의 성장률은 이전보다 절반 수준으로 떨어졌을 뿐 아니라 소득 불평등은 더 악화되었다. 2018년 미국의 수입액은 1999~2008년간 수입액 증가율이 지속된 경우의 수입액보다 약 46%나 줄어든 규모다.

세계 교역액 증가율의 구조적 둔화와 그에 따른 제조업 위기의 표면화는 한국 경제의 위기를 의미했다. 한국 경제에서 제조업 위기는 (제조업이라는 한 산업의 문제가 경제 전체를 위험에 빠뜨린다는 점에서) 이른바 '시스템 리스크'이기 때문이다. 수출액 증가율(달러 기준)이 2012년 마이너스(-)로 곤두박질치면서 수출주도성장 방식은 막을 내린다. 공격적인 FTA 추진에도 불구하고 (수출/국민총소득) 비중은 2012년 56%로 정점을 찍고 2016년까지 42% 밑으로 떨어졌

● 한국 경제는 세계경제가 회복 및 호황을 보였던 2004~07년간 연 5%대 성장률에서 글로벌 교역액 증가율이 급감한 2012~16년간 연 3% 밑으로 추락한다.

다. 수출의 급감은 제조업의 위기로 나타났다. 제조업 성장률이 급 감하고, 2014~16년에는 마이너스(-) 성장을 지속했다. (한국 수출 의 주력 단위인) 대기업의 제조업 성장률이 2013년부터 16년까지 마 이너스(-) 성장을 한 결과다. 한국 경제 생태계는 재벌총수를 정점 으로 한 피라미드 구조(대기업과 중소기업 간 약탈적 갑을관계), 그리고 재벌 대기업과 중소기업을 제어하는 제조업과 수출로 요약할 수 있 다. 한국에서 경제활동을 하는 대부분의 사람들은 재벌 대기업과 (재벌 대기업의 제조업과 관련된 중간재를 공급하는) 중소기업 그리고 이 들에게 고용된 노동자들과 밀접하게 관련된 이들이다. 이들이 바로 한국 경제 생태계의 생명체 군집이고, 제조업과 수출, 1차 산업 및 서비스 부문 등이 생명체 군집과 상호작용하는 비생물적 환경이다. 대한민국에서 살아가는 사람들의 공간 구성도 전국에 분포된 1,212 개 산업단지(2019년 3분기 기준)가 중심이 되고 있다. 제조업의 성장 중단 혹은 역성장이 산업단지가 위치한 지역경제의 어려움으로 나 타나는 배경이다. 기후변화가 지구의 생태계에 부정적 영향을 미치 듯이 글로벌 교역액 증가율의 둔화는 제조업을 매개로 한 한국 경 제 생태계의 근간을 흔들고 있다.

제조업의 3단계 위기는 금융위기를 전후로 진행되었다. 금융위 기 이후 제조업만 위축된 것은 아니다. 새로운 수요도 나타났다. 앞 에서 살펴보았듯이 2000년대부터 미국에서 디지털 생태계를 중심 으로 산업 재편이 진행되었다. 그런데 한국의 산업 재편은 디지털 생태계보다는 디지털 생태계의 비생물적 환경을 만드는 수준에 머물러 있다. 예를 들어, 디지털 생태계의 등장에 따른 '모빌리티 스마트화'를 우리나라는 모빌리티 기기 제조에 초점을 맞추었다. 새로운 사업으로 스마트폰 기기 제조업이 추가된 것이다. 플랫폼 사업모델, 데이터 혁명과 데이터 경제 등이 지향하는 디지털 생태계에 대한 이해가 부족하다 보니 현재 진행되는 산업 재편을 제조업의 시각으로 바라보았다. 그러나 무선전화기의 스마트화는 기존 제조업에 부정적인 영향을 미치지 않았다. 문제는 모빌리티 스마트화의 2단계인 자동차의 스마트화에서 발생하고 있다. 자율주행차와 차량 공유서비스, 친환경차(전기차) 등으로 자동차 산업이 재편되면서 완성차 시장이 축소되고, 전통적인 내연기관 관련 자동차 부품 산업에 충격을 미치고 있다. 실제로 자동차의 글로벌 판매량은 2017년 7,960만 대로 정점을 찍고 하락하기 시작하여 2018년에는 7,890만

한국 자동차 수출량   한국 자동차 생산량

대로 줄어들었고, 2019년에는 7,500만 대까지 감소했을 것으로 전망된다.[54] 한국 자동차 수출량은 2012년 312만 1,000대로 정점을 찍었다가 2016년 박근혜 정부에서 262만 2,000대까지 약 50만 대(연간 12만 5,000대)가 줄어들었고, 2019년에는 수출량이 240만 2,000대로 문재인 정부에서도 연간 약 7만 3,000대가 감소한 것으로 추산된다. 한국 자동차 총생산량도 정점을 찍은 2015년 455만 6,000대에서 2016년 422만 9,000대로 1년 만에 32만 7,000대가 감소했고, 2019년에는 395만 1,000대로 문재인 정부에서도 연간 약 9만 3,000대가 감소한 것으로 추산된다.

플랫폼 없는 플랫폼 산업

제조업 위기가 진행되면서 노무현 정부 때부터, 아니 외환위기 이후 김대중 정부 때부터 현재까지 역대 정부는 미래성장동력을 육성하는 데 심혈을 기울였다. 그런데 그 결과를 단순화해 말하면 '빈 수레'였다. 무엇이 문제일까? 산업체계의 다변화는 기술 혁신의 결과물이다. 기술 변화는 그와 관련된 새로운 산업과 시장 등을 창출한다. 따라서 산업을 육성하려면 해당 기술이 지향하는 방향을 정확히 읽어내야만 한다. '작은' 기술 변화부터 산업체계를 바꿀 '근본적인' 기술 변화에 이르기까지 모두 사회 변화를 요구하기 때문이다. 앞에서 소개했듯이 제조업 위기 이후 진행된 기술 변화가 바로 3차와 4차 산업혁명으로, 산업체계의 변화를 가져올 기술들이다. IT 혁명으로 대변되는 3차 산업혁명과 데이터 혁명으로 대변되는 4차 산업혁명은 제조업 생태계와 근본적으로 다른 디지털 생태계를 지향한다. 생태계는 생물적 요인과 그와 관련된 비생물적 요인들이 상호작용하고 상호의존하는 유기적 집합체로, 기술만 변화한 것이 아니라 생태계에서 살아갈 인간, 그리고 인간들이 살아가는 데 필요한 법과 제도 등이 모두 변해야만 한다. 이런 생태계에 대한 이해 부족 때문에 역대 정부의 산업체계 다양화 전략이 성과를 내지 못한 것이다.

각 정부의 산업 재편 전략을 상기해보자. 먼저, 흔히 김대중 정부의 IT 관련 산업의 육성은 매우 성공적인 것으로 평가받는다. 그런데 김대중 정부는 솔직히 IT 혁명이 '디지털 생태계'라는 새로운 생태계를 지향한다는 점을 인식하지 못했다. 당시의 산업 육성은 미국에서 벤처자본에 의해 만들어지는 IT 관련 사업(실리콘밸리 모델)들을 모방한 것에 가까웠다. 그러나 앞에서 말했듯이 닷컴 사업모델은 플랫폼 사업모델로의 진화 과정에서 징검다리에 불과했다. 이 부분에 대한 이해 부족, 정확히 표현하면 3차 산업혁명이 새로운 생태계인 '디지털 생태계'를 지향한다는 것에 대한 이해 부족으로 인해 한국의 닷컴 사업모델이 2000년 이후 플랫폼 사업모델로 진화하는 데 실패한 것이다.

노무현 정부는 10개의 차세대 성장동력산업 육성을 추진했다. 지능형 로봇, 미래형 자동차, 차세대전지, 차세대반도체, 차세대 이동통신(5G), 지능형 홈네트워크, 디스플레이, 디지털콘텐츠와 소프트웨어 솔루션, 바이오 등이 그것이다. 이러한 산업들이 선정된 배경에는 AI 기술과 친환경, 데이터, 고령화 등이 있다. 첫째, 자동차 산업이 자율주행차와 친환경 차량의 개발로 전환하는 상황에서 지능형 로봇, 미래형 자동차, 차세대전지 등에 대한 관심이 증가했다. 지능형 로봇이나 미래형 자동차는 AI 기술과 자율주행차에 대한 당시의 관심을 반영한 것이다. 앞에서 지적했듯이 빅데이터 확보가 가능해지면서 AI 기술을 발전시킬 수 있는 기반이 형성되었고, 그 연장선상에서 자율주행차의 현실화도 성큼 진행되었다. 예를 들어, 2002년 미국 국방부 산하 방위고등연구계획국^{DARPA}은 미국 서부 캘리포니아주 남부에서 애리조나주에 이르는 모하비 사막^{Mojave} ^{Desert}을 통과해 장장 142마일을 달릴 수 있는 자율주행차를 만든 최고의 연구기관에게 100만 달러의 상금을 지급하는 그랜드 챌린지를 발표했다. 물론, 2000년대 첫 10년은 자율주차시스템이 부상했지만, 자율주행차는 여전히 미래의 과제로 남아 있었다. 지능형 홈네트워크도 AI 기술과 관련된 것이다. 둘째, 차세대전지나 (실시간 연결을 가능케 하는) 5G, (모바일기기와 가상현실^{VR}과 자율주행차 등의 경우 속도와 기억 보존, 고용량 등에서 D램과 낸드플래시가 갖는 단점을 극복하기 위한) 차세대반도체 등은 전기자동차나 자율주행차, 지능형 홈네트워크, VR 등의 상용화를 위해 반드시 뒷받침되어야 하는 필수요소였다. 셋째, 2001년 아이팟, 2005년 유튜브 등에서 볼 수 있듯이 디지털콘텐츠의 생산과 디지털 방식의 유통, 소비가 강화되고, 소프트웨어에 대한 수요가 폭발적으로 증가하면서 디지털콘텐츠와 소프트웨어 솔루션도 육성 산업으로 선정했다.

이처럼 노무현 정부의 산업정책은 2000년대부터 진행된 경제 생태계의 변화에 대한 이해 없이 생태계가 변화함에 따라 등장한 산업을 만들겠다는 선언에 불과했다. 그 결과 투입한 예산에 비해 성과는 초라하다. 예를 들어, 네이버와 구글, 아이리버와 아이팟, 싸이월드와 페이스북 등을 비교해보자. 디지털콘텐츠를 육성하겠다고 했는데 한국에서는 유튜브가 왜 나오지 않을까? 노무현 정부에서 선정한 산업들은 IT 혁명에서 시작해 데이터 혁명으로 이어지며 등장한 산업들인데, IT 혁명이 데이터 혁명으로 진화한 원리를 이해하지 못했다. 즉 (이익 공유에 기반을 둔) 디지털 생태계의 구축에 대한 이해 없이 단순히 해외에서 새로 부상한 산업을 베낀 것에 불과했다. 육성하려는 산업이 왜 등장했는지 이해하지 못하면 육성하려는 산업의 특성을 제대로 이해하기 어렵다.

노무현 정부의 신산업 육성 전략의 문제, 즉 '트렌드 쫓아서 하기'는 뒤이은 보수정부에서도 기본적으로 반복된다. 이명박 정부에서는 육성 산업을 17개로 확대하고, 녹색성장과 서비스 산업의 선진화 등을 추가했다. 그러나 이명박 정부의 녹색성장 패러다임은 오바마 정부의 '그린 뉴딜' 전략을 모방한 것이다. 금융위기 이전까지 20년 이상 금융을 성장동력으로 삼았던 미국은 금융위기 이후 더 이상 금융을 성장동력으로 삼을 수 없음을 인식했다. 그래서 금융의 공백을 메우기 위해 녹색산업을 기존의 기후위기와 에너지 위기의 해결 차원뿐만 아니라 새로운 성장동력의 수단으로 설정했다. 미국의 그린 뉴딜이 성과를 내지 못했듯이 이명박 정부의 녹색성장 전략 역시 오래가지 못했다. 예를 들어, 이명박 정부가 녹색성장 정책을 강력히 구사하자 정책 수혜가 기대되는 관련주에 투자하는 펀드들이 우후죽순으로 등장했다. 금융투자협회 전자공시시스템의 신규설정펀드 자료에 따르면 녹색성장펀드는 2008년 5건에서 2009년 39건으로 8배가 됐다. 하지만 2010년 13건, 2011년 7건, 2012년 8건 등으로 이명박 정부의 권세가 약해질수록 녹색성장펀드도 쪼그라들었다.

여기에 이명박 정부는 제조업의 공백을 메우기 위해 서비스 산업의 육성을 추진했다. 문제는 (앞에서 지적한 한국 서비스 부문의 구조적 취약성을 해결하기보다는) 경제활동 지원을 위한 서비스 부문인 교육이나 금융, 의료 등에 초점을 맞추었다는 점이다. 외국인들을 대상으로 한 국제의료관광코디네이터나 글로벌 교육서비스, 그리고 녹색산업을 지원하기 위한 녹색금융 등이 그것이다. 이명박 정부에서 글로벌 교육서비스는 이명박 정부의 인수위원장이었던 이경숙의 '어륀지' 파문을 낳았다. 이는 말 그대로 영어몰입교육으로 이어졌다. 영어몰입교육은 영어만으로 수업을 진행하는 것을 뜻한다. 영어 수업시간에도 한국어를 함께 썼던 방식을 버리고 영어 외의 과목까지도 영어로 수업을 진행하는 것이다. 애당초 이명박 정부는 초·중학교에서 수학과 과학까지 영어로 가르치겠다는 계획까지 세워두었다. 이렇게 정부가 영어교육을 통해 '세계화'의 물결에 동참하여 아이들을 국제인으로 기르겠다며 일방적으로 밀어붙이면서 영어유치원과 영어마을이 우후죽순처럼 등장하고, 영어 사교육 바람을 일으켜 학부모들의 호주머니를 털어갔다. 그리고 영어몰입교육 정책을 뒷받침하기 위해 만들어진 영어회화전문강사제도는 최저임금 수준을 크게 벗어나지 못하는 기간제 교사를 양산했다. 가계의 사교육비 증가와 비정규직 일자리 만들기가 교육서비스 산업의 선진화(GDP의 증가)였던 것이다. '어륀지 파문'은 2019년 조국 교수가 법무무 장관에 지명된 후 조국 후보자 딸의 입시 특혜 의혹과도 관련된다. 조국 후보자 딸이 의혹을 받았던 고려대 '선도 인재 전형' 역시 영어능력을 강화하려는 이명박 정부의 교육서비스 선진화 정책의 산물이다. '선도 인재 전형'은 영어교육 열풍과 발음 사대주의를 풍자해 이른바 '어륀지 전형'으로 불렸다. 이처럼 이명박 정부의 서비스 산업 선진화는 서비스 산업 취약성의 근본 원인을 해결하는 것과는 거리가 멀었으며, 서비스 부문의 생산성이 지속해서 하락했다.

박근혜 정부에서는 육성 산업을 19개로 늘리고, 녹색성장 대신 창조경제를 들고 나왔다. 예를 들어, 박근혜 정부는 스마트 자동차, 5G, 지능형로봇, 사물인터넷, 빅데이터 등을 선정했지만, 플랫폼에 대한 이해가 전혀 없었다. 플랫폼을 이해하지 못하다 보니 민간 단위에서 빅데이터를 만들지 못하고 5G 기술, 그리고 그 연장선상에 있는 스마트 자동차나 지능형 로봇 등이 제대로 육성되기 어려울 수밖에 없다. 창조산업 역시 '일본판 산업 재편 전략'을 단순히 베낀 것에 불과했다. 일본에서 처참히 실패한 창조산업 육성 전략을 베꼈으니 그 결과는 자명했다. 그리고 서비스 산업 선진화는 이명박 정부와 차이가 없었다. 그 결과는 서비스 부문의 노동생산성이 OECD 최하위 수준이라는 사실에서 확인된다. 서비스 부문의 고용 및 부가가치 비중은 1992년 각각 50.2%와 53.9%에서 2015년에는 각각 70.1%와 59.7%로 변했고, 서비스 부문의 1인당 부가가치(노동생산성)는 제조업 노동생산성보다 오히려 후퇴했다. 미국에서 공유경제가 부상하니까 차량과 숙박 공유서비스를 육성한다면서 운송서비스 및 숙박서비스 관련 규제를 푸는 방식으로 접근했다. 플랫폼 사업모델을 신서비스업으로 규정할 정도로 플랫폼 사업모델에 대한 이해가 없었다. 그 결과 효과도 제한적이고 사회 갈등이 일어날 수밖에 없었다. 기본적으로 유튜브나 우버, 에어비앤비 등이 왜 한국에서는 처음 나오지 않았는가에 대한 고민이 없다. 추격형 성장 전략이 내면화되었기 때문이다. 그러나 추격형 성장 및 혁신 전략도 모방 대상을 정확히 이해해야 성공할 수 있다.

유튜브, 우버나 에어비앤비 같은 (이익 공유) 플랫폼 사업모델은 전통적인 서비스업과 다른 아이디어 업종이다. 예를 들어, 차량공유 플랫폼 사업모델이 전통적인 운송서비스업과 다른 점은 전자의 경우 차량이나 운송서비스 제공 노동력을 하나도 보유하지 않는다는 점이다. 자신이 소유한 차량과 고용한 노동력으로 서비스를 제공하는 전통적인 운송서비스업과 달리 신기술(IT, 모바일 기술)을 아이디어와 결합하여 플랫폼을 제공할 뿐이다. 그 결과 차량공유 플랫폼 사업모델은 변형된 운송서비스업(카카오 카풀, 타다)이 되었고, 숙박공유 플랫폼 사업모델은 숙박앱(야놀자, 여기어때)이 되었다. 중국은 모방이라도 제대로 한다. 중국의 구글인 바이두, 중국의 아마존인 알리바바, 중국의 페이스북인 텐센트 등에서 볼 수 있듯이 중국은 빠른 속도로 플랫폼 기업들을 만들어냈다. 그 결과 AI 분야에서 미국과 경합을 할 정도다.

참고로 우버형 차량공유 플랫폼 사업모델은 처음부터 한국의 차량공유서비스 사업모델과 지향하는 목표가 달랐고, 그 결과 외형적으로도 같은 모델이 될 수 없었다. 먼저, 한국의 모빌리티 사업모델들과 달리 우버는 (비록 여전히 제대로 된 성과를 내지 못하고 있지만 확보한 데이터로 새로운 가치창출을 지향하는) '스마트 모빌리티 솔루션'을 지향했다. 그 결과 창업 이래 한 해도 영업이익을 내지 못했음에도 지속적인 투자를 유치할 수 있었다. 그러나 한국의 모빌리티 사업모델은 외형만 모방한 것이다. 단순하게 표현하면, IT와 모바일 기술을 전통적인 서비스 사업에 결합하여 비용 절감을 추구하는 사업 모델이다. 그렇다 보니 자연스럽게 전통적인 운송서비스업인 택시업계와 갈등을 빚을 수밖에 없었다. 게다가 대중교통 체계가 발달한 한국의 택시(운송) 서비스 시장은 너무 작았기에 갈등은 더 클 수밖에 없다. 즉 우버형 차량공유 사업모델은 대중교통이 불편하거나 택시 요금이 굉장히 비싼 시장에서 성장했지만, 완벽한 대중교통 체계를 갖추고 있는 한국의 택시 시장 규모는 너무 작기에 수익을 내기 어렵다. 소비자의 요구(맞춤형 서비스)에 초점을 맞춘 KST 모빌리티(마카롱택시)의 사업모델이 갈등 없이 정착한 이유는 플랫폼 사업모델의 취지에 부합했기 때문이다. 즉 택시업계 관계자와 상생(이익 공유)할 수 있는 맞춤형 서비스 개발을 위해 확보한 빅데이터를 활용했다.

마찬가지로 가맹 숙박업체와 소비자를 연결해주고 수수료나 심지어 광고료 등을 챙기는 숙박앱의 경우 숙박업체와 이를 이용하는 소비자의 참여를 끌어내야만 이익을 실현할 수 있는 사업모델이다. 즉 차량공유 플랫폼 사업모델과 공통점이 있다. 문제는 가맹점의 참여 없이는 지속 불가능한 사업모델임에도, 숙박앱의 경우 과도한 수수료나 광고료 등을 챙기면서 가맹 숙박업체의 지속 가능성을 위협한다는 점이다. 생태계의 핵심 특성 중 하나가 상호의존성이지만 숙박앱은 가맹 숙박업체의 생존 기반을 약화시킨다는 점에서 디지털 생태계와는 거리가 멀다. 가맹 자영업자에 대한 수수료를 인상했다가 후폭풍에 시달린 한국의 대표적 배달앱인 배달의민족도 마찬가지이다. 단기적인 수익을 극대화하면서 자신의 수익 원천인 가맹 자영업자를 배제시키는 요인이 되고 있다. 이런 점에서 한국에서 앱 기반의 플랫폼 사업모델이 보여주는 모습은 이익 공유에 기반을 둔 플랫폼 사업모델이 아니다.

왜 이런 결과를 초래하는 것일까? 플랫폼 사업모델의 목표는 확보한 데이터를 활용해 새로운 가치를 창출할 수 있을 때 혁신으로 자리매김할 수 있다. 그런데 데이터 활용 역량이 부족하다 보니 IT와 모바일 기술 등으로 만들어낸 비용 절감의 이점을 활용해 기존 시장을 독점하고, 시장독점력으로 단기 수익 극대화를 추구하며 생태계를 불안정하게 만들고 있다. 그런 점에서 플랫폼 사업모델도, 진정한 의미의 혁신도 아니다. 무엇보다 지속 가능한 생태계를 구축할 수 없기 때문이다.

스마트 모빌리티 솔루션에 대한 이해 부족은 한국의 대표기업인 삼성전자와 현대차 등에서도 예외는 아니다. 현대차가 '스마트 모빌리티 솔루션' 사업을 지향하고 있고, 삼성전자가 미래사업들로 제시하는 'AI - 5G - 전장(전자장치) - 바이오'도 '스마트 모빌리티 솔루션'과 크게 다르지 않다. 현대차의 스마트 모빌리티 솔루션은 차량공유서비스에 집중되어 있고, 삼성전자의 경우 바이오를 제외하고 'AI - 5G - 전장' 모두 미래차 사업과 관련되기 때문이다. 전장은 전기차와 관련이 있고, AI와 5G는 자율주행차와 관련이 있다. AI는 빅데이터가 안정적으로 공급되어야 발전 가능한데, 이는 플랫폼 사업모델로의 진화 여부에 달려 있다. 전통적인 완성차 기업들이 차량공유서비스로 전환하는 이유는 차량공유서비스가 플랫폼 사업모델이기 때문이다. 그런데 현대차는 이를 자체적으로 만들지 못하고 공유차량서비스 기업에 투자함으로써 문제를 해결하려 하고 있다. 삼성전자 역시 자신이 플랫폼 사업모델로 진화하여, 즉 스스로 빅데이터의 안정적 공급 기반을 마련하여 AI 기술을 만들려 하지 않고 AI 기술업체들을 인수하고 있다. 스마트폰 사업에 진출하여 앱 생태계를 조성하는 과정에서 했던 실수를 반복하고 있는 것이다. 이처럼 한국에는 진정한 플랫폼 사업모델이 나오지 못하고 있는 상황임에도 정부는 플랫폼 경제 활성화를 추진하고 있다. 정부의 구호가 공허하게 들리는 이유이다.

'한국판 뉴딜'이 100년을 가려면

문재인 정부에서는 달라졌을까? 문재인 정부의 산업 재편 전략은 소득주도성장 정책의 한 축인 '혁신성장'으로 압축된다. 문재인 정부에서 혁신성장의 성공 여부가 얼마나 중요한지는 앞에서 소개했다. 그런데 문재인 정부에서 혁신성장 개념은 처음부터 소득주도성장 정책들과 불편하게 결합되어 있었다. 소득주도성장 개념을 도입한 경제팀은 외부에서 들어간 그룹이었던 반면, 혁신성장 개념은 경제관료팀의 주장을 반영한 것이었다. 즉 소득주도성장과 혁신성장은 화학적 결합물이 아니라 기계적 결합물이었다. 문재인 정부의 경제정책은 정권 초기 소득주도성장팀들이 주도했으나 1년도 채 되지 않아 혁신성장팀으로 무게 중심이 이동했다. 혁신성장은 산업 재편이라는 과제를 생각할 때 중요한 의미를 갖는다. 문제는 소득주도성장팀이 산업 재편에 대해 치열한 고민이 없었다는 점이다. 그 결과 관료에게 주도권이 넘어갔다. 관료가 추진하는 산업 재편은 구조적으로 이전 정부와 차이가 거의 없다. 이전 정부에서도 정책을 입안하고 추진했던 사람들에게 새로운 것을 만들어내기를 기대하는 것이 오히려 이상한 일이다. 이전 정부의 신성장동력 육성 방식을 답습한 것이 될 수밖에 없고, 그 결과도 자명하기 때문이다.

구체적으로 현재 문재인 정부는 'AI 국가전략'을 통해 AI 강국 도약 추진을 기치로 내걸고 구체적으로 DNA＋빅3의 육성을 시도하고 있다. 여기서 D는 데이터^{Data}, N은 네트워크^{Network}, A는 인공지능^{AI}을 말하고, 빅3는 바이오, 미래차, 시스템반도체를 말한다. DNA는 플랫폼 경제 활성화 혹은 데이터 경제 활성화로 혼용되고 있다. 여기에 고령화와 기후문제, 그리고 반도체 디자인(개념 설계) 부문을 강화하기 위해 빅3가 육성 산업으로 결합되었다. 박근혜 정부에서 추진한 '스마트 자동차, 5G, 지능형로봇, 사물인터넷, 빅데이터' 등과 무슨 차이가 존재하는가? 홍남기 부총리가 취임 후 2018년 12월에 내놓은 2019년 경제정책 방향에 포함시킨 차량과 숙박 공유경제 활성화는 자신이 박근혜 정부의 미래창조과학부 1차관으로 있으면서 추진했던 공유경제 활성화 대책(2016년 2월 투자 활성화 대책)과 동일하다.

그 밖에 서비스 산업 혁신과 제조업 르네상스는 역대 정부도 목표로 내세운 것으로 큰 차이가 없다. 단지 일본의 경제 침략으로 소부장(소재, 부품, 장비) 육성 환경이 크게 개선되었다는 점에서 차이가 있을 뿐이다. 산업 재편 전략에서 문재인 정부의 차별점은 플랫폼 경제와 데이터 경제의 활성화에 있다. 그러나 플랫폼 경제나 데이터 경제가 새로운 산업생태계라는 점을 인지하지 못하고 있다는 점에서 박근혜 정부의 창조경제 육성과 근본적인 차이가 없다. 공허한 구호로 그칠 가능성이 컸다.

그런데 문재인 정부는 코로나19 재난으로 전환점을 맞는다. 코로나19 재난은 위기를 초래했지만, 한국은 위기에 대응하는 과정에서 세계 최고의 방역 수준을 보여주었다. 전통적으로 선진국이라 불렸던 나라들의 방역 실패는 선진국의 민낯을 보여준 반면, 위기에서 빛을 발했던 한국은 '새로운 선진국'으로 부상했다. 실제로 2020년 한국의 GDP는 러시아, 캐나다, 브라질을 제치고 9위로 진입할 것이 확실시되고 있다. 게다가 한국보다 위에 있는 국가들은 모두 한국보다 인구가 많은 나라다. 위기에 대한 대응은 '새로운 처음'에 걸

맞은 수준을 요구했고, 미국 대공황 당시의 뉴딜에 비유해 '한국판 뉴딜'로 나타났다. 그러나 기재부는 기존의 DNA에 비대면 산업 육성을 추가하여 '한국판 뉴딜'을 '디지털 뉴딜'로 포장했다. 이에 문재인 대통령이 그린 뉴딜을 포함시키고 전 국민 고용보험제를 도입하는 등 고용·사회안전망을 강화할 것을 주문하면서 '한국판 뉴딜'은 디지털 뉴딜과 그린 뉴딜, 그리고 휴먼 뉴딜로 완성되었다. 문재인 대통령은 '한국판 뉴딜'을 대한민국 대전환을 위한 100년의 설계로 명명했다.

문재인 대통령의 인식은 시대 과제를 정확히 꿰뚫었다. 앞에서 보았듯이 지난 30년간 진행돼온 제조업 위기와 2000년 이후 산업 체계의 지각 변동에 대한 대처가 '디지털 뉴딜'의 목표로, 구체적으로는 디지털 생태계를 구축하는 것이다. 그리고 코로나19 재난을 기후위기 문제의 산물로 보고, 기후위기를 더 이상 외면할 수 없다는 인식의 산물이 '그린 뉴딜'이고, 구체적으로는 그린 생태계의 구축이다. 그리고 새로운 경제 생태계로의 이행과정에서 겪을 수밖에 없는 일자리 위기나 불평등 심화 문제 등에 대한 대응이 '휴먼 뉴딜'로, 구체적으로 고용·사회안전망을 강화한 것이다. 이 세 가지 과제는 인류 세계 모두가 당면한 과제이다. K방역에서 자신감을 얻은 문재인 대통령은 '위기'를 '기회'로 만들어보자는 담대한 구상을 한 것이다.

그러나 대통령의 보좌진과 관료들은 대통령의 구상을 제대로 이해하지 못했다. 그들은 이전 정부의 '트렌드 쫓아서 하기' 수준으로 설계도를 만들었다. 부실한 설계도가 나온 1차적 책임은 청와대 정책실에 있다. 대한민국 사회의 근본 판을 재구성하는 것은 일개 행정부서가 할 수 있는 과제가 아니다. 기재부가 주도하고 정책실이 추종해서 나온 '설계도'로는 대한민국 대전환은 불가능하다는 점에서 '부실 프로젝트'다. 예를 들어, '한국판 뉴딜'의 설계도를 압축적으로 표현한 프로젝트가 그린스마트스쿨과 데이터댐 구축이다. 비대면 수업의 필요성(스마트스쿨)과 저탄소 에너지 확산(그린스쿨)을 위해 노후화된 많은 학교 건물의 그린화 및 학교의 스마트화를 추진하자는 것이다. 이 프로젝트의 문제는 가장 중요한 것이 빠졌다는 것이다. 예를 들면, 근대화에 뒤처진 조선 말에 근대화를 위해 근대 문물을 수입한다며 당시의 교육 건물인 서당을 근대식 학교 건물로 바꾼 것이다. 서당을 근대식 학교 건물로 바꾸면 근대화는 저절로 이루어질까? 근대화와 산업화에 필요한 인재를 양성하기 위해 교육 내용과 방식을 바꾸는 것이 건물을 바꾸는 것보다 더 중요하다. 그리고 근대화와 산업화를 지원할 수 있는 법과 제도 등도 정비해야 한다.

예를 들어, 정부는 뉴딜의 후버댐에 비유해 데이터댐의 구축을 '디지털 뉴딜'의 목표로 설정했다. 정부가 데이터의 구축, 가공, 활용을 설정한 것이다. 그런데 (앞에서 소개했듯이) 플랫폼 사업모델에 기반한 창업이 활성화되어야 데이터의 안정적인 구축이 가능하다. 그와 더불어 데이터를 활용해 새로운 가치창출을 할 수 있는 사람을 육성해야만 한다. 앞의 그린스마트스쿨과 깊은 연관성이 있는 것이다. 마찬가지로 '그린 뉴딜'을 위해서는 재생에너지 기술과 산업의 육성과 더불어 일반 시민과 기업의 사고와 행동방식 등이 변화해야만 한다. 이것 역시 교육의 문제이고, 법과 제도의 문제이다. 이러한 과제를 기재부가 주도하면 비대면 산업이나 재생에너지 산업 육성 차원에 머문다. 이전 정부 실패의 데자뷔다. 또한 '휴먼 뉴딜'의 프로젝트 중 하나인 전 국민 고용보험제 프로젝트 역시 산업사회의 틀을 벗어나야만 해결할 수 있다. 이에 대해서는 뒤에서 자세히 소개할 것이다.

이처럼 관료들(기재부)은 사회경제구조의 문제를 외면하고, 단순히 코로나19 충격에 따른 경제상황의 변화에 대응하기만 하면 된다는 인식이다. 예를 들어, 비대면의 일상화·디지털 경제 전환 가속화에 따른, 즉 온라인 교육, 비대면 의료, 원격근무 등에 필요한 디지털 인프라 구축을 강화하겠다는 것이 주요 대응책이다. 이는 앞에서 소개한 기존의 대책과 기본적으로 차이가 없다. 4차 산업혁명의 가속화가 불가피한 상황에서 디지털 인프라 구축 역시 가속화하겠다는 것에 불과하다. 무엇보다 기재부 관료가 만든 한국판 디지털 뉴딜의 3대 프로젝트를 보면 5G와 AI를 빼면 없다. 2018년 삼성전자가 미래 사업으로 발표한 AI, 5G, 전장, 바이오 중 디지털과 관련된 앞의 두 개를 단순히 옮겨놓은 것에 불과하다. 문제는 삼성전자의 실수가 정부 대책에서도 반복되고 있다는 점이다.

기본적으로 미국의 대공황은 (글로벌 금융위기와 마찬가지로) 너무 커진 소득 불평등과 방종한 금융이 만든 결과물이다. 이에 따라 은행개혁과 더불어 소득 불평등을 제도적으로 개선하기 위해 노동3권 보장과 노조 지위의 제도화, 최저임금과 사회보장제 도입, 소득세와 법인세의 대폭 인상 등이 추진되었다. 그러나 이러한 사회경제 구조의 개혁은 산업 재편이 있었기에 가능했다. 당시 미국은 중화학공업 중심으로 산업을 재편하는 기회를 얻었다. 1939년부터 5년간 제조업에서 약 753만 개가 증가할 정도로 산업 재편이 활발히 진행되었다. 물론, 제2차 세계대전이라는 전쟁도 큰 역할을 했다. 새로운 산업의 부상으로 경제적 파이가 증가하면서 증세에 대한 저항도 막을 수 있었다. 사실 미국의 50, 60년대 황금기는 이러한 사회경제구조 개혁의 산물이었다. 이러한 산업 재편이 없었다면 뉴딜 개혁도 어려웠을 것이다.

코로나19 충격은 사회경제구조의 취약성을 최악으로 내몰고 있다. 전문가들은 방역 성공(K방역)이 경제 생태계의 파괴를 최소화시켜 성장률 감소를 최소 수준으로 막을 것으로 전망한다. 하지만 높은 자영업 비중과 수출의존적 경제구조 등은 취약계층의 일자리와 소득 악화에 그치지 않고, 중산층은 물론이고 제조업이 주력 사업인 대기업까지 위기로 내몰 가능성이 크다. 문제는 경제위기가 일시적인 사건이 아닐 뿐만 아니라 코로나19 이전으로 돌아갈 가능성이 낮다는 점이다. 따라서 취약계층에 대한 사회안전망 강화(전 국민 고용보험제의 전면적 시행 등)나 소득 지원(기본소득의 도입 등) 혹은 일자리 보장(국가의 고용보장제 도입 등)과 더불어 산업 재편이 시급하다. 산업 재편 없이 청년과 기업, 국가의 미래는 기대할 수 없기 때문이다. 그런데 '한국판 뉴딜'은 사회안전망 강화나 소득 및 일자리 정책도 너무 미흡할 뿐 아니라 산업 재편도 성과를 기대하기 어렵다.

앞에서 지적했듯이 산업 재편 전략이 제대로 성과를 내지 못하는 이유는 육성하려는 산업들을 산업생태계 개념 속에서 이해하지 못하고 있기 때문이다. 무엇보다 육성하려는 산업이 기존 생태계의 구성물인지, 아니면 기존 생태계와는 다른 특성을 가진 것인지 등을 구분해야 한다. 농업 생태계와 제조업 생태계가 근본적 차이가 있듯이 말이다. 즉 육성하려는 산업이 기존 생태계의 산업과 다를 경우 전통적인 산업정책은 효과를 보기 어렵다. 예를 들어, 해양 동식물에게 사막의 자연환경을 제공하면 어떤 결과를 초래할까? 사막에서 서식하는 페넥여우를 아마존강 유역에 가져다 놓으면, 혹은 얕은 호수나 늪지에서 서식하는 왕우렁이를 사하라 사막에 가져다 놓으면 어떻게 될까?

문재인 정부가 추진하는 플랫폼 경제 활성화, 데이터 경제 활성화, AI 국가전략 등으로 구글 같은 기업이 생겨날 수 있을까? 문재인 정부의 경제팀은 이 질문에 자신 있게 대답할 수 있어야 한다. DNA 확산과 AI 강국을 추구한다면 DNA와 AI를 주도하는 상징적인 기업이 구글이기 때문이다. 5G 인프라 구축이나 국가기반시설 SOC의 디지털화 등은 정부에서 추진할 필요가 있지만, 데이터 수집과 구축, AI 인프라를 왜 국가가 만들어야 하는가? 중국조차 화웨이, 바이두, 알리바바, 텐센트 등 기업들을 만들고 있다. 민간 부문에서 플랫폼 사업모델이 만들어지면 데이터 수집과 AI 기술의 발달, 산업의 융·복합화는 자연스럽게 진행될 것이고, 그래야만 플랫폼 경제와 데이터 경제 활성화, AI 국가전략 등의 과제가 모두 해결될 수 있다.

그러나 플랫폼 경제나 데이터 경제에 대한 우리 사회의 인식은 빈곤한 수준에 머물러 있다. 그래서 기업가들은 데이터를 수집하는 정부에 의존하면서 강 건너 불구경하듯이 바라보고 있다. 처음 카카오톡이 나왔을 때, 우리 사회에서도 드디어 플랫폼 사업모델이 나오기 시작했다는 생각에 기대가 컸다. 그러나 10년이 지난 현재 카카오의 모습은 플랫폼 사업모델과는 거리가 멀다. 2019년 10월 22일 중앙일보에 실린, "DT$^{Data\ Technology}$ 시대 왔다, 앞으로 10년 데이터가 돈 번다… 정보 기술^{IT} 비즈니스에서 데이터 기술^{DT} 비즈니스의 시대로 빠르게 넘어가고 있다"는 카카오 김범수 의장의 진단을 지면으로 접하고 실소를 터뜨리지 않을 수 없었다. 데이터 기술 시대는 이미 20년 전에 시작됐기 때문이다. 지난 20년간 산업 재편이 실패했기에, IT 혁명으로 등장한 닷컴 사업모델이 데이터 기술 혁명 시대의 플랫폼 사업모델로 전환하지 못하고 있는 것이다.

가장 심각한 것은 관료들이 포스트 코로나 시대의 경제·사회구조의 변화를 얘기하면서도 구조 변화에 대한 처방은 없이 해당 산업 관련 기술을 지원하는 데만 집중하고 있다는 점이다. 한마디로 산업 재편은 새로운 생태계를 만들어야만 가능하다. 한국판 뉴딜로 '디지털 뉴딜'과 '그린 뉴딜'을 배치했듯이, 현재 관료들은 DNA 생태계와 녹색산업 생태계를 만들겠다고 한다. 그런데 디지털 뉴딜은 코로나19 이전에 추진하던 플랫폼 경제나 데이터 경제 활성화를 표현만 바꾼 것이고, 그린 뉴딜은 문재인 대통령이 일자리 창출과 관련하여 그린 뉴딜의 필요성을 강조하며 추가된 것이다. 그런데 문재인 대통령의 그린 뉴딜은 '오바마의 그린 뉴딜'이나 '이명박 정부의 녹색성장'과의 차이가 모호하다. 차이가 있으려면 디지털 뉴딜이 '디지털 생태계'를, 그린 뉴딜이 '그린 생태계'를 지향해야만 가능하다.

앞에서도 얘기했듯이 생태계의 관점에서 접근하려면 관료들이 반복적으로 해온 기술 지원만으로는 불가능하다. 디지털 생태계나 그린 생태계는 제조업 생태계와 전혀 다른 세상이기 때문이다. 사막에 풀장(인공 수영장)을 만든다고 강 생태계가 만들어질 수 있는가? 디지털 생태계와 제조업 생태계의 차이는 앞에서 충분히 설명했다. 기후변화 위기를 녹색산업의 육성과 기술 개발로만 해결할 수 없듯이, 그런 생태계 역시 사람들의 사고와 행동방식을 변화시킬 수 있는 사회 혁신 없이는 불가능하다. 역대 정부의 신성장동력 육성과 문재인 정부의 혁신성장이 성과를 기대하기 어려운 이유는 사회 혁신 없는 기술 혁신만 추구하고 있기 때문이다.

오히려 제조업 생태계, 즉 산업사회의 인간형이나 규범, 제도 등을 내버려둔 채 경제·사회의 디지털화가 가속화될 경우 양자 간의 부조화는 경제·사회 위기를 불러올 수밖에 없다. 대표적인 경우가 우리 사회에 충격을 던진 n번방 사건이다. 이른바 디지털 성착취 범죄는 '생산-유통-참여-소비'로 이어지는 거대한 디지털 생태계에서 작동한다. 사실 n번방 사건 이전부터 아동 상대 성범죄, 불법 촬영 관련 범죄, SNS 이용 범죄 등 디지털 성착취 범죄는 심각한 피해를 일으켜왔다. 다음 기사는 디지털 성착취의 심각성에도 불구하고 인간형이나 규범, 제도가 현실과 얼마나 괴리되어 있는지를 보여준다.

> 디지털 성착취 범죄는 일종의 협업적 성착취다.⋯ 단순한 소비자라고 해도 이 협업적 성착취 생태계의 공범이므로 디지털 성착취 생태계 자체가 범죄다. 〔따라서〕 생태계 구성원이라면 〔모두가 책임이 있다〕.⋯ 〔문제는 피해자의 인격을 말살하는 성착취 범죄에 대한 양형 기준조차 없다는 사실이다.〕 형법은 근본적으로 '사람의 신체를 침해하는 범죄'를 다루는 법체제다. 그런데 디지털 성착취는 사람의 신체를 직접

겨냥하지 않을 때가 많다. 무언가 꼬투리를 잡아서 피해자 스스로 성적인 영상을 찍게 만들어 불특정 다수와 돌려 볼 때, 피해자가 자의로 찍은 성관계 동영상을 불법으로 확보해 불특정 다수와 돌려 볼 때, 피해자가 입는 손실은 대단히 크고 거의 돌이킬 수 없다. 하지만 형법은 이런 신형 범죄를 적절히 다룰 만한 체제를 아직 갖추지 못했다.… 대구지방법원 류영재 판사는 "디지털 성범죄는 아직 법적으로 정립된 개념이 아니다. n번방 사례를 보면 피해자에게 접근하는 단계, 성학대를 하는 단계, 영상을 유포하는 단계, 이걸 보거나 적극 참여하는 단계로 이어지는데, 이 각각을 전부 다른 법으로 다뤄야 한다. 접근 단계는 개인정보보호법, 성학대 단계는 강제추행, 유포 단계는 성폭력범죄처벌특례법의 카메라 등을 이용한 촬영… 이런 식이다"라고 말했다.

천관율, "디지털 성범죄는 '협업적 성착취,'" 시사IN, 2020. 4. 6

이러한 현실에서 n번방 사건 등 사이버 공간 성범죄를 처벌해달라는 국민청원에 수백만 명이 참여할 정도로 사회적 여론이 들끓자, 2020년 4월 29일 '텔레그램 n번방 방지법'이 국회를 통과했다. 뒤늦은 법안 통과로 성착취물 등 온라인 성범죄에 대한 처벌 범위가 대폭 확대되고 일부 법안은 논란 속에 21대 국회로 넘어갔다. 카카오톡이나 네이버와 같은 서비스 제공자들이 n번방 촬영물과 같은 불법 게시물을 신속하게 삭제하지 않을 경우 과징금을 물리거나 징벌적 손해배상의 대상이 될 수 있는 법안은 이용자의 모든 대화를 감시할 수 없는 만큼 비현실적이다. 뿐만 아니라 국내에 법인이 없는 텔레그램과 같은 해외사업자에게는 실질적인 조치를 취할 수 없어 역차별이라는 업계의 반발에 부닥치고 있다.

이처럼 디지털 성착취 생태계 범죄는 국민국가 중심으로 운영이 가능했던 산업사회와 달리 개별 국가의 범위를 넘어서는 디지털 세계의 특성으로, 개별 국가의 법과 제도로 해결할 수 없다. 이는 새로운 인간형의 등장이나 국가 간 협력이 없이는 디지털 성범죄의 '협업적 성착취'를 총체적으로 해결하는 것은 불가능하다는 사실을 보여준다. 예를 들어, 가해자보다 피해자에 더 관심을 갖거나, 가해자에 대한 분노만 있고 피해자는 사회 문제가 아닌 개인 문제로 치부하는 사회 분위기, '잠재적 가해자' 취급을 당해 불쾌감을 느끼는 남성 등을 내버려둔 채 법만으로 해결한다고 되는 것은 아니다.

타다의 비극

타다를 둘러싼 우리 사회의 갈등은 디지털 생태계에 대한 우리 사회의 인식 빈곤을 잘 보여준다. 결론부터 말하면, 타다는 변형된 렌트카 사업이지 이익 공유에 의한 가치창출 원리와 데이터 경제의 기반이라는 플랫폼 사업모델과는 거리가 있다. 먼저, 타다가 혁신과 거리가 먼 이유는 박정훈(오마이뉴스, 2019. 11. 12.)이 잘 지적하고 있다. "타다는 말을 자동차로 바꾼 게 아니라 조랑말을 큰 말로 바꿨을 뿐이다. 심지어 조랑말만 사용해야 한다는 규칙을 편법을 써서 깨버렸다. 그러곤 일반인에게 마부 역할을 부여한 다음, 어플로 소비자가 호출하면 가는 서비스를 제공한다." 타다가 자신의 사업방식을 정당화하기 위해 활용한 부분이 소비자의 가려운 부분을 긁어준 '서비스 혁신'이다. "불친절하던 마부가 갑자기 친절해진 것이다."

문제는 이 서비스 혁신(?)이 앱이라는 신기술(?)과 관련이 없을 뿐 아니라 '비용'을 수반한다는 점이다. 대표적인 비용이 앱 기반 노동의 부정적 측면이다. 첫째, 타다는 시간당 1만 원의 고정급을 지급하는 시급제이다. 택시처럼 사납금의 압박이 없기에 돈 되는 손님만 빠르게 태워서 수익을 올릴 필요가 없는 것이다. 그런데 시급 노동자의 권리인 주휴수당, 연장, 야간, 휴일수당 및 4대 보험과 연차, 퇴직금 등은 없다. 타다 기사는 프리랜서로 분류되기에 근로기준법을 지키지 않아도 되기 때문이다. 그렇지만 타다 기사도 독립 노동자일 뿐 노동(법) 권리의 사각지대이다. 둘째, (타다 가입 화면에 '기사 알선 포함 승합자동차 대여 서비스 이용 약관'이 노출되어 있듯이) 타다 기사는 근로자가 아닌 개인사업자 신분의 일반인이지만, (지휘감독과 교육 등) 구체적 업무지시를 받으므로 '노동자'이다. 타다는 노동력을 고용해 이익을 취하면서 노동력 수행 과정에서 발생하는 책임과 의무는 하나도 지지 않는 불법과 반칙을 저지르고 있다. 그런데

214

타다는 거꾸로 법을 바꾸어 자신의 행위를 법적으로 정당화시켜 달라고 요구하고 있다. 이는 인류 사회가 많은 희생을 치르고 만들어낸 '문명'을 자신의 돈벌이에 장애가 되기에 없애버리자는 천박한 장사꾼의 인식이다. 무엇보다 혁신의 궁극적 목적이 '인간다운 사회'의 건설이라는 사실을 망각했다는 점에서 진정한 의미의 '기업가'인지 묻지 않을 수 없다. '노동권'이 문명사회의 핵심 구성물이라는 점을 부정하고 야만사회로 후퇴하자는 발상인 것이다.

게다가 타다의 영업방식은 자유시장경제의 핵심원리인 공정경쟁을 부정하고 있다. 검찰이 타다를 기소하면서 불법파견과 위장도급에 초점을 맞춘 이유다. 파견은 일할 사람을 모집해서 필요한 기업에 보내고 수수료를 챙기는, 간단히 말하면 사람 장사다. 기업이 파견업체를 이용해서 사람을 쓰는 이유는 기본적으로 개별 노동자에 대한 근로기준법상 책임에서 벗어날 수 있기 때문이다. 이러한 남용을 막기 위해 법은 최소 장치로 파견업이 허용된 업체만 파견사업을 할 수 있게 했다. 이 법은 공정경쟁의 논리에 근거하고 있다. 한 기업은 근로자를 고용해 근로기준법을 다 지키는데, 다른 기업은 파견업체를 통해서 사람을 쓴다는 이유로 근로기준법의 책임에서 완전히 벗어날 수도 있다면 공정경쟁이 될 수 없기 때문이다. 앱이라는 신기술을 이용한 결과가 전통적인 제조업 생태계보다 약탈적이라면 이러한 생태계는 지속되기 어렵다. 무엇보다 자신들의 정체성을 규정하는 플랫폼 생태계의 이익 공유와 협력의 원리와도 정면충돌한다. 참고로 다른 나라에서는 플랫폼사와 개별 기사가 직접 관계를 맺는데, 한국에서는 인력장사를 하는 중개업체가 사이에 끼어든다. 타다는 파견업 허가를 받은 파견업체로부터 기사를 공급받거나 인력관리업체와 도급계약을 맺어 기사를 모집한다. 현행법은 택시와 같은 여객운송사업에서의 파견을 불법으로 규정하고 있다. 택시업체가 파견업체에서 기사를 공급받고, 그 택시 기사는 우리 회사 직원이 아니라고 우기는데, 서비스를 이용하는 소비자들은 이 사실을 알고 있을까?

또한 타다는 자신들이 여객운송사업자가 아니라 혁신적인 기업 (IT 기업)이라고 우기고 있다. 도대체 오늘날의 기업들 중 IT 기술을 이용하지 않는 기업이 얼마나 있을까? 전통적인 여객운송사업자가 IT 기업이 아니라면 그 기준은 누가 정하나? 타다는 기본적으로 렌터카 서비스 사업체에 불과하다. 타다 서비스와 전통적인 렌터카 서비스의 차이라면 차량과 더불어 기사까지 빌려주는 것뿐이다. 문제는 현행법상 차량대여사업자는 운전기사를 직접 고용할 수 없기에 결과적으로 불법 논란에서 벗어날 수 없고, 타다는 이 문제를 해결하기 위해 현행법이 시대에 맞지 않는다며 법을 바꿔달라고 요구하는 것이다. 문제는 기업인뿐만 아니라 지식인, 관료, 정부 핵심인사 등까지 나서서 타다를 옹호하고 있다는 점이다. 정부 핵심인사들조차 혁신과 플랫폼(디지털 생태계)을 이해하지 못하는데 혁신성장이 어떻게 성과를 낼 수 있겠는가?

'인공 풀장'이 아닌 '강 생태계'로

앞에서 보았듯이 한국 경제의 산업 재편은 한국 사회의 주요 문제들을 풀기 위한 핵심 조건이고, 구체적으로 이는 새로운 생태계의 구축을 의미한다. 제조업 생태계의 대안을 만들어내지 못하면 제조업 위기는 (코로나19 충격과 관계없이) 파국으로 이어질 가능성이 크다. 사실 제조업 위기는 주요 국가들이 겪는 공통적인 문제다. 미국의 금융위기 역시 '탈공업화 함정'의 결과이기 때문이다. 제조업 위기에 대처하기 위해 각국은 국가의 명운을 걸고 새로운 산업을 추진하고 있다. 한 예로 '잃어버린 10년'을 겪은 일본은 90년대 말부터 창조산업 육성을 추진했다. 90년대 초 (주식과 부동산 등) 자산시장의 붕괴가 기업과 은행의 부실로 이어지자, 일본 정부는 금융지원으로 부실기업들을 연명시켰다. 그 과정에서 좀비기업들이 급증하고 생산성과 기업의 경쟁력이 약화되었으며 성장이 둔화되었다. 막다른 상황에 몰린 90년대 후반부터 기업과 국가 차원에서 사업과 산업 구조조정의 필요성이 대두했다.

구조조정이란 몸이 약해진 사람을 건강한 체질로 변화시키는 과정에 비유할 수 있다. 운동도 안 하고 음식도 즉석식(패스트푸드) 등에 의존하면 비만해지고 고지혈증이나 당뇨, 고혈압 등이 생긴다. 건강에 적신호가 켜진 사람이 뒤늦게 건강을 되찾기 위해서는 무엇보다 체중을 줄여야 한다. 체중을 줄이기 위해서는 (경험한 분들은 아시겠지만) 식이요법이나 운동 중에서도 단기적으로 효과가 큰 식이요법을 시도해야 한다. 문제는 성공적인 식이요법으로 체중을 줄이는 데 효과를 거두었다고 건강을 되찾은 것은 아니라는 점이다. 체중만 줄이면 기운이 없어지고 심지어 요요현상까지 나타날 수 있다. 건강을 되찾으려면 체중 조절에서 한 걸음 더 나아가 운동도 하고 건강한 음식 위주로 식습관을 변화시켜야 한다.

기업이나 국가도 마찬가지다. 기업의 사업을 구조조정할 때 수익성이 낮거나 성장성이 없는 사업은 정리하고, 자원을 새로운 수익 사업의 창출에 투입해야 한다. 경쟁력 없는 사업을 정리만 하고 새로운 수익 사업을 만들어내지 못하면 기업의 사업 영역은 축소되고 사세(社勢)는 위축될 것이다. 국가 차원에서 이는 산업 구조조정의 성과로 이어진다. 생물종 다양성이 생물 다양성의 기본이 되는데, 생물 다양성은 먹이사슬이 기초가 되어 유지되는 생태계의 평형 유지에 중요한 역할을 한다. 생물종 다양성이 높을수록 먹이 그물이 복잡하게 형성되어 생태계가 안정적으로 유지되기 때문이다. 한국 경제 생태계는 산업체계 다양화에 실패해왔다. 고용과 생산에서 제조업 역할이 쇠퇴하는 가운데 제조업의 공백을 메울 새로운 산업은 생겨나지 않고 있다. 건설업·부동산업에 의존하다 보니 (단기적으로 건설업과 부동산 시장이 위축될 수 있는) 부동산 시장을 정상화하지 못하고 있는 것이다. 이처럼 산업체계의 다양화는 한국 경제의 핵심 과제다. 기업이 새로운 수익 사업을 만들어야 지속될 수 있듯이, 산업체계를 다양화하고 산업구조를 고도화해야 국가도 지속될 수 있다. 일본은 같은 산업 내에 있는 기업 간 사업의 통폐합 등에는 진전이 있었지만 새로운 수익 사업으로 선택한 창조산업 육성, 특히 제조업 관련 창조산업 육성은 처참하게 실패했다.[55] 제조업과 관련된 창조산업 육성은 제조업의 고부가가치화(산업구조의 업그레이드)를 의미한다는 점에서 일본 제조업 경쟁력의 상대적 후퇴로 이어졌다. 그 결과 제조업 경쟁력은 갈수록 약화되었고, 일본 제품의 세계시장 점유율이 90년대 이후 지속적으로 하락했다. '잃어버린 20년'이 계속되면서 통화 프린트로 경제를 유지하는, 경제 포퓰리즘인 아베노믹스가 등장한 배경이다. 일본의 산업 구조조정의 실패는 한국 제조업이 90년대 후반 이래 일본 제조업을 추격할 수 있었던 주요 요인 중 하나였다.

일본이 산업 구조조정에 실패한 원인은 무엇일까? 일본은 산업 정책에서 많은 경험이 축적된 국가다. 영국과 미국은 물론이고 프랑스나 독일 등 서유럽 국가들보다 늦게 산업화되었지만 대부분의 서구 국가들을 추격했다. 이는 '정부-은행-기업 간 유기적 협조'라는 '일본 모델'에 의한 것이었다. "모난 돌이 정 맞는다(데루쿠이와 우타레루, 出る杭は打たれる)"라는 일본 속담이 보여주듯이, 일본 사회는 집단주의 문화와 일본을 가리키는 용어로 사용되는 '화합(와, 和)의 정신'이 지배하고 있다. 강력한 공동체 의식과 사상의 일체화를 강조하는 집단주의 문화가 확고하게 구축되어 있고, 집단의 화합을

추구하고 중시하는 사고가 지배하는 사회에서 '국가 주도의 산업화'는 자연스러운 결과였다. 부국강병을 목표로 시작된 산업화는 제2차 세계대전 이후에도 그대로 복원되어 국가가 정한 전략산업을 육성하기 위해 모든 수단을 동원한 결과물이었다.

이렇게 산업정책의 노하우가 축적된 일본이 창조산업 육성에 실패한 것은 우리나라에 시사하는 바가 크다. 일본이 창조산업 육성에 처참히 실패한 것은 창조산업에 대한 이해가 부족했기 때문이다. 결론부터 말하면 창조산업을 제조업의 사고로 접근했기 때문이다. 사람들은 농업과 제조업이 다른 산업이라는 것은 쉽게 이해한다. 즉 농업사회와 산업사회는 하나의 독자적인 생태계다. 구체적으로 농업사회의 정치와 경제 제도, 사람을 육성하는 교육방식, 구성원의 가치와 사회 규범 등은 산업사회의 그것들과 다르다. 예를 들어, 조선 시대를 연상시키는 군주정치와 신분제로 대표되는 정치체제, (생산의 목적이 시장 판매를 통한 영리 추구보다 공동체의 소비에 있는) 자연경제 중심의 경제체제, 성리학적 소양을 지닌 사대부 양성과 유교 경전 및 남성 중심의 교육, 제한적인 화폐의 사용, 유교 경전에 기초한 사회 규범 등은 산업사회와 어울리지 않는 조합이지 않은가?

사실, 창조산업 육성은 일본만이 아니라 영국 등 많은 국가에서 주요 정책으로 추진했다. 그런데 만족스러운 성과를 낸 국가는 없다. 초기에 창조산업을 흔히 "지적 재산의 생성과 이용을 통해 일자리와 부를 창출할 수 있는 잠재력을 가진 개인의 창의성, 숙련, 재능에 기원을 둔 산업"[56]으로 정의했는데, 이러한 정의의 속성상 산업사회에서의 혁신 활동이나 문화산업 등과의 차이가 모호하다. 그렇다 보니 정부 정책 역시 산업사회의 연장선상에서 접근한 것이다. 그 결과 창조산업은 디지털 기술을 배경으로 하고, 독창적인 아이디어가 중요한 역할을 하는 산업 정도로 남아 있는 것이다. 그러나 앞에서 지적했듯이 IT 혁명과 그 연장선상에서 진행되는 데이터 혁명은 제조업이나 산업사회의 원리와는 근본적으로 차이가 있다. 그 차이를 간과하고 제조업을 육성하는 방식으로 접근한 결과 실패할 수밖에 없었던 것이다.

IT 혁명과 데이터 혁명으로 생겨나는 데이터 집약적인 아이디어 산업의 구성 및 작용 원리는 (물적) 자본이 주도적 역할을 했던 산업사회의 그것들과 근본적인 차이를 갖고 있다. 물론, 농업과 다른 원리가 작동했던 제조업도 농업사회에서 발생했다. 그렇지만 제조업의 본격적 성장은 농업사회의 구성 원리가 제조업의 원리로 대체되는 계기(사상 혁명, 부르주아 혁명 등)를 겪으면서 가능해졌다. 새로운 산업인 제조업 생태계의 구성 원리로 사회 전체를 재구성하면서 제조업은 비상할 수 있었다. 이처럼 데이터 집약적인 아이디어 산업이 제대로 성장하기 위해서는 관련 기술의 혁신을 넘어 디지털 생태계에 필요한 사회 혁신(규범, 교육, 분배방식 등의 변화)이 필요하다. 실제로 비즈니스 세계에서는 디지털 생태계의 원리로 산업사회가 재구성되고 있다. 전화기와 자동차 등이 IT 혁명, 데이터 혁명 등과 결합하면서 데이터 경제의 도구로서 제조업 제품의 위상을 변화시키고 있는 것이 대표적인 사례이다. 이는 산업사회가 만개할수록 제조업 생태계의 작동 원리가 농업의 역할을 재규정한 것과 같은 이치이다. 단지, 데이터 경제의 초기 단계이다 보니 이것을 느끼느냐, 그렇지 못하냐에 차이가 있을 뿐이다. 17세기 전후의 사람들이 여전히 농업사회의 원리를 지배적 원리로, 그리고 제조업은 그저 농업사회에 존재했던 수공업 제품 정도로 받아들인 것과 같다. 새로운 경제 생태계로의 이행이 어려운 이유는 디지털 생태계가 요구하는 것들 역시 '새로운 처음'이기 때문이다.

공정성,
초연결 시대의 전제조건

모두를 위한 미래를 만들려면

2016년 말에는 제조업 위기가 표면화, 심화되면서 전체 가계의 60% 정도가 (명목)소득의 후퇴를 경험했다. 게다가 2017년부터는 15~64세 인구(생산가능인구)의 규모도 감소하기 시작했다. 특히 탈공업화는 청년층 일자리 위기의 주요 요인으로 작용하고 있다. 대기업의 주력 사업이 제조업이라는 점에서 탈공업화는 대기업 노동자 비중의 감소로 이어졌기 때문이다. 예를 들어, 노동자가 10인 이상인 사업체 중에서 대기업의 노동자 비율은 1987년 38%까지 차지했으나 그로부터 30년 후인 2017년엔 25%로 30년 사이 13%포인트나 감소했다. 일부에서는 청년층의 경우 제조업 일자리에 관심이 없는 것처럼 얘기하지만 지방 도시에서는 여전히 '제조업의 대기업' 일자리를 최고로 치고, 부모 세대뿐 아니라 청년들도 같은 인식을 하고 있다. 현실적으로 '대안 일자리'도 존재하지 않고 아무 일자리라도 있으면 취업해야 하는 상황에서 '제조업의 대기업' 일자리는 감지덕지感之德之한 일이기 때문이다. 문제는 3단계 제조업 위기가 진행되는 상황에서 남아 있는 제조업 일자리조차 안전한지 의문이라는 점이다.

이런 상황에서 문재인 정부가 출범했다. 최저임금의 빠른 인상, 건강보험 보장성 강화, 치매국가책임제, 아동수당 확대, 기초연금 인상, 기초생활보장제도 기준 완화 등은 무너지는 가계를 막는 데 기여했다. 전년 대비 가계 소득은 2019년 3분기부터 전체 가계에서 증가하기 시작했고, 특히 소득 증가율은 하위 소득층, 중간 소득층, 상위 소득층의 순서로 증가하면서 소득분배도 개선되기 시작했다. 악명 높은 저임금 노동자 비중도 2018년 처음으로 20% 밑으로 줄어들었고, 임금노동자의 (상위 20% 소득과 하위 20% 소득) 비중인 5분위 배율도 처음으로 5배 미만으로 떨어졌다. 물론 하위 20% 가계의 소득은 아직도 열악하다.

기본적으로 이러한 문제는 고령화에서 비롯한다. 하위 20% 가계의 가구주 평균 연령은 거의 65세에 달한다. 특히 하위 10% 가계의 가구주 평균 연령은 69세에 달할 정도다. 60세 이상 인구가 1년에 약 60만 명씩 증가하고 있는데, 이들 중 상당수가 노후 준비가 되어 있지 않아 60세가 넘는 순간 소득 하위층으로 편입된 결과다. 60세 이후에도 일자리를 가능한 유지하려는 노력에도 불구하고 65세가 넘어가면서 민간 일자리를 유지하기는 어렵고 정부가 공급하는 공공근로일자리에 의존하는 현실이기 때문이다. 반면 15~49세 인구는 연간 30만 명 이상씩 감소하고 있다.

가계 소득의 개선은 고용을 개선시킨 결과라고 할 수 있다. 고용률과 경제활동 참가율은 역대 최고를 기록하고 있기 때문이다. 고용률이 개선되는 데는 인구구조의 변화와 최저임금의 빠른 인상 등이 영향을 미치고 있다. 첫째, 인구가 가장 많이 증가하는 60세 이상의 일자리가 고용 증가를 주도하고 있다. 정부의 공공근로일자리 사업은 대부분 65세 이상의 일자리에 영향을 미쳤다. 60세 이상 일자리 증가분을 기준으로 보면 공공근로일자리는 전체 증가분 중에서 1/4 안팎에 불과하다. 둘째, 최저임금 인상으로 (인구가 감소하는) 청년층, 특히 20대 후반의 고용률이 빠르게 개선되고 있다. 특히 여성 노동력의 경제활동 참여와 고용률이 빠르게 증가하고 있다.

물론, 고용의 질을 포함해 40대 고용률의 감소 등에서 볼 수 있듯이 고용은 양적인 측면을 중심으로 개선되고 있을 뿐이다. 많은 국민이 소득이나 고용률의 개선을 피부로 느끼지 못하는 이유다. 기본적으로 제조업의 위기로 성장률이 둔화하고, 좋은 일자리가 많이 생겨나지 않고 있기 때문이다. 게다가 2020년 최저임금 1만 원 달성 공약을 포기하거나 주52시간 근무제가 유예되는 등 저임금층의 임금 개선이나 중소기업 노동자의 과로 문제 해결은 중단되었다. 최저임금 1만 원과 주52시간제 달성은 우리 사회 공정성의 주요 기준인 저임금 노동자의 소득과 삶의 질을 개선하기 위한 상징적 정책이었다. 최저임금 1만 원과 주52시간 근무제 달성 공약의 포기는 문재인 정부의 아픈 부분일 수밖에 없다. 왜 공약을 포기할 수밖에 없었을까? 모두가 알고 있듯이 최저임금의 지속적 인상이나 근무시간 단축에 따른 부담을 관련 사업체와 사업주가 받아들이기 어렵기 때문이다. 저임금과 장시간 노동이 오랫동안 허용되면서 (경제가 성장하면서 자연스럽게 정리되어야 했던) 저부가가치 사업장(체)의 수명이 수십 년간 연장된 결과다. 앞에서 지적했듯이 새로운 산업생태계가 만들어지지 않는 상황에서 과잉 공급 및 경쟁 격화 등으로 제조업 생태계와 일자리 생태계가 악화되고 있다. 제조업의 고부가가치화 및 산업체계의 다양화 등 산업 재편으로 저부가가치 사업장(체) 종사자가 고부가가치 부문으로 이동할 수 있었다면 저임금 및 장시간 노동 문제는 자연스럽게 해결되었을 것이다.

산업이 재편되지 않는 한 최저임금 인상이나 근로시간 단축 등은 저부가가치 사업장 종사자들을 자영업자로 내몰 수밖에 없다. 그런데 임금근로자 1인당 소득 대비 자영업자 1인당 소득의 비중이 2000년 83%, 2002년 72%, 2007년 58%, 2013년 55%에서 2016년 52%, 2017년 50%, 2018년에 47%로 지속해서 하락하는 상황이다. 문제는 저부가가치 사업장에서 퇴출된 사람들 대부분이 영세 자영업자가 집중된 도·소매·음식·숙박업으로 편입되는데, 외환위기 이후 임금근로자 소득의 30% 이하로 하락한 이 부문의 소득이 20년 넘게 지속되고 있다. 더 이상 하락하기 어려운 한계선상에 도달했기 때문에 조금만 충격을 받아도 폐업으로 이어진다. 이는 저부가가치 사업장에서 퇴출된 사람들을 자영업에서 수용할 상황이 되지 못함을 보여준다. 문제는 중국에 이어 인도 등까지 공업화를 가속화하는 상황에서 저부가가치 사업장에 남아 있는 시간이 별로 없다는 점이다. 산업 재편을 통해 저부가가치 사업장 종사자의 출구를 만들어야 최저임금 인상과 근로시간 단축이 가능하다는 점에서 산업 재편과 공정성은 동전의 앞뒷면이다.

공정성 강화를 위해 빼놓을 수 없는 것이 사회안전망 강화다. 예를 들어, 코로나19 재난으로 전 국민 고용보험제를 도입하는 등 사회안전망 제도의 근본적 개편 필요성이 제기되는 이유도 산업 재편 문제와 밀접한 관련을 맺고 있다. 주지하듯이 고용보험은 임금소득에 의존하는 자본주의 경제에서 최소한의 사회안전망(사회보장제)이다. 그런데 고용보험 가입자가 (2019년 8월 기준) 전체 취업자의 절반도 되지 않는 현실이다. 게다가 심각한 점은 경제적 취약계층이 고용보험 미가입자의 대부분을 차지한다는 사실이다. 이러한 역설은 한국의 공업화 방식, 탈공업화, 노동시장 유연화, 3차 및 4차 산업혁명 등 여러 요인에서 비롯한다. 첫째, 앞에서 지적했듯이 한국의 공업화는 (상대적으로 쉽게 추격할 수 있었던 제조 부문을 중심으로 한) '선택적 공업화'로, 압축적으로 진행되었다. (제조업의 고부가가치 부문인 사업서비스가 발달하지 못해) 서비스 부문의 구조적 취약성과 제조업에 대한 과잉 의존적인 산업구조가 한국 경제의 특성이 된 배경이다. (무급 가족종사자를 포함한) 자영업자, 즉 비임금근로자의 규모가 항상 높은 수준을 유지했고, 그 결과 임금근로자만을 대상으로 하는 고용보험 적용 대상자도 상대적으로 적을 수밖에 없었다. 1963년 518만 명에 달했던 비임금근로자 규모는 2002년 803만 명까지 지속적으로 증가했다. 그 후 감소세로 전환했지만, 2019년에도 668만 명 수준에 달할 정도이다. 그런데 고도성장이 진행되는 동안에는 임금근로자의 비중이 증가했고, 동시에 임금근로자와 자영업자의 소득 격차가 발생하지 않았다. 그 결과 사회안전망에 대한 필요성도 높지 않았다.

그런데 성장이 둔화되기 시작한 1992년부터 제조업의 종사자 비중과 규모가 감소하기 시작하면서 임금근로자의 증가율은 낮아지고 비임금근로자의 비중은 더 이상 하락하지 않았다. 1980년 53%에 달했던 비임금근로자 비중은 91년까지 37%로 떨어졌지만, 그 후 2002년까지는 비중의 변화가 발생하지 않았다. 그 결과 자영업자의 과당 경쟁 구조가 만들어지고 임금근로자와 자영업자 간 소득 격차가 확대되기 시작했다. 고용보험이 도입된 1995년 무렵 고용보험 의무가입 대상자인 임금근로자 일자리는 감소했으나, 대상자가 아니면서 경제적 취약층이 상대적으로 많은 비임금근로자의 비중이 증가하는 역설이 발생한 배경이다. 2000년대 이후 비임금근로자가 감소하기 시작했지만, 2019년에도 고용보험 미가입자 중 비임금근로자 비중은 여전히 25%에 달했다.

게다가 외환위기 이후 노동시장이 유연화되고 기술이 진보함에 따라 비정규직, 외주(하청) 노동자, 플랫폼 노동력 등이 증가해 고용보험의 사각지대가 커졌다. 여기에 저부가가치 사업장의 수명이 연장되면서 고용보험 의무 가입자지만 보험료 또는 가입이 부담스러워 고용보험에 가입하지 않은 소규모 영세기업 종사자 및 임시·일용직 비중이 14%에 달하는 등 고용보험 미가입자가 취업자의 절반을 넘는 상황이다.[57] 경제 충격이 올 때 가장 타격을 입을 수밖에 없는 취약계층이 사회안전망의 사각지대에 놓여 있는 것이다. 코로나19 재난이 고용보험 비가입자의 일자리부터 위협함으로써 사회안전망의 취약성은 현실화되었고, 이에 문재인 대통령이 전 국민 고용보험제의 도입을 선언한 것이다.

문제는 재원 조달을 어떻게 할 것인가이다. (전통적인 고용주, 피고용자, 독립사업자의 범주에 속하지 않는) 앱 기반 혹은 플랫폼 노동력, 비정규직이나 외주노동자나 임시·일용직, 비임금근로자(자영업자)와 영세한 소사업장의 고용보험료 등 사회보험료 부담 등을 고려하면 노사 기여에 기반을 둔 보험료 방식은 한계가 있다. 조세에 기반을 둔 재원 마련과 소득에 따른 급여 방식, 즉 사회보험에서 공공부조(생활이 어려운 국민의 최저생활을 보장하고 자립을 지원하는 제도)의 틀로 전환할 필요가 있다. 그렇지만 재원 부담을 최소화하기 위해서는 감소하는 제조업 일자리를 대체할 새로운 일자리를 만드는 것이 가장 좋은 방안이다. 즉 사회안전망의 제도적 취약성은 제조업 중심의 모노컬처(다양성이 결여된) 산업체계 및 고부가가치 사업서비스를 결여한 제조업의 특성과 밀접한 관련을 맺고 있다. 공정성과 산업 재편이 동전의 앞뒷면인 또 다른 이유다.

이처럼 저부가가치 사업장(체) 관련 종사자를 고부가가치 사업장(체)으로 이전시키려면 산업체계의 재편, 즉 제조업의 고부가가치화와 산업체계의 다양화는 피할 수 없는 과제다. 이 두 가지 과제는 (앞에서 지적했듯이) 디지털 생태계와 데이터 경제로의 이행과 관련되어 있다. 산업이 재편되는 데는 일정한 시간이 걸리는데, 그 과정에서 공정성을 강화해 제조업 생태계의 가장 약한 고리가 무너지는 것을 막아야 할 것이다. 예를 들어, 2020년 최저임금 수준을 결정한 2019년 7월 인상률 2.87%는 앞의 2년간 높은 인상률의 의미를 무색하게 했다. 구인난과 인건비 등의 부담으로 중소기업에 대해 주52시간제 도입을 유예한 1년 후에는 인력 채용과 추가비용 등에 대한 실현 가능하고 지속 가능한 정부 지원 대책이 나올 수 있는지 의문스럽다. 이 문제들을 해결하기 위한 필요조건은 공정성 강화이고, 충분조건은 산업 재편이기 때문이다. 문제는 두 가지 모두 기존의 기득권 구조들을 개혁해야만 가능하다는 점이다.

공정성을 강화하려면 금융 민주화 및 한국은행 민주화, 부동산 시장의 정상화, 국가의 고용보장제 도입 등이 이루어져야 한다. 경제적 취약계층의 자립성 강화를 막는 장애물은 금융(자원)에 대한 경제적 취약계층의 불리한 접근성 및 부동산 불로소득에 대한 과도한 허용, 그리고 (일자리가 줄어드는) 제조업 생태계의 약화이기 때문이다. 따라서 공정성 강화를 단기 대책으로, 산업 재편을 장기 대책으로 추진해야 한다.

금융 민주화의 운명을 쥔 한국은행

한국 경제에서 가장 기울어진 운동장 중 하나가 금융 영역이다. 예를 들어, 자영업자의 대출액은 (2019년 3월 말 기준) 636.4조 원, 중소기업의 대출액은 (2020년 1월 기준) 722.1조 원에 달한다. 대출금에 대한 금리를 1%만 인하해도 자영업자의 경우 1년에 약 6조 4,000억원의 이자 비용을 절감할 수 있다. 반면, 자영업자가 고용하는 최저임금 (2019년 최저임금 8,350원 기준) 대상 근로자의 임금을 1만 원으로 인상할 경우 인건비 부담은 연 4조 원도 되지 않는다. 이자 부담 경감과 인건비 인상을 맞교환할 수 있는 것이다. 자영업자의 부담을 증가시키지 않는 최저임금의 인상은 내수에 의존하는 자영업에도 도움이 된다. 또한 노동계의 '소득 감소 없는 근로시간 단축' 요구는 (예를 들어 주당 평균 64시간 근무를 하는 10인 조금 넘는 노동력을 고용하는) 중소기업에게 (대기업에 대한 납품 기한 문제 등과 더불어) 인건비(추가 인력 고용) 부담을 줄 수밖에 없다. 그런데 중소기업 대출액에 대한 이자 비용 연 1%(약 7.2조 원)를 낮추면 추가 인력 고용 부담을 대부분 줄일 수 있다. 게다가 사실상 시간당 임금의 인상 효과는 중소기업에 대한 청년들의 호감도 증가로 이어질 수 있기에 중소기업의 구인난을 해결하는 데 도움이 된다. 사회적으로는 대기업과 중소기업 간 임금 격차를 완화할 수 있다.

그럼 대출액 이자는 어떻게 인하해서 부담을 덜 수 있을까? 금융시장에 맡기는 것으로는 대출액 이자 부담을 덜 수 없다. 시장은 (자활과 경쟁력 강화를 위한 자금 지원이 필요한 부문에) 금융(자원)을 배분하는 데 실패했다. 이는 금융에 대한 사회적 개입(정책금융)이 필요함을 의미한다. 예를 들어, (현재 중소기업에 대한 대출을 지원하기 위해 시중은행에게 기준금리보다 낮은 0.25%로 대출하는) 한국은행의 '금융중개지원대출'을 활용한다고 가정해보자. 기존 금융회사를 이용해도 2%대 초 수준의 이자율로 자금을 지원할 수 있다. 한국은행이 (출자회사를 만들어) 직접 운용할 때는 더 낮은 이자율로 대출을 해줄 수 있다. 새로운 대출이 아니라 대환대출로 이자 부담을 줄일 수 있다. 이 경우 일부에서는 자금회수를 하지 못하면 한국은행이 부실화될 것을 우려하지만, 이자 부담이 감소할 경우 상환 가능성을 높인다는 점에서 부실은 오히려 감소할 것이다.

이처럼 한국은행이 적극적인 역할을 해야 금융 민주화가 이루어진다는 점에서 '한국은행의 민주화'와 궤를 같이한다. 한국은행은 금융위기 이후 목표 중 하나로 (금융시스템이 불안정하지 않은 상태를 의미하는) '금융안정'을 추가했다. 금융시스템이 붕괴했던 금융위기를 겪고 나서 금융안정의 중요성이 부상한 것이다. 금융불안정의 전형적인 형태는 '금융기관이 스스로 어려움을 극복하지 못하고 정부나 중앙은행의 비시장적인 지원에 기댈 수밖에 없는 경우'이다. 2008년 금융위기에서 경험한 것처럼 한 금융기관(리먼 브라더스 등)의 유동성 부족이나 파산이 해당 금융기관에 그치지 않고 다른 금융기관들로 파급되어 연쇄적으로 금융기관 전체로 확산되었던 '(금융)시스템 위기'가 우리가 최근 경험한 대표적인 금융불안정의 사례이다.

　한국에서 금융안정은 원래 금융위원회와 금융감독원의 영역이었다. 금융위원회의 주요 기능 중 하나가 금융시장의 안정이기에, 이를 위해 금융위원회는 금융 리스크에 대해 체계적이고 선제적으로 대응한다. 금융기관을 감독하는 업무가 주인 금융감독원도 '대내외 금융환경과 다양한 위험요인에 선제적이고 적극적으로 대응하여 금융시장의 안정을 도모'한다. 그런데 금융위기 이후에 한국은행에도 그 역할이 부여된 것이다. 연준이 금융위기 과정에서 해결사로서의 역할을 톡톡히 수행하게 되자 한국은행도 그 연장선상에서 역할을 요구해 얻어낸 것이다. 한국은행법은 종래 한국은행의 목적으로 '물가안정의 도모'만을 설정했으나, 금융위기 이후 한국은행의 목적을 규정한 제1조 ②항에 "통화신용정책을 수행할 때 금융안정에 유의"할 것을 추가했다. 즉 한국은행은 통화정책을 통해 금융시장의 변동성이 커지지 않게 해야 할 의무를 갖게 된 것이다. 이는 한국은행이 금융시장이 갑작스럽게 바뀌는 금융(시장)의 취약성 Vulnerability을 방지해야 하는 의무를 갖고 있음을 의미한다.

금융취약성은 금융불안정 상태 또는 금융 위험과 충격에 노출된 상황을 의미하기에 금융안정을 달성하려면 금융위험이 커지는 것을 사전적으로 차단해야 한다. 기본적으로 금융위험은 과도한 수익 추구에서 비롯한다. 금융의 경우 수익과 위험이 같이 움직이기 때문이다. 과도한 수익 추구란 필연적으로 위험이 큰 금융거래가 증가함을 의미한다. 여기서 위험이 큰 금융거래란 약속 이행의 가능성이 낮은 금융거래를 의미한다. 금융거래가 증가할수록 대체로 신용(부채)이 증가한다.

문제는 경제성장보다 과도하게 신용이 증가할 경우 지속 가능성이 떨어질 수밖에 없다는 점이다. 국제결제은행 BIS이 개발한 '신용격차Credit-to-GDP Gap' 지표가 그것이다. 이는 금융회사를 제외한 비금융 부문의 부채 비율이 장기 추세에서 얼마나 벌어져 있는가를 표시하는 지표이다. 부채란 미래소득을 당겨쓰는 것을 의미하기에 미래소득이 뒷받침되지 않는 부채의 증가는 금융 위험을 증가시킬 수밖에 없다. 소득이 뒷받침되지 않는 부채의 증가는 주택시장이 과열되어 주택 투기가 증가하거나 혹은 정부가 주택경기를 인위적으로 부양할 경우 발생하기도 하지만, 소득 불평등이 심해져도 발생한다. 소득 불평등과 가계부채(가처분소득 대비 가계부채의 비중)가 공진화(동반성장)하는 현상은 자주 확인된다. 저소득층의 경우 소득이 정체되고, 심지어 실질소득이 감소하는 상황에서 필수 소비지출을 유지하기 위해 빚을 더 떠안게 된다. 한국의 가계부채도 크게 주택담보대출과 생계용 부채 등이 주도하고 있다. 금융 경쟁력이 가장 높다는 미국에서 빚으로 끌어올린 주택시장 과열은 금융위기로 끝났고, 상위 1%가 전체 소득의 24% 정도를 차지하면서 소득 불평등이 심화되어 세계 대공황이나 글로벌 금융위기로 이어졌다.

이처럼 금융 취약성은 지속 불가능한 신용(부채)의 과도한 증가에서 비롯하기에 주택시장의 인위적 부양이나 취약계층의 부채 증가를 억제해야만 금융안정의 확보가 가능하다. 그러나 주택시장의 과열을 막기 위한 거시건전성 규제(DTI나 LTV 등)는 금융감독원이 주도하고 있고, 그렇다고 소득 불평등을 완화하기 위해 힘쓰는 것 같지도 않다. 사실상 한국은행이 금융안정을 위해 하는 일은 1년에 2회 금융안정보고서를 보고하는 일밖에 없는 것처럼 보인다고 해도 과언이 아니다. 한국은행은 금융안정을 위해 "전반적인 금융시스템 안정성 감시, 최종대부자, 지급결제제도 감시 등의 역할"을 수행한다고 하지만, 뒤의 두 가지 기능은 한국은행법에 금융안정이 목표로 추가되기 전에도 수행하던 것으로, 이후 안정성 감시가 추가되었을 뿐이다. 그것이 1년에 2회 보고하는 금융안정보고서이다. 그러나 단순한 감시를 넘어 한국은행이 금융안정을 위해 할 수 있는 일은 수행해야만 한다. 취약계층의 경제적 자립을 강화하는 등 소득 불평등을 개선하기 위해 한국은행이 적극적인 역할을 수행해야 하고, 이를 위해 한국은행의 의사결정 구조를 민주화해야 한다. 현재 은행자본과 산업자본의 이해를 대변하는 금융통화위원은 존재하지만, 자영업자나 노동자, 청년 등의 이해를 대변하는 금융통화위원은 존재하지 않는다. 금융안정이라는 추가 목표를 확보해놓고 그 목표를 달성하기 위한 가장 효과적인 노력을 하지 않는다면 권한만 키우는 것이다. 금융안정과 완전고용(경기부양)이라는 두 가지 목적을 달성하기 위해 가장 필요한 조치가 소득 불평등을 완화하는 것이다. 신용이 팽창하는 내재적 성향을 갖고 있는 금융시장이 소득 불평등을 심화시키는 상황에서, 이제 한국은행이 경제적 취약계층에 대해 금융(자원)을 직접 배분해야 할 때이다.

부동산 시장의 정상화를 위하여

'부동산 시장의 정상화'는 한국 사회의 공정성 확립에 필수적 과제다. 부의 대물림으로 인해 기회의 공정성이 작동하지 않고 있기 때문이다. 상·하위 10%는 신분이 거의 대물림되고 있다. '금수저 – 흙수저'는 괜히 떠도는 얘기가 아니다. 예를 들어, 토지를 소유하지 않은 세대까지 포함한 개인토지의 2018년 지니계수는 0.809로, 현재 토지 소유의 불평등은 조선 말기 토지를 가장 많이 소유했던 지역보다 불평등하다.[58] 2018년 현재 개인 토지는 상위 10% 세대가 68.7%를 차지하고 있는 것으로 나타났다.[59] 이런 불평등한 소유 구조에서 엄청난 불로소득이 발생하면서 신분을 대물림하는 주요 원인으로 작용하고 있다. 시중에 떠도는 웃픈 얘기를 하나 소개하겠다. 이른바 명문대를 나오고 대기업을 다니지만, 집안이 어려운 경우와 평범한 대학을 나오고 변변한 직장을 다니지 못해도 부모가 건물주인 경우, 누가 인기가 있을까? 대충 짐작이 갈 것이다. 대기업을 수십 년 다녀도 건물주가 되기 어렵다. 자녀를 명문대에 보내려면 꼭 필요한 것 중 하나가 할아버지의 재력이라는 말이 떠도는 것은 부모의 자산이 자녀의 교육 격차를 결정하고, 자녀의 교육 격차가 자녀의 경제력 격차를 결정하는 세태를 간접적으로 반영한다. 문재인 정부에서 2년간 최저임금 인상을 빠른 속도로 진행한 결과 저임금 노동자의 소득이 다소 개선됐지만, 부동산 가격의 폭등에 따른 주거비용의 상승으로 최저임금 인상 효과는 대부분 소멸했다.

저소득층과 중산층의 소득 강화 및 지출 부담을 줄이는 소득주도성장 정책들이 효과를 보기 위해서는 저소득층의 소득 강화와 더불어 지출 부담의 큰 부분을 차지하는 주거비용과 교육비용 문제를 해결해야만 한다. 주거와 교육비용의 부담은 저출산 문제부터 노후 빈곤 문제 등에 이르기까지 거의 모든 문제와 관련이 있다. 앞에서 지적했듯이 저출산 문제는 결혼율 저하에서 비롯하고, 낮은 결혼율 은 (경제적 요인 중에서는) 임금 불평등과 더불어 주거비용과 교육비 용 등이 핵심 요인으로 작용하고 있다. 교육비용 문제는 산업 재편 과 밀접한 관련이 있기에 뒤에서 자세히 다루기로 하겠다.

주거비용 문제를 해결하기 위해서는 부동산으로부터 발생하는 과도한 불로소득(지대추구)을 제거하는 '부동산 시장의 정상화'가 반 드시 이루어져야 한다.[60] 이를 위해 부동산 투기와 다주택 보유 등 에 따른 높은 기대수익을 낮추어야만 한다. 부동산 정책은 기본적 으로 주택이 없는 사람들에게 초점을 맞추어야 한다. 무주택자들은 크게 주택을 구입할 능력이 없거나 부족한 사람들, 특히 20~30대 젊은 층과 대출을 하면 주택을 구입할 수 있는 사람들로 구분할 수 있다. 전자에게 필요한 주택 정책은 젊은 층의 수요를 충족시킬 수 있는 장기공공임대를 공급하는 것이다. 반면 후자에게는 주택을 공급해주되 일차적으로는 다주택 소유자의 주택이 우선 시장에 나 오게 해야 한다. 단순히 새로운 주택을 공급하는 정책만으로는 효 과가 없기 때문이다. 예를 들어 2013~16년 서울에서 신규로 공급 된 주택 중 약 78%를 유주택자가 매입한 사실이 부동산 시장의 모 순적 상황을 잘 보여준다.[61] 신규로 공급되는 주택이 무주택자에게 돌아가지 않는 한 주택 가격 상승이라는 부작용은 불가피하다. 반

면 다주택자의 주택이 시장에 매물로 나올 경우에는 무주택자에게
필요한 주택 공급뿐만 아니라 주택 가격 인하 효과까지 거둘 수 있
다. 바보 같은 질문이지만 왜 사람들은 주택과 토지 등을 많이 소
유하려고 할까? 높은 기대수익 때문이다. 기대수익은 토지나 주택
등을 보유하는 동안 해당 부동산으로부터 발생하는 자본이득(임대
소득, 지대소득 등)과 해당 부동산을 처분할 때 발생하는 양도소득으
로 구분된다. 두 소득 모두 기본적으로 불로소득이다. 한 추정[62]에
따르면 2007~16년 10년 동안 해마다 450~510조 원의 부동산 소
득이 발생하고, GDP 대비 비율로는 10년 평균이 무려 37.1%에 달
했다. 이 중 다른 자산에 투자했을 때 얻을 수 있는 평균 수익을 공
제한 나머지를 불로소득이라고 했을 때 그 규모는 같은 기간 동안
해마다 GDP의 22% 이상(264.6~374.6조 원)이었다. 이러한 높은 불
로소득의 발생으로 부동산 집중이 심화되는 것이다. 문제는 이 불
로소득이 부동산을 소유하지 못한 하위 계층에서 이전된 소득이라
는 점에서 경제적 비효율성을 야기할 뿐 아니라 부도덕하다는 점
이다.

　부동산 시장 정상화에 대한 해법을 공직자들이나 정치인들도 모
두 알고 있다. 그런데 왜 정상화하지 않는 것일까? 정부는 부동산
시장 '안정화'를 말하지 '정상화'라고 말하지 않는다. 안정화란 가격
의 급등도, 급락도 지양하는 것이다. 그런데 안정화 대책으로는 가
격의 하락을 유도할 수 없다. 부동산 대책이 두더지잡기 게임 혹은

땜질식 처방이라고 지적받는 이유다. 그 결과 오히려 가격 상승이 지속될 수밖에 없다. 문제는 담당 공직자들도 안정화 대책으로 부동산 투기를 잡을 수 없다는 것을 알고 있다는 점이다. 왜 안정화 대책이 반복될까? 부정적으로 생각하면 다주택 보유자인 고위 공직자나 정치인 등의 이해관계에 반하기 때문이다. 순수하게 생각하면 무주택자를 제외한 우리 사회 전체가 부동산에 인질로 잡혀 있기 때문이다. 예를 들어, 개인이나 기업은 모두 부동산을 통한 부의 축적에 관심을 두고 있다. 개인은 투자할 곳이 없거나 근로 활동만으로는 미래가 불안하기 때문에 부동산 투자에 목을 매고, 기업조차 새로운 수익사업을 만들지 못하기 때문에 재테크 차원에서 부동산 투자에 집중한다. 이는 기업의 토지 소유에서도 간접적으로 확인할 수 있다. 2005~18년 동안 개인토지의 비중은 줄어들고 법인토지의 비중은 증가했는데, 이는 기업이 '혁신'보다 토지 투기에 적극적이었음을 추측케 한다.[63] 새로운 수익 사업을 만들어내지 못하고 있는 30대 기업의 (매출에서 쓰고 남은 이익금을 동산·부동산의 형태로 쌓아둔 금액인) 사내유보금은 2017년 말 기준 882조 9,051억 원에 달한다. 이 중 10대 재벌이 86%(759조 2,954억 원), 특히 5대 재벌이 70%(617조 206억 원)를 차지할 정도로 상위 재벌기업에 집중되어 있다. 사내유보금 대부분은 재무적 투자(기업의 재테크)라고 포장되어 부동산과 유가증권 등에 투자되고 있다. 실제로 토지 소유의 집중은 개인보다 기업의 경우가 더 심각하다. 법인토지의 경우 상위 10%가 89.2%를 차지하고 있다. 즉 한국의 대표 기업들이 새로운 수익사업보다 부동산 투자에 열을 올리다 보니 한국 경제의 생태계가 취약해지는 것은 불가피할 수밖에 없다. 정부도 제조업의 역할이 쇠퇴하는 상황에서 건설·부동산조차 위축되면 경제성장에 부정적으로 작용하기 때문에 건설경기 및 부동산 시장이 위축되기를 원치 않는다. 나라의 미래가 부동산에 인질로 잡혀 있는 것이다. 그렇기 때문에 부동산 시장이 정상화되어야 한다.

토지 소유의 집중이 유발하는 피해를 차단하기 위해서는 (토지의 소유와 처분을 공공의 이익을 위해 적절히 제한하는) 토지공개념을 도입하고 토지에 대한 공공소유분을 늘려야 한다. 토지보유세를 거두어 확보한 재원으로 공공토지를 확충하고, 이렇게 확보한 토지를 장기공공임대 주택이나 시민의 다양한 욕구와 필요를 담아낼 공공시설에 활용해야 한다. 이른바 토지에 대한 국민 공유제로 '구글 시대의 정전제' 개념이다. 이러한 조치가 없는 한 (전 국민이 부동산 투자에 관심을 두고 부동산이 모든 것을 빨아들이는) '부동산 공화국'에서 탈출할 수 없다. 산업 재편도 이루어지지 않는 상황에서 '부동산 공화국'에서조차 벗어나지 못하면 전통시대의 왕조 교체와 비교되는 사회 해체에 직면할 것이다. 부동산 문제를 내버려두는 것은 "모든 국민은 인간으로서의 존엄과 가치를 가지며 행복을 추구할 권리를 가지고, 국가는 개인의 기본적 인권을 보장할 의무를 갖는다"는 헌

법 정신에도 반한다. 예를 들어, 가구원 수에 비해 침실이 부족 또는 비좁거나, 욕실·화장실·부엌을 다른 가구와 공동으로 사용하거나, 재래식 시설이거나 심지어 욕실·화장실·부엌이 없는 소위 최소 주거기준에 미달하는 가구, 그리고 최소 주거기준에 미달하지는 않지만, 주거환경이 열악한 지하방이나 옥탑방 거주 가구와 고시원, 비닐하우스 등과 같은 주택 외 거처(오피스텔 제외) 거주 가구, 이른바 지옥고에서 살아가는 가구 등을 포함한 주거빈곤 가구의 비중이 2015년 기준 전체 가구의 12%(약 228만 가구)에 달한다. 그리고 1인 청년가구 중 주거빈곤 가구의 비중은 약 23%, 그리고 서울시 1인 청년가구 중 주거빈곤 가구의 비중은 37%가 넘는 실정이다.[64]

이처럼 부동산 시장의 정상화와 더불어 토지공개념을 강화하면 부동산 소유에 따른 기대이익이 하락하기에 토지와 주택 등이 시장에 매물로 나올 수밖에 없다. 그에 따른 부동산 가치의 하락은 부동산 시장 정상화 과정에서 치러야 하는 홍역으로 생각해야 한다. 과도한 부동산 가치 하락의 악순환과 그에 따른 경제 붕괴 등을 막기 위한 장치가 필요하다. 즉 내가 최초로 주장한 '한국판 양적 완화'를 준비해야 하는 것이다. 주지하듯이 글로벌 금융위기 당시 주택시장이 붕괴하면서 주택담보증권MBS이나 부채담보부증권CDO 등 자산시장이 붕괴했고, 그 결과 이들 자산에 투자한 금융회사나 개인 등의 대규모 손실이 발생해 실물 경기침체로 이어졌다. 이에 주요 선진국의 중앙은행들이 대규모로 돈을 찍어내 은행 등 금융회사들의 (국채, 주택담보증권 등) 자산을 대규모로 매입함으로써 유동성 및 지급 불능 위기에 놓인 금융회사들을 지원했다. 더 나아가 주택 및 주식시장 등의 부양을 지원한 초금융완화 대책이 이른바 양적 완화였다. 그러나 선진국의 양적 완화는 기본적으로 금융회사를 구제하고 자산 보유자들을 지원하는 것에 초점이 맞추어졌다. 그리고 서민 가계는 기본적으로 배제해 민간소비 지출과 경기침체가 장기화되는 요인으로 작용했다. 따라서 부동산 시장을 정상화하는 과정에서 부동산 시장의 경착륙●을 막기 위한 거주 조건으로, 서민형 1주택을 보유하는 가구가 처분을 희망할 경우 주택금융공사가 인수해 장기공공임대로 전환해줄 필요가 있다. 이에 필요한 재원은 한국은행이 새 돈을 찍어 (한국은행과 정부가 주주인) 주택금융공사에 출자를 늘리는 방식으로 해결할 수 있다. 주택금융공사는 한국은행에서 투입된 자금으로 시중 은행이 갖고 있는 주택담보 대출채권을 인수하고 주택 소유주인 가구의 몫을 돌려주며, 해당 주택은 장기 공공임대로 전환한다. 그렇게 되면 주택시장에 나오는 매물을 최소화할 수 있기에 부동산 시장 연착륙(부작용을 최소화하는 것)에 도움이 되고, 주택 가격 중 대출금을 제외한 자기 몫을 회수한 가구는 소비 여력이 증대되어 소비도 활성화될 수 있다. 금융회사 구제가 아닌 가

● 경기가 갑자기 냉각되면서 주가가 폭락하고 실업자가 급증하는 사태가 일어나는 것.

계 구제에 초점을 맞춘 '한국판 양적 완화'에 대해 일부에서는 빚을 내 주택 투기를 한 가계를 왜 구제해주어야 하는지 물을 수 있다. 주택 가격 상승을 기대한 투기이거나 가격이 상승할 경우 이득이 개인에게 돌아가는데, 가격이 하락한다고 왜 구제해주어야 하느냐는 것이다. 이러한 주장이 일면 타당성을 갖고 있음에도 불구하고 서민형 1주택자의 경우 무주택자와 더불어 주택 정책의 피해자가 될수 있고, 부동산 시장이 경착륙할 경우 무주택자에게 피해가 집중될 가능성이 크다는 점을 고려해야 한다. 무리하게 빚을 내서 주택을 구입했지만 이는 정부가 정책적으로 유도한 측면이 강하고, 상대적으로 1주택 보유자는 투기적 수요인 경우가 별로 없기 때문이다. 또한 시장이 경착륙할 경우 나타날 (장기) 경기침체로 일자리를 잃을 가능성이 가장 큰 대상이 저소득층이나 무주택자 등이다. 즉 부동산 시장이 경착륙함에 따라 치러야 할 비용은 구성원들마다 다르겠지만, 사회적 비용이 매우 큰데도 불구하고 정부가 뒷짐을 지고 방치하는 것이 과연 올바른 자세인지 묻지 않을 수 없다. 문제는 정부나 한국은행 등이 개입하지 않을 경우 악순환이 일어나고 대혼란을 초래할 가능성도 있다는 점이다. 이처럼 한국의 부동산 시장 정상화 과정에서 야기될 수 있는 부동산 시장 경착륙에 대처하기 위해서는 부동산 투기에 상대적으로 책임이 적은 서민형 1주택자를 구제하는 양적 완화가 이루어져야 한다.

국가가 고용을 보장해야 하는 이유

자본주의 사회에서 일자리는 대부분 사람에게 생존의 핵심 수단이다. 문제는 시장이라는 제도가 모든 사람의 일자리를 해결해주지 않는다는 점이다. 경제가 활발할 때 혹은 시장이 정상적으로 작동해도 (국가마다 정도 차이가 있지만) 실업자가 존재한다. 주류 경제학조차 장기적으로 변하지 않는 실업률(자연실업률)이 존재한다고 말한다. 한국도 2000~19년간 평균 실업률은 3.7%였다. 이러한 실업은 시장이 해결하지 못하는 일자리 문제이다. 물론, 취업자 중에서도 상당수의 노동자가 (단시간 노동, 일용직, 임시직 등 종사상 지위가 불안하거나 반실업 상태의 영세사업자로서 사실상의 실업 상태인) 불완전 취업 상태에 있다. 일자리 문제를 근본적으로 해결하려면 산업을 재편해야 하는데, 국가는 산업 재편과 더불어 일할 의사가 있는 사람에 대해 최종고용자Employer of Last Resort의 역할을 해야만 한다. 많은 국가가 완전고용을 국가의 의무로 규정하는 이유이다. 그런데도 현실에서 국가의 고용 보장은 너무 소극적이다.

정부는 일자리 예산으로 (본예산 기준으로) 2020년만 해도 25조 5,000억 원을 투입하고 있다. 예산은 매년 증가하고 있지만 일자리 정책의 성과는 피부에 와닿지 않는다. (앞에서 지적했듯이 기업 주도의 일자리 창출 패러다임이 약화하는 상황에서도) 기업을 지원하는 관성적인 방식이 되풀이되고 있기 때문이다. 시장(기업)을 매개로 일자리 문제를 해결하지 못하는 상황에서 정부는 시민사회와의 협력을 강화할 필요가 있다. 한국의 경우 약 2,500만 규모의 경제활동인구(15~64세 기준)의 3% 노동력에게 최저임금(주휴수당 포함 월 179만 5,310원) 일자리를 만들어주는 데 소요되는 예산은 16.2조 원(2019년 GDP의 0.8% 수준)에 불과하다. 시민사회의 다양한 사회적 경제조직(사회적 기업, 마을기업, 협동조합 등)이 사업과 일자리를 만들고 이에 대한 임금을 전액 지원해주어도 2020년 일자리 예산의 64%면 가능하다. 경제활동인구의 4%에 해당하는 일자리를 보장해주는 데 소요되는 자금은 21.6조 원으로, 2020년 일자리 예산의 85%에 불과하다.

경제활동인구의 3~4%에 해당하는 일자리를 시민사회의 협력으로 국가가 보장해줄 때 부수적인 효과도 발생한다. 첫째, 노동시장의 실업 문제 해소는 민간기업이 고용하는 일자리에 대한 임금 인상 압박으로 작용한다. 실업자가 감소하면 기업들이 최저임금 수준으로는 노동력을 구하기가 쉽지 않기 때문이다. 둘째, 고용보험 비용도 최소화된다. 경제위기가 도래하지 않는 한 경제가 정상 상태에 있을 때 실업이 거의 해소되기 때문이다. 셋째, 실업 문제가 해소되면 총수요를 증가시킴으로써 내수도 강화되어 경제성장에도 도움이 된다. 넷째, 경제성장으로 국가의 세수도 증가할 것이다. 물론, 사회적 경제조직들의 도덕적 해이를 최소화하기 위해 사회적 경제조직 간 경쟁이 이루어져야 한다.

K경제,
K민주주의에서 답을 찾다

K문화는 한국의 역량

코로나19 재난의 과정에서 주목할 일이 발생했다. 2020년 4월 14일 IMF는 코로나19의 충격을 반영한 2020년 세계경제 성장률에 대한 수정 전망치를 발표했는데, 한국의 성장률이 OECD 국가 전체 중 가장 높은 수치였다. 선진국 평균 성장률이 종래 1.5%에서 −6.1% 로 급락했다. 특히 2020년 선진국 중 가장 성장률이 높을 것으로 전 망했던 미국은 2.1%에서 −5.9%로 조정한 반면, 한국은 당초 2.0% 에서 −1.2%로 충격이 가장 적을 것으로 발표했다. 플러스(+) 성장 률을 달성할 것으로 전망했던 중국도 당초 5.8%에서 1.2%로 4.6% 포인트 감소한 반면, 한국의 성장률 축소는 3.2%포인트에 그칠 것으로 전망했다. 코로나19 확진자가 많았던 이탈리아, 스페인, 프랑스의 성장률이 각각 9.6%포인트, 9.8%포인트, 8.5%포인트로 많이 감소할 것으로 보이는데, 독일과 영국 등도 각각 8.2%포인트, 7.9%포인트 줄어들 것으로 전망된다. 그리고 일본 5.7%포인트 축소를 포함해 (호주, 대만, 싱가포르, 홍콩, 뉴질랜드 등) 아시아 선진국들도 평균 5.8%포인트 감소할 것으로 전망된다.

2020년 6월에 발표한 IMF의 수정 경제 전망치는 새로운 정보를 추가했다. 세계 성장률은 4월 −3.0%에서 6월에는 −4.9%로, 선진국 평균은 −6.1%에서 −8.0%로, 미국은 −5.9%에서 −8.0%로, 한국은 −1.2%에서 −2.1%로 하향 조정했다. 4월에는 하반기부터 경기가 회복될 것을 전제로 추정했는데, 많은 국가가 경제활동을 재개한 후 코로나가 재확산되는 등 하반기에도 경기 회복이 어려울 것으로 전망되기 때문이다. 6월 전망치에서도 한국의 하향 조정이 가장 적었다. 그런데 성장률 전망치를 해석할 때 고려할 사항이 있다. 6월 전망치에서는 재정수지와 국가 부채도 발표했다. 오른쪽 표에서 볼 수 있듯이 재정수지의 경우 모두 재정적자가 많이 증가할 것으로 보인다. 선진국 평균 재정적자의 규모가 GDP 대비 −16.6%, 미국은 −23.8%, 일본은 −14.7%, 중국도 −12.1%로 전망되는 반면, 한국은 −3.6%에 불과했다. 경제 규모가 큰 나라 중에서는 중국이 유일하게 1.0%로 플러스(+) 성장률이 전망됐는데, 한국보다 8.5%포인트 더 많이 재정을 투입한 결과이다. 역으로 한국이 중국만큼 재정 투입을 하면 (재정승수를 1로 가정해도) 성장률이 6.4%에 달할 수 있음을 의미한다. 한국의 성장률이 주요국보다 압도적으로 높다는 걸 보여준다. 게다가 국내 보수언론과 야당 등이 한국의 국가 부채의 증가 속도가 가장 빠르다고 주장했지만, 실상은 가장 느린 것으로 나타났다. 2020년 한국의 국가 부채는 7.6%포인트 증가할 것으로 예상되는 반면, 선진국은 평균 26%포인트나 증가하고, 특히 미국과 일본은 각각 32.7%포인트와 30.0%포인트 증가할 것으로 전망되기 때문이다.

IMF의 2020년 6월 수정 경제전망

	성장률	재정수지	정부부채		증가폭
	2020년	2020년	2019년	2020년	2019⇨20년
한국	-2.1	-3.6	41.9	49.5	7.6%p
미국	-8.0	-23.8	108.7	141.4	32.7%p
일본	-5.8	-14.7	238.0	268.0	30.0%p
독일	-7.8	-10.7	59.8	77.2	17.4%p
영국	-10.2	-12.7	85.4	101.6	16.2%p
프랑스	-12.5	-13.6	98.1	125.7	27.6%p
캐나다	-8.4	-12.6	88.6	109.3	20.7%p
이탈리아	-12.8	-12.7	134.8	166.1	31.3%p
스페인	-12.8	-13.9	95.5	123.8	28.3%p
중국	1.0	-12.1	52.0	64.1	12.1%p
G20		-13.9	90.4	111.2	20.8%p
선진국	-8.0	-16.6	105.2	131.2	26.0%p

● 재정적자는 한국이 20개국 중 최저(러시아 -5.5%, 미국 -23.8%)
● 한국의 성장률은 세계 83%를 차지하는 30개국 중 이집트, 중국 다음으로 3위

한국의 놀라운 경제 성과를 어떻게 설명할 수 있을까? 경제 이론적으로 성장률은 노동력이나 자본 등 생산요소의 투입 정도와 (생산요소 투입의 기여분을 제외한) 생산성 등에 의해 결정된다. 그렇다면 한국의 성장률 타격이 적을 것으로 전망되는 이유는 생산요소의 투입량 감소가 상대적으로 적을 것이고, 생산성 기여도에서도 차이가 있을 것으로 예상되기 때문이다. 코로나19 재난으로 생산요소의 투입량이 감소하는 사태가 발생했다는 점에서, 감소를 최소화한 요인과 생산성 기여도에 미치는 요인들로 나누어 이해할 수 있을 것이다.

그런데 코로나19는 빠른 감염으로 사람들의 활동을 위축시키고, 그 결과 '소비 – 유통 – 생산 – 유통 – 소비'로 연결되는 경제 생태계를 약화시킨다. 자연 생태계의 먹이사슬이 끊어지면 생태계가 활력을 잃듯이 경제 생태계의 연결고리가 끊어지면 경제 주체들도 생존 위기에 내몰린다.

경제 생태계가 근본적으로 정상화되려면 감염병 치료제가 개발되어야 하지만, 치료제가 개발되기 전까지 경제 생태계 연결고리가 최대한 유지되어야 한다. 즉 사람들의 경제활동 위축을 최소화하고, 경제활동의 위축으로 경제 주체들이 쓰러지지 않도록, 즉 버틸 수 있도록 소득 및 금융 지원을 해주면서 지원된 소득이 연결고리를 최대한 이어주는 역할을 하게 해야 한다. K방역은 바로 이 두 가지 요인에서 차이를 만들어낸 결과다.

먼저, 코로나19의 높은 전파력을 예방하려면 접촉을 강제로 차단하는 방법이 있을 것이다. 대부분 국가가 선택한 방법으로 대외적으로는 봉쇄, 대내적으로는 (강제) 자가 격리가 진행되었다. 그런데 이 방법은 경제활동에 치명적 영향을 미친다. 따라서 경제적 피해를 최소화하기 위해서는 대외적으로 개방을 최대한 유지하면서, 대내적으로는 연결망이 끊어지는 것을 최소화해야 한다. 문제는 개방을 유지할 경우 감염의 확산 위험이 증가한다는 것이다. 따라서 개방을 유지하고 경제 연결망의 파괴를 최소화하려면 감염 확산을 막는 조치가 전제되어야 한다. 이를 위해서는 정부와 개인이 함께 협력해야 한다. 정부는 적극적으로 검진(진단)과 치료를 수행해야 하고, 개개인도 '사회적 거리두기'와 (생필품이나 마스크 등) 사재기 자제 등을 위해 자발적으로 참여하고 협조해야 한다.

한국의 경우 초기에 (일부 시민들이 정부에) 중국인 입국 봉쇄를 요구했음에도 불구하고 봉쇄 이유와 효과에 대한 과학적 근거가 미미해 정부는 개방을 유지했다. 그리고 투명하지 못한 신천지에 의해 감염증이 걷잡을 수 없이 확산되는 가운데서도 정부와 방역 당국은 검진을 무료로 시행하고 방역의 투명성을 유지했다. 그 결과 (초기에 불안해하던) 시민들로부터 신뢰를 확보해 시민들의 자발적인 참여(사회적 거리두기)와 협조(마스크 사재기 자제)를 이끌어냈다. 여기에 세계 최고의 IT 기술도 일익을 담당했다. 즉 정부가 접촉 차단을 강제하지 않고 시민들의 자발적 참여와 협조(자율성)를 끌어냄으로써 경제 생태계의 연결망 파괴는 최소화되었고, 그 결과 생산요소 투입의 감소를 최소화한 것이다. IMF나 국제신용평가 회사들은 이 점을 주목하여 성장률 전망치를 추정한 것이다.

K방역은 5월 연휴 기간 이태원클럽발 코로나19 확진자가 급증하며 위기를 맞이했다. 자율성을 갖추는 것이 얼마나 힘든 것인지를 잘 보여주는 사례이다. 민주주의를 쟁취하고 발전시키는 과정에서 치른 사회 비용이 촛불시민을 만들어냈다면, 이태원클럽발 코로나19의 확산이라는 또 다른 사회 비용은 젊은 세대의 자율성을 신장시키는 계기로 작용할 것이다. 우리 사회는 클럽을 이용한 젊은 세대의 무책임에 대한 비난을 넘어, 이를 끌어안기 시작했다. 정보 공개를 우려한 클럽 이용자들이 숨어버리면서 클럽 방문자와 연락이 닿지 않는 어려움이 발생하자 검사비 무료와 익명 검사 방식으로 전환함으로써, 즉 개인에게 확산의 책임을 묻기보다 포용과 연대의 방식으로 전환해 문제를 해결했다. 포용과 연대는 젊은 층의 자발적 진료 참여를 유도했을 뿐 아니라 진료를 받은 젊은 층은 자신의 행동이 사회에 피해를 준 것에 대한 미안함(수오지심)을 갖게 되는 기회가 되었다. 방종으로 빠질 수 있는 자유를 공동체 속에서의 의무와 결합한 자유로 전환시킨 것이다. 이처럼 연결의 세계에서 절대적으로 요구되는 개인의 자율성은 쉽게 발휘되는 것이 아니다. 한 사회가 자유로운 개인에게 공동체에 대한 책임감을 느끼게 해주는 과정이 필요한 것이다. 이는 사회 공동체에 관한 관심이 없는 개

개인의 정의감을 회복시키는 과정이다.

K방역의 원천, K민주주의

그렇다면 왜 다른 국가들과 달리 한국에서 시민들의 자발적인 참여와 협조가 가능했을까? 즉 한국 방역(K방역)과 서구(미국과 서유럽) 방역의 차이는 어디에서 비롯한 것인가? 공공의료가 취약한 미국은 그렇다 해도 공공의료의 선진국인 서유럽 국가는 어째서 코로나19 대처에 실패한 것일까?

'개인의 존엄'을 최고의 가치로 삼는 개인주의 사회에서 전파력이 강한 코로나19 확산의 차단은 구조적으로 어려움에 직면할 수밖에 없다. 이탈리아, 스페인, 미국과 더불어 최대 피해국이 된 프랑스, 심지어 독일에서 감염자 추적시스템 도입을 가로막은 것은 사생활 침해 등 개인의 자유 문제였다. 문제는 국가가 공동체의 안녕을 확보하지 못할 때 개인주의 문화는 (생필품 사재기와 총기류 구입 등) 무질서로 발전할 수밖에 없다는 점이다.

반면, (앞에서도 지적했듯이) K방역이 성공한 주요인이었던 시민들의 자발적 참여와 협조는 한국인의 '눈치 문화'와 관련이 있다. 중요한 점은 사회 전체의 분위기를 읽고 자신의 개성이나 개인주의적 행동을 자제할 줄 아는, 이른바 "독자적 자아Independent-Self와 관계적 자아^{Relation-Self}의 균형을 추구"[65]하는 한국인의 '눈치 문화'는 숱한 희생을 치른 민주주의의 발전 과정에서 업그레이드되었다는 점이다.

'눈치'란 타인의 표정이나 생각 등을 읽는 능력으로 정의된다. 그런데 한국인의 '눈치 문화'는 한때 개성의 부족이나 열등감 등 사회 발전에 부정적인 것으로 인식되었다. 즉 비민주적인 위계질서가 지배하고, 주변 강대국에 쉽게 휘둘렸던 과거에 개성을 발휘하는 데 장애물이자 사대주의 폐해 등으로 이어졌다. 그러나 '촛불시민혁명'은 비민주적인 풍토를 청산하고 국민과 국가의 자존감을 세우는 계기가 되었다. 그리고 그 연장선상에서 일본의 경제 침략을 막아내면서 한국인의 '눈치 문화'는 (일본 제품 불매운동이나 일본 여행 자제 등에서 보았듯이) 사회 전체의 단합을 위해 개인주의적 행동을 자제하는, 즉 공동체에 대한 자기 책임감을 실현하는 모습으로 진화했다. 프랑스 의회 상원의 제1당인 공화당이 한국의 코로나 관리와 관련된 보고서(《코로나19 감염병 관리의 모범사례: 한국》, 2020. 5. 7)[66]에서 한국이 코로나 관리에서 모범이 된 이유로 한국인들의 시민의식을 뽑은 배경이다. 보고서는 (익명성 보장을 전제로 한) 투명한 정보 공개 덕분에 한국시민의 공동체 정신이 발휘되었고, 그 결과 정부 대책이 성공적으로 작동했다는 내용으로 구성되었다.

서구에서 들어온 개인주의와 한국인 고유의 눈치 문화가 균형적·입체적으로 결합하면서 자율과 협력을 한국의 새로운 사회 규범으로 변화시키고 있다. 이처럼 코로나19에 대한 한국 방역 모델은 우연이 아닌 촛불혁명과 촛불시민, 촛불정부 등장의 결과물인 것이다.

나아가 '눈치 문화'의 진화는 '사회적 역량^{Social Capacity}'을 성장시켰다. '사회적 역량'이란, 사람들이 스스로 협력을 통해 (공적 관계의 조직을 만들어) 상호 이익과 공통의 목적을 만들어내는 능력을 말한다. 신뢰, 협력적 행동, 포괄성과 개방성 등이 구성요소들이다. 문화자본을 포함한 사회적 자본은 사회적 역량의 주요 구성요소이다. 즉 K방역이 '개방성과 연결성(포괄성) – 투명성 – 신뢰 – (사회적 거리두기, 마스크 구매 자제 등) 자발적 협력 유도' 등을 이끌어낼 수 있었던 것은 바로 '사회적 역량'이 성장했기 때문이다. K방역은 국제사회에서 한국에 대한 신뢰를 높여 한국에 대한 봉쇄 해제로 이어졌다. 국제사회의 연결망이 복원되고 있는 것이다.

이처럼 K방역과 K경제를 가능케 한 근본적 힘은 K문화에 기초한 사회적 역량이었다. 그리고 K문화와 사회역량은 한국 민주주의(K민주주의) 진화의 산물이다.

잘 알려져 있듯이 한국 민주주의의 분기점이었던 1980년 5.18 광주민주화운동은 대한민국 역사에서 새로운 문명의 출발점이었다. 사람을 짐승화하려 했던 군부독재의 야만과 폭력을 거부하고, 목숨으로 정의를 지켜냄으로써 대한민국 국민이 동물로, 짐승으로 살아가는 것을 막아주었다. 군부독재는 정의감을 포기하고 자신과 가족만의 삶, 특히 경제적 삶만을 추구하며 살 것을 강요했다. 정의감은 인간이 가진 본능, 이른바 인仁에서 우러나는 측은지심惻隱之心, 의義에서 우러나는 수오지심羞惡之心, 예禮에서 우러나는 사양지심辭讓之心, 지智에서 우러나는 시비지심是非之心 등 사단四端에서 나온다. 5.18 광주민주화운동에서 목숨을 잃은 광주 영령들로 인해 살아남은 국민은 집단적으로 사단을 발휘할 수 있었다. 즉 한국인과 한국 사회는 광주 영령의 희생을 통해 '구원Salvation'받은 것이다. 그 구원은 1987년 '6월 항쟁'과 1997년 평화적 정권 교체부터 촛불시민혁명과 촛불정부의 탄생을 만들어냈다.

2017년 한반도 전쟁위기를 평화체제로 전환한 것은 그 결과물이었다. 그러나 냉전 세력과 매판적 특권층의 저항, 그리고 군국주의자 아베의 경제 침략이 이어졌다. 촛불시민은 노 아베No Abe와 불매운동 등의 '1차 의병봉기'로 이를 막아냈고, 그 연장선상에서 검찰개혁에 시동을 걸었다. 그동안 검찰개혁으로 기득권의 위협을 느낀 매판적 특권층은 (위성정당 건설로) 개혁입법과 문재인 정권의 무력화를 시도하는 등 '반란'을 일으켰고, 촛불시민은 '2차 의병봉기(4.15총선 승리)'로 반란을 제압했다.

이처럼 한국 민주주의의 진화는 한국인 문화의 진화와 동의어였다. 한국 민주주의가 성장한 덕분에 90년대 대중문화 발전으로 연결되고, 2000년대 이후에도 K드라마와 K팝, 그리고 K무비 등으로 이어진 것이다. 이처럼 K방역과 그 산물인 K경제의 뒤에는 'K민주주의'가 존재한다.

포스트 미국 시대와
모두를 위한 자유

　연결의 세계에서는 정치와 경제 등 모든 영역에서 국가 및 국민
경제 단위로 운영되었던 (근대 시대와 연관된 이념, 양식 등을 의미하는)
근대성의 원칙이 더 이상 유효하지 않다. 예를 들어, 자본시장이 통
합되고 글로벌 공급망 체계의 구축 등으로 시장과 경제가 통합되면
서 금리, 성장률, 무역, 재정, 통화 등에서 '글로벌 동조화'가 진행
된 지 오래다. 글로벌화, 민주주의, 국민국가(민족자결권)가 동시에
달성되기 어려운 '트릴레마Trillemma' 문제(3가지 문제가 얽힌 진퇴양난의
상황을 의미, Dani Rodrik,《The Globalization Paradox》, 2011)가 제기된 배
경이다. 민주주의와 글로벌화를 제대로 추진하려면 철저히 민주적
인 국제정치공동체가 있어야 하는데, 이는 근대 국민국가의 관점에
서는 환상에 불과하기 때문이다. 그 결과 초국가 협력은 '글로벌 공

공재'가 되었다.[67] 그러나 중심주의 세계관에 빠져 있는 미국은 국제협력의 강화보다 미국 이익을 우선하기 위해 자신이 주도하여 만든 국제 규칙들을 파괴해왔고, 그 결과 국제사회는 무질서의 상태가 되어가고 있다.

그러나 코로나19는 인류 세계에 초국가 협력이 필요함을 시사한다. 감염병을 차단하기 위한 대외적 봉쇄는 국제 교역을 크게 위축시킴으로써 경제위기를 심화시키고 있기 때문이다. 이제는 자국의 안전만을 추구하고 자유를 확보하는 것이 불가능함을 보여주고 있다. 5월 18일 세계보건총회 기조연설에서 봉쇄 대신 자유를 선택한 한국의 경험을 소개하며 문재인 대통령이 '모두를 위한 자유'를 강조한 배경이다. '모두를 위한 자유'가 개인의 자유를 제한하지 않으려면 개개인의 자발적 협력이 전제되어야 하듯이, 국제사회의 안전과 공동 번영을 위해서는 개별 국가의 협력과 자기 책임성이 필요하다. 예를 들어, 모두의 경제를 위험에 빠뜨리는 국경 봉쇄와 차단 대신, 개방을 유지하면서도 자국에서 해외로 나가는 사람들을 철저하게 검진하고 감염되지 않은 사람만 출국을 허용하며, 입국하는 국가에서도 재검진을 통해 안전한 경우만 자유 활동을 허용해야 한다. 그리고 각국은 감염병의 확산을 최소화하기 위해 적극적인 방역을 실시하여 지구촌으로의 확산을 막아야 한다. 또한 지구촌의 확산을 막아야 자신도 안전할 수 있다는 차원에서 보건취약국을 지원해줘야 한다. 문재인 대통령은 세계보건기구 연설에서 국제 사회가 코로나19 재난에서 벗어나는 방법으로 (1억 달러 규모의) 보건 취약국가에 대한 인도적 지원, (방역 경험 및 데이터 공유 등) 백신·치료제 개발과 공평한 보급을 위한 협력, 그리고 국제협력 체계를 정비하기 위한 국제보건규칙의 빠른 정비 등을 제안했다. 이 세 가지 제안은 성공적인 방역과 더불어 한국에 대한 국제사회의 신뢰를 크게 높였다. 즉 한국의 이미지를 크게 신장했을 뿐 아니라 연결의 세계에 필요한 국제사회 리더십을 보여주었다.

마침 트럼프가 자신의 재선을 위해, 시대에 크게 뒤떨어진 G7을 개편하고 한국 등 4개국을 2020년 7월에 미국에서 열리는 G7 정상회담에 초청했다. 트럼프는 중국을 고립시키려는 목적이지만 한국은 이를 국가 이미지와 위상 등을 제고할 기회로 활용해야 한다. 그리고 국제사회의 협조가 필요한 한반도 평화를 구축(K평화)하는 지렛대로 활용할 수 있을 것이다. G7을 확장·개편하는 과정에 적극 참여하여 K방역의 성공요인, 즉 개방성 – 투명성 – 연대 – 신뢰 – 자발적 협력 등의 내용을 국제협조의 방안으로 구현함으로써 초국가 협력을 강화하는 데 기여하는 것이 '홍익인간' 이념을 국제화하는 길이다. 이는 자율민주주의를 국제질서의 원리로 삼는 것이다.

2020년 5월 18일 세계보건기구 초청연설에서, 문재인 대통령이 코로나19 방역의 모범사례로서 개개인의 자유가 아닌, 모두를 위한 자유의 길을 화두로 던진 것은 시의적절하다. 시대 변화를 인식하지 못하는 이들은 '모두를 위한 자유'는 가능하지도 않고, 전체주의적 사고라고 비판했다. '모두를 위한 자유'가 가능하지 않다는 사고는 '힘 있는' 개인의 자유와 힘없는 개인의 자유의 비대칭성, 즉 힘없는 개인에 대한 힘 있는 개인의 폭력과, 힘없는 개인의 자유가 제약받는 것을 당연시한다. 이는 소유의 불평등이 자연스러운 현상이라는 주장이다. 이러한 사고가 중심주의 세계관을 낳은 것이다. 문제는 연결의 세계에서 (코로나19 재난에서 보았듯이) 개인의 절대적 자유가 불가능하다는 점이다. 또한 '모두를 위한 자유'를 전체주의 혹은 인민주의로 받아들이는 사고는 자유민주주의를 절대시하는 자유주의 함정에 빠진 결과이다. 개인주의에 기초한 자유주의가 연결의 세계에서 얼마나 무력한지를 드러냈음에도 불구하고 낡은 사고에서 벗어나지 못하고 있는 것이다. 이들은 코로나19 재난이 끝나면 코로나19는 잊어버리고 다시 코로나19 이전으로 돌아갈 수밖에 없다. 그러나 이들을 기다리는 것은 '또 다른 코로나'일 수도 있고, 또 다른 '새로운 처음'일 수도 있을 것이다.

PART 1 초연결 세계의 문이 열리다

1. FT, "Goldman pays the price of being big," August 14, 2007.

2. A. Haldane, "Why banks failed the stress test," Speech at the Marcus-Evans Conference on Stress-Testing, London, February 9-10, 2009.

3. Max Fisher and Choe Sang-Hun, "How South Korea Flattened the Curve," New York Times, March 22, 2020 참조.

4. E. Berkes, U. Panizza, J. Arcand, "Too Much Finance?" IMF Working Paper No. 12/161, June, 2012; S. Cecchetti and E. Kharroubi, "Reassessing the impact of finance on growth," BIS Working Papers No 381 (July, 2012).

5. GDP 대비 미국의 건강 지출은 1960년 5.0%에서 2013년에는 17.4%로 지속적으로 증가했다. A. Catlin and C. Cowan, "History of Health Spending in the United States, 1960-2013," Center for Medicare and Medicaid Service, November 19, 2015: 또한 미국인의 1인당 건강 비용은 1970년 355달러에서 2018년 11,172달러로 31배 증가했다. 2018년 달러 기준으로도 같은 기간에 1,832달러에서 11,172달러로 약 6배 증가했다. R. Kamal, D. McDermott, and C. Cox, "How has U.S. spending on healthcare changed over time?" Peterson-KTF, Posted: December 20, 2019. https://www.healthsystemtracker.org/chart-collection/u-s-spending-healthcare-changed-time/#item-start.

6. 2017년 미국의 기대수명은 78.6세로 한국 82.7세는 물론이고 그리스 81.4세, 포르투갈 81.5세 등보다 낮다. "Health Status: Life expectancy", OECD statistics.

7. 백남주, "미국의 후진적 의료시스템을 보여준 '미국 독감'", 자주시보, 2020. 02. 21.

8. M. Wolf, "Conservatism buries Ronald Reagan and Margaret Thatcher," Financial Times, May 25, 2017.

9. J.W. Mason, "Disgorge the Cash: The Disconnect Between Corporate Borrowing and Investment," Roosevelt Institute, 2015.

10. B. Holland and L. McCormick, "Companies Use Borrowed Billions to Buy Back Stock, Not to Invest," Businessweek, Aug. 8, 2019.

PART 2 공감, 초연결 세계의 가치가 되다

11. Alfred Chandler, "The Visible Hand: The Managerial Revolution in American Business," 1977.
12. 이규엽 외, 2020, pp. 30~31.
13. European Commission, "The European Data Strategy: Shaping Europe's Digital Future," Feb. 2020.
14. L. Columbus, "10 Charts That Will Change Your Perspective On Artificial Intelligence's Growth," *Forbes*, Jan 12, 2018.
15. 특별한 실적이 없는 상황에서 상대적으로 애플 주가의 높은 상승은 자사주매입이 큰 역할을 했다. 2019년 세 분기 동안 자사주매입 규모는 492억 달러에 달했다. MarketWatch, Oct. 31, 2019.
16. 최기산·김수한, "글로벌 긱 경제(Gig Economy) 현황 및 시사점," 한국은행, 『국제경제리뷰』, 2019.
17. M. Arntz, T. Gregory, U. Zierahn, "The Risk of Automation for Jobs in OECD Countries: A Comparative Analysis," OECD Social, Employment and Migration Working Papers No. 189, 2016.
18. 최배근, 『위기의 경제학? 공동체 경제학!』, 동아엠앤비, 2018: 149~51.
19. 최배근, 『이게 경제다』, 쌤앤파커스, 2019: 242~44.
20. D. Acemoglu and P. Restrepo, "Artificial Intelligence, Automation and Work," *NBER Working Paper* No. 24196, January 2018.
21. Economic Policy Institute, "Workers' share of corporate income hasn't recovered," Nominal Wage Tracker, posted upon Feb. 21, 2020. https://www.epi.org/nominal-wage-tracker/
22. Bloomberg, "Richest 1% in U.S. surpassing wealth of middle class," *Businessweek*, Nov. 9, 2019.
23. F. Díez, J. Fan, C. Villegas-Sánchez, "Global Declining Competition," IMF Working Paper WP/19/82, 2019.
24. 14개 선진국의 3만 2,000개 상장기업 중 좀비기업 비중은 80년대 말 약 2%에 불과했으

나 2016년에는 12% 이상까지 증가했다. Ryan Banerjee and Boris Hofmann, "The rise of zombie firms: causes and consequences," *BIS Quarterly Review*, September 2018.

25. Martin Neil Baily, "The US Economy is Slowing Down: Widespread Slowdown by Industry Other Countries have also Slowed," Adapted from a presentation to the Business Leaders Forum, Japan Productivity Center and The Conference Board, New York City, April 11-12, 2018; 한국은행, "산업별 노동생산성 변동요인 분석," 『조사통계월보』, 2019. 3. 선진국 중 경제 상황이 가장 좋은 미국조차 비농업 부문의 노동생산성은 금융위기 이전(2000~07년) 연 2.7%에서 금융위기 이후(2007~18년)에는 1.3%로 하락했고, 특히 제조업 노동생산성은 4.3%에서 0.7%로 급락했다. U.S. Bureau of Labor Statistics, Labor Productivity and Costs.

26. IMF, "The Rise of Corporate Market Power and its Macroeconomic Effect," *World Economic Outlook*, April 2019: Growth Slowdown, Precarious Recovery, Ch. 2; David Autor, et al., "The Fall of the Labor Share and the Rise of Superstar Firms," *NBER Working Paper* No. 23396, Issued in May 2017; Jan De Loecker, et al., "The Rise of Market Power and the Macroeconomic Implications," *The Quarterly Journal of Economics*, November 2019; Gauti B. Eggertsson, et al., "Kaldor and Piketty's Facts: The Rise of Monopoly Power in the United States," *NBER Working Paper* No. 24287 Issued in February 2018; Mordecai Kurz, "On the Formation of Capital and Wealth: IT, Monopoly Power and Rising Inequality," *SIEPR Working Paper* No. 17-016, Stanford, June 25th, 2017.

27. Ben Holland and Liz McCormick, "Companies Use Borrowed Billions to Buy Back Stock, Not to Invest," *Businessweek*, Aug. 8, 2019.

28. Paul Krugman, "Monopoly capitalism is killing US economy," The Irish Times, Apr 19, 2016.

29. Joseph Stiglitz, "America Has a Monopoly Problem—and It's Huge," The Nation, October 23, 2017.

30. Kenneth Rogoff, "Big Tech Is a Big Problem," Project Syndicate, Jul 2, 2018.

31. World Inequality Lab, "World Inequality Report 2018," coordinated by Facundo Alvaredo, et al.

32. Viktor Mayer-Schönberger and Thomas Ramge, *Reinventing Capitalism in the Age of Big*

Data, Basic Books, New York, 2018.

33. Rutger Bregman, *Utopia for Realists: The Case for a Universal Basic Income, Open Borders, and a 15-hour Workweek,* Kindle Edition, 2017.

PART 3 호모 엠파티쿠스가 온다

34. H. Lehmann, "The Rise of Capitalism: Weber versus Sombart," 195-208, in Lehmann and Günther Roth (eds.), *Weber's Protestant Ethic: Origins, Evidence, Context,* Cambridge: Cambridge University Press, 1993.

35. WHO, "Global burden of mental disorders and the need for a comprehensive, coordinated response from health and social sectors at the country level," Executive Board EB130/9 130th session Provisional agenda item 6.2, 1 December 2011.

36. YouGov, "37% of British workers think their jobs are meaningless," August 12, 2015.

37. 최배근, 『위기의 경제학? 공동체 경제학!』, 동아엠앤비, 2019.

38. Philip Auerswald, The Code Economy: A Forty-Thousand-Year History, Oxford University Press, 2017, 이영래 옮김, 『코드 경제학: 4만 년 인류 진화의 비밀』, 동아엠앤비, 2018.

39. 최배근, 『협력의 경제학』, 집문당, 2013.

40. Paul Beaudry, David A. Green, Benjamin M. Sand, "The Great Reversal in the Demand for Skill and Cognitive Tasks," *NBER Working Paper* No. 18901, March 2013.

41. Bernard Marr, "How Much Data Do We Create Every Day? The Mind-Blowing Stats Everyone Should Read," *Forbes,* May 21, 2018. https://www.forbes.com/sites/bernardmarr/2018/05/21/how-much-data-do-we-create-every-day-the-mind-blowing-stats-everyone-should-read/#4e294cef60ba(검색일: 2020. 04. 08). 이규엽 외, "데이터 경제의 성장과 무역에 관한 연구," 대외경제정책연구원, 연구보고서 19-08, 2020, p. 30에서 재인용.

42. Guido Matias Cortes, Nir Jaimovich, Henry E. Siu, "Disappearing Routine Jobs: Who, How, and Why?" *NBER Working Paper* No. 22918, December 2016.

43. 최배근, 『협력의 경제학』, 집문당, 2015, pp. 60~62.

44. 이윤경, "비정규직의 정규직화, 공정은 무엇인가," 서울신문, 2020. 06. 28.

45. Brian Walsh and Richard Middleton, *The Transforming Vision: Shaping a Christian World Viewm*, IVP Academic, 1984, p. 119.

46. 최배근, 『위기의 경제학? 공동체 경제학!』, 동아엠앤비, 2018. pp. 180~84.

47. 로버트 루트번스타인, 미셸 루트번스타인, 『생각의 탄생: 다빈치에서 파인만까지 창조성을 빛낸 사람들의 13가지 생각도구』, 박종성 옮김, 에코의서재, 2007.

PART 4 K방역, 한국의 미래가 되다

48. 이유진, "한국 칭찬하다 비판하는 유럽, 거기에 춤추는 한국," 미디어오늘, 2020. 04. 26.

49. 최배근, 『이게 경제다』, 쌤앤파커스, 2019: 64~66.

50. 한 예로, 박성준이 500개 기업체를 대상으로 조사한 결과 파견근로자 사용 비율이 18.4%나 되었다. 박성준, "파견근로제도의 활성화 방안," 한국경제연구원, 1993.

51. 이철민, "정부, 고용안정 적극 개입/불황업종 국고로 전직훈련/4개 법안 입법예고," 조선일보, 1993. 07. 30.

52. 부도업체 수는 1991년 6,199개에서 92년에는 1만 769개로 급증했다. 1992~97년간 영세 자영업자 증가율과 자영업자 비율의 증가율 간 상관성은 96%나 되었다. 최배근, 『이게 경제다』, 2019: 72.

53. (중소기업 임금/대기업 임금) 비중과 기업의 (해외직접투자/총투자) 비중 간 상관성은 −0.71에 달했다. 즉 해외직접투자의 비중이 증가할수록 대기업 종사자 대비 중소기업 종사자의 임금 격차는 커졌다. 최배근, 『이게 경제다』, 2019: 75.

54. Statistica, Number of cars sold worldwide from 1990 to 2020. https://www.statista.com/statistics/200002/international-car-sales-since-1990/ posted upon Feb. 26, 2020.

55. E. Kakiuchi and K. Takeuchi, "Creative industries: Reality and potential in Japan," National Graduate Institute for Policy Studies, *GRIPS Discussion Papers* No 14-04, 2014.

56. Department for Digital, Culture, Media & Sport, "Creative Industries Mapping Document," GOV.UK, 2001.

57. 남재욱, "노동 약자 보호 못 하는 고용보험," LAB2050_029, 2020. 04. 19.

58. 최배근, 『역사적 분석으로 본 한국경제의 새로운 길』, 박영사, 2007: 329~33.

59. 남기업·이진수, "2019 〈토지소유현황〉 분석: 토지 소유는 얼마나 불평등한가?" 토지＋자유 리포트 17호, 2020. 03. 03.

60. 최배근, 『이게 경제다』, 쌤앤파커스, 2019.

61. 이규희, "그 많은 집들은 어디로 갔나? 2016년 서울, 신규주택 10채 중 9채, '有주택자'가 싹쓸이," 2018 국정감사 정책리포트, 2018. 10. 21.

62. 남기업, "보유세 등 부동산 정책에 대한 평가," 한국민주주의연구소 주최 경제시국토론회, 〈문재인 정부의 경제정책 어디로 가고 있는가?〉, 2018.

63. 남기업·이진수, "2019 〈토지소유현황〉 분석: 토지 소유는 얼마나 불평등한가?" 토지＋자유 리포트 17호, 2020. 03. 03.

64. 이원욱 의원실 외, "최저주거기준 미달 가구 및 주거빈곤 가구 실태 분석," 2017.

65. Euny Hong, *The Power of Nunchi: The Korean Secret to Happiness and Success,* Penguin Group USA, 2019.

66. Corée du Sud: Un exemple dans la gestion de l'épidémie de Covid-19, GROUPE LES REPUBLICAINS – SENAT – 7 mai 2020.

67. 최배근, "'한국식 산업화' 모델의 종언과 4차 산업혁명 그리고 정치경제패러다임의 대전환," 다른백년연구원(공저), 『한국보고서』, 2018.

KI신서 9304

호모 엠파티쿠스가 온다

1판 1쇄 발행 2020년 8월 18일
1판 7쇄 발행 2020년 12월 28일

지은이 최배근
펴낸이 김영곤
펴낸곳 ㈜북이십일 21세기북스

정보개발본부장 최연순
정보개발2팀 김연수 최유진
마케팅팀 강인경 박화인 한경화
영업본부장 한충희
출판영업팀 김한성 이광호 오서영
제작팀 이영민 권경민
디자인 this-cover, 김진희

출판등록 2000년 5월 6일 제406-2003-061호
주소 (10881) 경기도 파주시 회동길 201(문발동)
대표전화 031-955-2100 **팩스** 031-955-2151 **이메일** book21@book21.co.kr

(주)북이십일 경계를 허무는 콘텐츠 리더

21세기북스 채널에서 도서 정보와 다양한 영상자료, 이벤트를 만나세요!
페이스북 facebook.com/21cbooks   **포스트** post.naver.com/21c_editors
인스타그램 instagram.com/book_twentyone   **홈페이지** www.book21.com
유튜브 youtube.com/book21pub   **카카오 1boon** 1boon.kakao.com/whatisthis

서울대 **가**지 않아도 들을 수 있는 **명강**의! 〈서가명강〉
유튜브, 네이버, 팟빵, 팟캐스트에서 '**서가명강**'을 검색해보세요!

ⓒ 최배근, 2020
ISBN 978-89-509-8989-7 (03320)